4차 산업혁명시대

지혜로운 부모교육

이소희 지음

신정

PREFACE

머리말

이 책의 이름은 『4차 산업혁명시대, 지혜로운 부모교육』입니다.

책의 이름에서 시사받을 수 있듯이 4차 산업혁명시대인 오늘을 살고 있는 우리 모두는 지혜로워야 합니다. 최근 우리나라는 물론, 전 세계가 COVID-19라는 엄청난 사건을 경험하였습니다. 그러므로 단순한 지식과 기술을 넘어 집단지성의 '지혜'로 온몸과 마음을 건강하게 지키고, 지구환경을 정화하고 지키는 데도 심혈을 기울여야 할 것입니다.

특히 곧 부모가 될 젊은이들과 현재의 부모님들께서는 자신은 물론, 천륜으로 이어진 아들과 딸들이 더 행복하게 살 수 있도록 부모와 자녀 모두가 교육을 받아서 오늘을 직시하고, 내일을 조망하며, 지속 가능한 모두의 행복을 추구해야 합니다.

'온고이지신, 가이위사위(溫故而知新, 可以爲師矣)'

잘 알려진 이 고사성어는 "이미 배운 내용을 잘 익히고 새로운 것들을 계속 알아간다면 다른 사람의 스승이 될 수 있다"는 의미입니다. 4차 산업혁명시대를 살아가는 오늘날, 시대를 아우르는 지혜의 명언으로 귀담아 새겨서 배우고 익혀야 할 것입니다.

〈부모교육〉의 학습도 그러합니다.

그동안 축적된 부모교육의 연구결과와 함께 4차 산업혁명의 도래에 즈음

하여 박차를 가하기 시작한 다학제적인 연구결과들을 지혜롭게 통합하여 더욱 지속적으로 연구하고 실천하여야 합니다. 왜냐하면 이론은 현장에서 나오고, 현장에서 다시 이론이 정립되기 때문입니다.

이렇게 하기 위해서는 과거와 현재의 '결혼'과 '부모됨' 및 '부모의 양육태도' 등 부모에 대한 여러 이론과 방법들을 숙지해야 하며, 나아가 앞으로 다가올 세상의 변화를 예측하며 집단지성을 발휘하여 함께 나아가야 할 것입니다.

이러한 관점에서 이 책에서는 전통적으로 알려진 부모역할의 지혜와 논리를 적극 수용하면서 동기를 부여하고자 하였습니다. 왜냐하면 동기(動機)가 강하면 강할수록, 아름다운 결과를 낳을 가능성이 더 크기 때문에 이 멋진! 과정을 함께하고 싶었기 때문입니다.

특히 이 책으로 〈부모교육〉을 학습하는 주요 대상자들이 아동 관련 학문을 전공하는 미혼의 대학생들이라는 사실은 너무 중요합니다. 정말 함께 하여 영원히 행복한 부모로서의 기쁨을 누리고 싶습니다.

알다시피 오늘날 우리나라는 결혼율도 낮고, 따라서 당연히 출산율도 낮습니다. 아니 더 낮습니다. 왜냐하면 딘스족(Double Income No Sex)과 딩크족(Double Income No Kid)이 점점 늘어나고 있기 때문입니다.

젊은 대학생 여러분!

첫째, 한마디로 말하면, 감히 말하면, 결코 쉽지는 않지만, 결혼을 하지 않는 것보다 결혼을 하는 것이 백번 더 낫습니다.

둘째, 또다시 강조하여 말하면, 부모가 되지 않는 것보다 결혼하여 부모가 되는 것이 골백번 더 낫습니다.

저자는 이러한 확신을 가지고 태아로부터 시작하여 청년기까지의 발달과 교육과 복지 연구에서 나름의 지식과 기술, 지혜를 바탕으로 대학교재라는 본질적 의미를 지키면서도, 향후 사회적 부모로서 아동전문가이자 친부모로서도 부모로서의 역할을 넉넉히 감당할 수 있도록 돕기 위해 '지혜'를 지향점으로 삼아 이 책을 집필하였습니다.

나아가 전반적으로 부모됨과 역할 및 아동발달 초기의 양육이론을 기반으로 하면서 국외에 치중되어 소개해 왔었던 여러 이론과 부모교육 프로그램은 물론, 우리나라의 국책연구소와 기관 및 민간단체와 연구소의 비중 높은 연구결과도 소개하여 균형을 기했습니다. 이제는 우리나라도 국제적인 수준에 도달한 부모교육 프로그램들이 제시되고 있기 때문입니다.

또한 현재의 사회적 상황을 고려하여 지금까지 출간된 부모교육 저서와는 다르게 특히 다음 세 가지를 강조하였습니다. 즉 취학 전후의 발달에 따른 부모역할과 교육, 성격과 인성을 고려한 부모역할과 교육, 창의융합인재육성을 고려한 부모역할과 교육이 그것입니다.

이토록 귀한 일을 할 수 있도록 출판의 기회를 주신 신정출판사의 최용구 사장님과 임직원 여러분들께 진심으로 감사드립니다. 계속 꼭 필요한 책을 출간하여 지혜의 나라가 되도록 발전에 발전을 거듭하시기를 진심으로 축원합니다.

끝으로 이러한 믿음과 소망과 사랑과 함께 제자들의 모임인 〈명아회〉와 재학생들의 모임인 〈숙아회〉의 격려와 배려가 큰 힘이 되었으며, 저자의 가족들의 기도는 강한 동기부여가 되어서 아름다운 마무리를 할 수 있었습니다. 사랑합니다. 축복합니다.

2023년 9월 10일

풀잎 이소희 썼습니다.

C O N T E N T S

차례

PART 02 자녀발달과 부모교육

PART 03 부모의 육아역량 강화

PART 04 국내외의 부모코칭 및 부모교육 프로그램

PART 01

부모됨과 부모교육

P a r e n t E d u c a t i o n

다른 사람을 가르치는 네가 네 자신은 가르치지 아니하느냐

_ 로마서 2 : 21

PART 1에서 학습할 주요 내용과 태도

“고인 물은 썩는다”는 속담은 우리들에게 사람과 제도, 사회는 건강하고 의미 있게 변화하여야 한다는 사실을 알려준다.

부모교육이 효과적으로 이루어지기 위해서는 변화하는 사회를 이해하고, 부모교육 및 이와 관련된 여러 기초 개념과 함께 부모교육의 필요성과 지향점에 대한 충분한 이해가 동반되어야 한다. 나아가 부모교육을 제대로 학습해야겠다는 확고한 실천 의지를 지녀야 한다. 왜냐하면 강한 동기는 설정한 목적을 성취하도록 이끌어주고 주도적인 행동을 촉발하기 때문이다.

또한 부모됨의 기본적 전제로써 결혼에 대한 확고한 의지에 따른 지혜로운 선택이 수반되어야 한다. 이를 바탕으로 부모됨의 가치에 대한 다각적인 이해와 함께 양육관과 양육태도 및 부모기에 따른 발달과제 등에 대한 이해가 필요하다.

PART 1에서는 이러한 관점에서 부모됨과 부모교육의 기초 이해에 대한 내용을 다룬다.

Chapter 01

부모됨의 가치와 과정

자식은 부모의 인생성적표입니다.

_ 이소희

동서고금을 막론하고 부모는 합법적인 결혼으로부터 시작된다. 결혼이 지니는 개인적, 가정적, 사회적 의미 때문에 결혼은 인륜지대사(人倫之大事)라고 한다. 결혼을 하고, 출산을 하고, 부모가 되고, 자녀를 양육하는 것은 역사적 의미를 지닌 소중한 가치이자 과정이다. 지혜로운 선택으로 결혼의 본질과 가치를 소중히 여기며, 부모됨의 첫 출발의 의미를 새겨 양육의 보람을 향유할 수 있도록 준비해야 한다. 동시에 이러한 과정은 자녀를 출산한 이후에도 자녀의 발달단계적 특성을 고려하여 지속되어야 하며, 정성과 지혜를 다해야 한다. 따라서 1장에서는 부모이자 학부모의 관점에서 교육을 염두에 두고 학습하도록 한다.

1. 부모됨의 의미와 심리적 역동

가지 않은 나무에 바람 잘 날 없다.

_ 우리나라 속담

1) 부모됨의 의미

'부모됨'의 '됨'에 포함된 의미는 어떠한 사람의 '됨'보다도 독특하다. 예를 들어 아동의 성장발달에 큰 영향을 미치는 선생님됨, 혹은 성인들에게 삶의 본보기가 된다는 의미의 스승됨과는 사뭇 다르다. 그 이유는 부모됨을 '천륜(天倫)'에 따른 것이며, 그 낳은 자녀를 '피붙이'나 '분신(分身)으로 표현하는 것에서 확연히 드러난다. 부모됨과 그로 인한 부모-자녀관계는 유일무이(唯一無二)한 존재가치를 지니는 것이다.

부모됨에는 사회적 · 법적으로 특별한 지위와 역할이 주어진다. 대표적인 예로, 부모는 자녀가 성인이 될 때까지 사회적 · 법적 보호자가 되며, 또 부모의 재산을 자녀에게 상속하는 권한을 지닌다. 이러한 지위와 역할은 자녀에게는 정당한 권리로 작용하는데, 한 마디로 권세이자 복(福)이다.

(1) 부모됨의 개념

부모됨은 '부'와 '모'와 '됨'의 합성어로써, 이 세 가지에 관한 구체적인 개념 이해를 통해 부모됨의 개념과 의의를 명료하게 파악할 수 있다. 부모됨은 영어로는 being parents, 유사한 개념의 부모로 사는 시기는 parenthood로 표기된다.

부모됨의 개념화에서 그동안 정리된 것은 크게 두 가지로 요약된다. 하나는 자녀에 초점을 맞춘 것이다. 즉, 자녀의 출산계획부터 시작해 출산한 다음, 그 자녀의 생사(生死)를 가름하는 양육 전반에 걸쳐 행해지는 도리와 책임을 다해야 하는 존재적 가치로 본다. 이러한 관점에서 부모됨은 다음 세대를 육성하기 위한 성인의 발달적 욕구와 과업이라고 본다.[1] 다른 하나는 성인인 부모 개인에게 초점을 맞춘 것이다. 즉, 한 인간이되 부모로서의 지위와 역할을 지니는 존재적 가치로 본다. 이러한 관점에서 부모됨은 한 인간으로서 추구하는 삶의 의미 추구와 성취에 관한 욕구와 과업이라고 본다(이소희, 2021). 따라서 자녀가 성장하는 동안만이 아니라 성장한 후에도 독립적인 주체로서 의미 있게 살아갈 수 있도록 다양한 측면에서 크고 작은 지지를 하게 된다. 결과적으로 부모도 이러한 과정을 통해 성숙하고 의미 있는 삶을 살 수 있다(문무경 · 조숙인 외, 2001; 정옥분 · 임정하 외, 2008).

이 두 가지 관점은 비교우위를 지니는 특징에 초점을 맞춘 것일 뿐 실제로는 모든 인간사에서처럼 서로 밀접한 관련 속에서 이루어진다. 부모됨은 개개인의 부모에 따라 다양하고도 독특한 의미를 지니게 되지만, 대체적으로 부모됨의 과정과 배경은 다음 5가지로 요약된다(이소희, 2019; 이희경 · 오유미 외, 2018; 조성연 · 이미란 외, 2018).

첫째, 부모됨은 결혼한 부부로써 성생활을 향유하며 자연스럽게 경험하는 결과의 하나이다. 따라서 의도적으로 피임하거나 임신중절을 하지 않는 것은 출산에 동의한다는 뜻이다.

둘째, 부모됨은 출산을 통해서 이루어진다. 즉 성인(成人)으로서의 남녀는 자녀의 출산을 통해 건강한 사람이라는 것을 확증하며, 남녀 모두 성 정체성(sexual identity)을 공적으로 인정받게 된다.

---

1) Galinsky(1987)는 부모기를 발달과정으로 보고, 6가지 단계로 구분하였다. 이에 대해서는 부모의 역할과 발달과제에서 살펴본다.

셋째, 부모됨은 개인적 차원에서 인간됨의 도리이다. 특히 종교를 지닌 경우 더욱 강조된다. 대표적으로 유교와 기독교를 들 수 있다. 그러므로 자녀를 원함에도 불구하고 어떠한 이유로 임신이 되지 않으면 다양한 방법으로 자녀를 두려고 하는 것을 들 수 있다. 과거 우리나라에서 아기를 낳지 못하는 것은 여인의 칠거지악(七去之惡)[2]에 해당된다. 그래서 집안에서 쫓겨나기까지 했다. 아기를 낳았더라도 아들을 낳지 못하면 대를 잇지 못했다는 이유로 동일한 처우를 받았다. 그래서 아들을 출산하지 못했을 때는 '씨받이'를 들이기도 하였다.[3]

그러나 근래에 들어서는 출산과학의 도움을 받아 인공수정을 함으로써 부모가 될 수 있을 뿐만 아니라, 출산과 가족문화의 변화로 예전의 행태는 더 이상 이어지지 않는다. 오히려 부부임에도 불구하고 성관계와 출산을 거부하는 맞벌이부부가 증가하고 있는 것이 사회문제가 되고 있다. 일례로 딘스족(DINS: Double Income No Sex)과 딩크족(DINK: Double Income No Kid)의 증가를 들 수 있으며, 이는 저출산의 한 요인으로 작용하고 있다(장유경 · 김현주, 2021).

넷째, 부모됨은 자녀가 결혼생활을 향상시키거나 유지시키는 데 긍정적인 영향을 미친다고 보고 있다(유계숙 · 정현숙, 2002). 예를 들어 "자식 때문에 산다"라는 말처럼 결혼생활에서 직면하는 여러 가지 어려움을 극복하고 백년해로하도록 이끄는 동인으로 작용한다. 물론 결과가 좋지 않을 수도 있지만, 대체로 자식이 '끈'으로 작용하여 해피앤딩(happy ending)으로 끝날 수

---

2) 칠거지악(七去之惡)은 유교문화권에서 남편의 일방적인 의사표시로 아내와 헤어질 수 있는 7가지 사유를 말하며, 바람직하지 못하다고 인식하는 행위에 해당한다. 시부모에게 순종하지 않음(不順父母), 아들이 없음(無子), 음탕함(不貞), 질투함(嫉妬), 나쁜 병이 있음(惡疾), 말이 많음(口說), 도둑질을 함(竊盜)이다.

3) 씨받이는 아내가 출산하지 못할 뿐만 아니라 향후에도 출산할 가능성이 없는 경우, 오직 자녀를 얻기 위해 조건부로 데려와서 동거하는 여자를 말한다(한국민족문화대백과사전).

있었기에 오늘의 역사가 지속되고 있다고 해도 과언이 아니다.

다섯째, 부모됨의 과정은 최근 점점 약화되고 있지만, 객관적으로 볼 때 사회·경제적으로 부모됨의 역할을 수행할 수 있는 환경임에도 불구하고 출산을 거부하는 것은 이기적이고 무책임한 자세라는 비판의 소지가 있음을 결코 무시할 수 없다.

이러한 여러 관점을 고려하여 전 세대에 걸쳐 부모됨에 대한 성찰은 지속되어야 한다. 부모교육은 이에 일조하는 귀한 접근이다.

(2) 부모됨의 배경

모든 생명체는 태어나면서 주어지는 배경이 있으며, 이 세상에 태어난 모든 동물과 식물, 존재하는 만물(萬物)은 그 나름의 가치를 지니고 있다. 그 중에서도 사람이 가장 가치로운 존재이다. 왜냐하면 창조된 사람이 창조된 동물과 식물들을 보호하고 기를 뿐만 아니라, 이들이 살아가는 데 필요한 다양한 도구를 만들고 공간을 구성함으로써 유익하고 편리한 생활을 하도록 주도적인 역할을 하기 때문이다.

이렇게 볼 때, 부모됨은 부모의 역할과제와 밀접한 관련을 지니며, 결과적으로 부모됨은 한 인간 남자 및 여자로서의 존재가치 및 성장가치와 결부된다고 할 수 있다. 다시 말해 "나는 도대체 누구이며, 나는 왜 이런 역할을 감당해야 하며, 언제까지 해야 하며, 결과적으로 무슨 의미가 있는가?" 및 "과연 자식이라고 불리는 저 인간은 부모인 나를 어떤 존재로 보고 있으며, 결과적으로 그들에게 어떤 영향을 미칠 것인가?" 등의 자문자답을 통해 부모됨의 가치를 확인할 수 있다(이소희, 2019; 정진우, 2014).

이런 질문을 받으면 부모들은 어떠한 답을 할 수 있을까? 부모됨은 자녀에 대한 가치와도 일맥상통하는 것으로 자녀에 대한 긍정적 가치 및 부정적 가치와 연결된다. 전자는 부모됨의 만족감으로(이은영·한세희, 2017), 후자는 부모됨의 부담감으로 표현된다(김은설 · 최혜선, 2008). 사실 부모됨에 대한 가치는 다른 사람에 의해 평가되기도 하지만, 셀프 코칭 및 자전적인 연구방법 등으로 스스로 파악할 수도 있다(이은경 · 한세영, 2017; 제갈원, 2015).

이와 같이 성인 남녀는 부모됨을 통해 부모역할을 수행하면서 기쁨, 자신감, 좌절, 두려움 등을 포함한 다양한 감정을 경험하게 되고, 자녀의 발달에 따라 부모에게 주어지는 지속적인 도전에 대응하는 새로운 능력을 발달시켜 나갈 기회를 맞게 된다. 나아가 이러한 가치는 현재에만 그치는 것이 아니라, 짧게 2~3대까지는 가시적으로도 볼 수 있고 길게는 대대손손까지 이르게 된다. 결국 결혼과 부모됨은 개인의 선택이며, 사람마다 다양한 형태의 생애과정을 경험하게 되며, 모든 사람이 동일하지는 않다(이민아, 2013).

2) 부모됨의 심리적 역동

심리(心理)는 사전적으로 마음의 움직이는 이치를 의미하며, 그 결과는 생각과 행동으로 표현된다. 이러한 심리적 과정에서 매우 중요한 여러 특성의 예로 만족과 불안, 기쁨, 걱정 등이 있다. 그리고 이러한 특성은 모든 사람의 정신과 실제 생활에 작용하며, 매우 역동적이다. 당연히 부모됨에도 적용된다.

특히 격변 · 격동하는 세상에서 한 인간을 낳고 기른다는 것은 결코 쉬운 일이 아니다. 그러므로 부모됨으로 인한 심리적 역동은 긍정과 부정이 날마다 교체될 만큼 다변적이다. 하나는 긍정적 측면에서의 부모됨의 보람이며, 다른 하나는 부정적 측면에서의 부모됨의 부담이다.

따라서 부모로서의 부담감은 최소화하고, 부모됨의 만족감을 최대화할 수 있도록 스스로 또는 여러 부모와 함께 중지를 모아야 한다. '좋은 부모가 되는 길, 부모교육에서 시작'이라는 취지에서 시작되는 부모교육운동은 좋은 촉매제가 됨은 두 말할 나위가 없다(여성가족부, 2016).

(1) 부모됨의 만족감

행복의 1차적 상태는 만족감을 느끼는 것이다. 부모가 된 것만으로도 행복하지만, 매일매일 자녀양육 과정에서 느끼는 만족감은 행복의 극치라고 표현할 수 있다.

결혼할 때, 주례사에 단골로 등장하는 말은 '백년해로'이다. 부모와 자녀 사이는 자녀가 성인이 되어 출가하는 기간으로만 비교해 본다면 결코 부부됨에 견줄 바가 못 된다. 그러나 호적을 파내기 전에는 부모-자식 간의 인연을 파기할 수는 없으며, 촌수로 볼 때 부모와 자녀 사이는 1촌으로써 대대로 이어진다는 점을 고려할 때 백년을 훌쩍 넘는다. 아니 수백 년을 넘어간다. 이는 가문에서 가문으로 전해 내려오는 족보를 통해 확인할 수 있다.

기본적으로 모든 인간은 개별적 가치를 지닌 존재이며, 그 누구에게도 종속되거나 소유될 수 없다. 인권의 차원에서 아무리 '내 배 아파 낳은 피붙이'라고 하더라도 부모는 부모, 자식은 자식인 것이다. 실제로 부부라는 인연으로 동고동락할 때는 서로 벌거벗어도 부끄럽지 않은 '한 몸'이지만, 헤어지면 남, 곧 타인(他人)이 된다.

그럼에도 불구하고 부모-자식은 혈연이므로 결코 다른 사람, 곧 남이 될 수 없다. 동시에 부모에게 육아 또는 양육책임이 면제될 수도 없다. 즉 엄연히 결혼과 함께 출산도 부모된 자의 선택이므로 어떠한 부부 및 부모생활이라고 하더라도 육아의 의무와 책임은 면할 수 없다. 선택에는 책임이 따른다. 물론 대부분의 부모들은 이 사실을 잘 알고 있으며, 인류역사상으로 볼 때 고맙고 귀한 마음이자 태도임에 틀림없다.

익히 알고 있듯이 출산의 아픔은 매우 크다. 그러나 "여자가 해산하게 되면 그 때가 이르렀으므로 근심하나, 아기를 낳으면 세상에 사람 난 기쁨으로 말미암아 그 고통을 다시 기억하지 아니 하느니라"는 말씀이 있다(요한복음 16 : 21). 사람 난 기쁨이 매우 크다면, 출산 후에 육아로 인한 여러 가지 부담을 충분히 감내하고도 남는 것으로 해석할 수 있다. 이러한 부모됨은 부모됨의 동기와도 직결되며(조성연 · 이미란, 2018), 동기가 강할수록 부모됨의 만족도가 큰 것으로 나타나고 있다(박보경 · 신나나 외, 2017; 신미 · 신효미 외, 2017). 그리고 이러한 부모들의 부모됨은 긍정적 용어인 즐거움, 기쁨, 재미, 환희, 만족감, 뿌듯함, 행복감, 든든함, 자랑스러움, 자신감 등이다(보건복지부 · 중앙육아종합지원센터, 2015; 이소희, 2020). 그러므로 이들 부모들의 부모됨은 삶의 초대이자, 삶의 향연이다.

(2) 부모됨의 부담감

현대사회에서의 부모됨은 시대적 상황 변화와 사회적 환경의 다양화에 따라 그 의미와 가치도 급격히 변화되고 있다. 특히 우리 사회에서의 부모됨과 자녀양육은 가족구조 형태 및 가족생애주기의 변화 안에서 이해해야 하며, 이러한 이해는 전 사회의 인구학적 변화의 맥락 안에서 고려해야 할 필요가 크다. 모든 사람의 삶과 그 발달은 개인과 주변 사회와의 상호작용으로 이루어지기 때문이다. 즉 부모됨은 어려운 경제적 여건과 맞벌이가정의 증가, 자녀교육비 증가, 지나친 경쟁과 같은 다양한 사회적 문제들로 인해 어려운 과업으로 인식되고 있다.

우리 사회는 지난 10년 동안 급격한 저출산과 고령화를 경험하고 있다. 특히, 부모–자녀와 관련해서는 저출산으로 인해 가족의 재생산기능이 약화되고 있으며, 비혼과 만혼 및 이혼 등의 증가로 1세대 가구 및 단독가구도 지속적으로 증가하고 있는 추세이다. 동시에 무자녀와 한 자녀 출산 및 출산기간의 단축 등으로 양육의 기간과 과정 등에서도 변화가 일고 있다(여성가족부, 2020).

이에 따라 과거에 비해 막내자녀의 출산부터 첫 자녀가 결혼하기까지의 기간과 빈둥지 기간이 길어지고 있으며, 특히 사회경제적 불안이 커지면서 가정을 경제적으로 유지하고 부모역할을 수행해 나가는 일이 커다란 부담으로 인식되고 있다(이소희, 2020; 한국부모교육학회, 2021).

따라서 예비부모와 부모들은 경제적 비용이나 양육과정에서 오는 부족함과 자책 같은 부정적인 정서를 느끼는 등 다양한 감정을 느끼게 된다(도현심 · 송승민 외, 2016; 박현정, 2017; Katarina, 2012). 그 결과, 양육에 따른 심리적, 신체적, 경제적 부담으로 자녀를 방임하거나 학대하기도 한다(김영은 · 이희선, 2016; 김향미 · 홍성대, 2016). 특히 자녀가 발달장애를 지녔거나(김영란 · 김고은 외, 2015; 전병주, 2016), 비행과 같은 행동장애를 지녔을 경우, 정신적 · 신체적 고통을 이기지 못해 부부가 별거 또는 이혼하기도 한다(김동하, 2015; 임금옥 · 강길현 외, 2015).

따라서 부모됨에 대한 각종 심리적 부담감을 이해하고 제대로 준비하도록 하며, 그 해소를 돕기 위해 생태학적 입장에서 살펴보고 있으며(오재연 · 유구종, 2007), 이를 건강한 부모됨을 위한 교육에 반영하고 있다.

2. 부모됨의 과정과 사회적 역동

사랑은 가장 가까운 사람, 가족을 돌보는 것으로 시작된다

_ 마더 테레사

1) 배우자 선택의 과정과 부모됨

(1) 배우자 선택의 의미

결혼의 시작은 배우자의 선택으로부터 시작된다. "첫 단추를 잘 꿰어야 한다"는 속담을 결혼과 관련지을 때, 배우자의 선택은 첫 단추에 해당한다. 그만큼 중요한 것이다.

이렇듯 결혼의 필요성과 중요성을 강조하는 속담과 명언은 꽤 많다. 결혼은 인륜지대사라고 하는데 이 말은 "사람이 살아가면서 하는 일 중에 가장 큰 일"이라는 의미이다. 서양에서는 "바다에 나갈 때는 한 번 기도하고, 전쟁에 나갈 때는 두 번 기도하고, 결혼을 할 때에는 세 번 기도하라"고 권면하였다. 이 속담이 시사하는 바는 무엇일까? '바다'와 '전쟁'에 나갈 때 사람들은 죽음을 각오한다. 오랜 삶의 경험을 통해 '결혼'이라는 선택도 마찬가지의 맥락에서 이해해 왔음을 알 수 있다. 그만큼 결혼과 배우자 선택이 중요하다는 것이다.

또한 "하루를 행복하게 지내려면 이발을 하고, 일주일을 행복하게 지내려면 목욕을 하고, 한 달을 행복하게 지내려면 결혼을 하라"는 영국 속담에서 '1달'에 함축된 의미를 고려할 때, 결혼생활은 매일매일이 결코 장밋빛만은 아니라는 점도 시사해 준다.

이렇듯 동서양의 속담과 명언을 고려할 때 배우자 선택의 중요성은 아무리 강조해도 지나치지 않다.

(2) 배우자 선택이론과 요인

결혼을 하기 위해서는 당사자는 물론이고 부모와 친족까지도 자신의 결혼처럼 생각하고 최선-최고의 선택을 할 수 있도록 지혜롭게 협력하여야 한다. 왜냐하면 결혼을 위한 배우자 선택은 그야말로 당사자의 행복은 물론, 친족과 가문의 번영에 의미 있는 영향을 미치기 때문이다.

배우자 선택을 설명하는 여러 가지 이론 중 여과망이론은 설득력이 높다. 핵심은 유사성과 근접성이다. 대표적인 예로 CC(campus couple)를 들 수 있다.

글 · 그림 1-1 배우자 선택의 이론 - 여과망

출처: Udry(1971).

Q&A 배우자 선택은 여과의 과정을 거친다.
내가 중요하게 생각하는 배우자 선택 요인, 1순위는 무엇인가?

그럼에도 불구하고 "너는 나를 인(印)같이 마음에 품고 도장같이 팔에 두라 사랑은 죽음같이 강하고"라는 성경말씀(아가서 8 : 6)이 시사하는 바와 같이 사랑은 죽음을 불사한다. 오늘날은 자유결혼에 대한 인식이 강해져 '절대 반대'보다는 당사자의 의견을 존중하는 경향이 높아 죽기를 각오한 사례는 매우 감소하였다. 그럼에도 부모님의 극심한 반대에 직면하게 되면, 현대판 로미오와 줄리엣처럼 가출은 물론이고 죽음을 불사하고 자신이 선택한 사람과의 결혼을 강행하는 사례도 등장한다.

이러한 과감한 선택의 결과가 늘 해피엔딩(happy ending)으로 끝나는 것만은 아니며, 그렇다고 늘 불행을 초래하는 것도 아니다. 어떤 선택을 했든 결혼생활에 임하는 각오와 실천이 더 중요하기 때문이다.

2) 결혼의 과정과 부모됨

동서고금을 통해 살펴보면 결혼은 어떤 특별한 신분만 주어진 것이 아니라 대부분의 사람들에게서 이루어지는 일반적인 생활관습이다. 즉, 대부분의 사람은 출생 후 부모와 가족 및 사회적 지원을 받고 자라다가 성년이 되면 지금까지 살아온 가정을 떠나 결혼이라는 사회적 형식을 거쳐 새로운 가정을 형성하게 된다. 이 과정에서 대부분의 부부는 자녀를 낳아 생물학적이자 법적인 부모가 된다.

(1) 사회제도로서의 결혼

결혼은 혼인과 같은 말로써, 사전적인 뜻은 '두 남녀가 그 사회에서 인정하는 방식으로 부부관계를 맺는 것'을 의미한다. 즉, 결혼은 중요한 사회제도의 한 과정이자 결과이다.

오늘날 대부분의 사회에서 인정하는 결혼의 방식은 서로 연관된 두 가지로 대별된다. 하나는 부모와 일가친척은 물론이고 친구와 직장 동료를 포함한 여러 사람들 앞에서 공식적으로 부부가 되었음을 밝히는 것이다. 다른 하나는 법적으로 '혼인신고'를 하는 것이다.

결혼은 부부 당사자만의 심리적·육체적 관계만으로 그치지 않는다. 축복의 선물인 자녀의 출산, 부모됨에 따르는 여러 가지 역할과 책임의 수행은 물론이고, 경제적 공동체로서의 재산과 상속 등 여러 가지 제도적 관행과 법리적 문제가 수반되는 역동적인 과정이기 때문이다. 결혼은 영원성과 역사성을 지니는 사회적 제도이며 신성한 의식이다.

글·그림 1-2 혼인서약과 성혼선언문

혼인서약

신랑 군과
신부 양은

어떠한 경우라도 항시
사랑하고 존중하며
어른을 공경하고 진실한
남편과 아내로서 도리를
다할 것을 맹세합니까?

성혼선언문

신랑 군과
신부 양은

그 일가친척과 친지를 모신 자리에서
일생동안 고락을 함께 할 부부가 되기를
굳게 맹세하였습니다.
이에 주례는 이 혼인이 원만하게
이루어진 것을 여러분 앞에
엄숙하게 선언합니다.

20 년 월 일

주례

Q&A 결혼은 사회적 약속이다.
결혼식과 혼인 서약을 거치지 않는 동거에 대해서 어떻게 생각하는가?

이러한 관점에서 대부분의 사회에서는 부부의 철학에 따른 나름대로의 결혼식을 거행하면서 동시에 혼인신고라는 법적 절차를 거친다. 결혼식과 신혼여행을 마친 후 곧바로 신고를 하는 것이 보통이다. 혼인신고를 하지 않고 함께 사는 경우 동거(同居)가 된다. 그냥 한 집에서 성관계를 맺으며 사는 삶에 머무르게 된다. 진정 결혼한 것을 기뻐하고, 함께 하고 싶은 마음이라면 굳이 지연시킬 이유가 없는 것이다. 동거하는 기간이 비교적 오래 되어 당사자인 두 남녀는 물론 가족과 이웃하는 사람들이 인지하고 있을 때 사실혼(事實婚) 관계에 있다고 말할 수 있지만, 결코 정상적인 결혼생활이라고 볼 수 없다.

(2) 부모됨의 동기와 출산

결혼을 통해 부부가 된 두 당사자에게 사회적으로 용인되는 중요한 원리가 있다. 그것은 바로 법적으로 인증된 부부라는 지위와 신분이며, 동시에 사회적으로 인정되는 부부 간의 성관계이다. 즉 부부 이외의 사람과 성관계를 맺는 것은 불륜에 해당되며, 사회적으로 용인되기 어렵다.

성경에서도 이러한 관점을 확인할 수 있다. 바로 “이러므로 남자가 부모를 떠나 그 아내와 연합하여 둘이 한 몸을 이룰지로다. 아담과 그 아내 두 사람이 벌거벗었으나 부끄러워 아니하니라(창세기 2 : 24~25)”는 말씀이다. 여기에 내재된 의미는 부부가 된 두 남녀는 합법적으로 성관계(性關係)를 맺을 수 있으며, 결코 부끄러움이 없는 관계인 것이다. 결혼 전의 순결만이 아니라 결혼 후에도 적용되는 순결이며, 이는 사랑의 대전제이다. 따라서 당연히 다른 사람과의 성관계는 불가하다. 이러한 과정은 부부의 행복을 위한 개인적 언약과 책임을 넘어 가정과 사회의 안정과 번영을 위한 공동의 약속이자 책무이기도 하다.

그러나 최근에는 동거에 대한 수용도가 높아지고 있으며, 동성애까지도 무방하다는 생각을 하기도 한다. 동시에 이러한 생각에 대해 특정한 종교를 중심으로 반대의 소리가 높다. 실제로 결혼이 지니는 숭고한 의미와 함께 인간적으로 남녀인 부부로서 지니게 되는 심리적 역동을 고려할 때, 비결혼에 따른 동거와 일부일처에 대한 생각은 정리되어야 할 필요가 있다.

나아가 최근 들어 결혼을 원하지 않거나 포기하는 경향이 점점 증가하고 있는데 비율도 남녀가 비슷하다. 배경적 요인으로 남자의 경우는 경제적인 차원의 부담감과 책임감이 가장 크며, 여자의 경우는 결혼에 이어 출산과 육아부담이 가장 높다(문화체육관광부 국민소통실, 2019).

글 · 그림 1-3 오늘날 우리나라 미혼 남녀의 결혼에 대한 생각

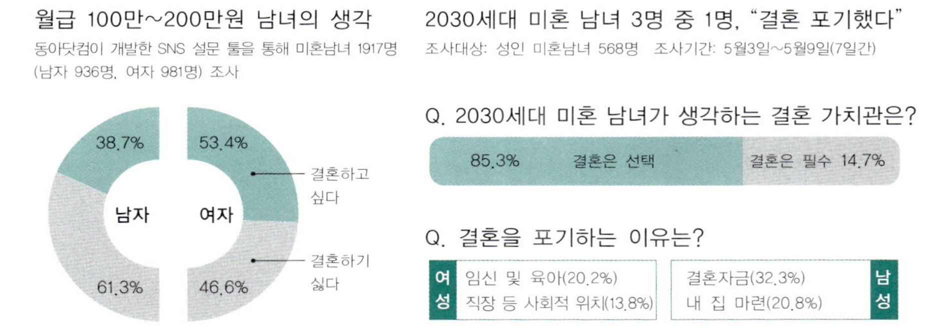

출처: 동아닷컴(2019). / Incruit, 알바콜(2019).

Q&A 아이러니하게도 결혼은 선택이자 또한 필수라고 한다.
나는 어느 쪽인가?

낮아지는 결혼율은 자연스럽게 저출산율로 이어진다. 인구가 지니는 사회 · 경제학적 의미를 고려할 때 특단의 대책이 이루어지지 않는다면 더 심화될 가능성이 높다. 실제로 2005년에 저출산고령화대책위원회를 설치하고, 각 행정부서별로 여러 가지 대응책을 수립하고 막대한 재정을 투입하였으나 그 효과는 미미한 편이다(저출산고령화대책위원회 · 한국은행 · 성효용, 2020).

글 · 그림 1-4 **우리나라 출산율 전망** (단위: 명)

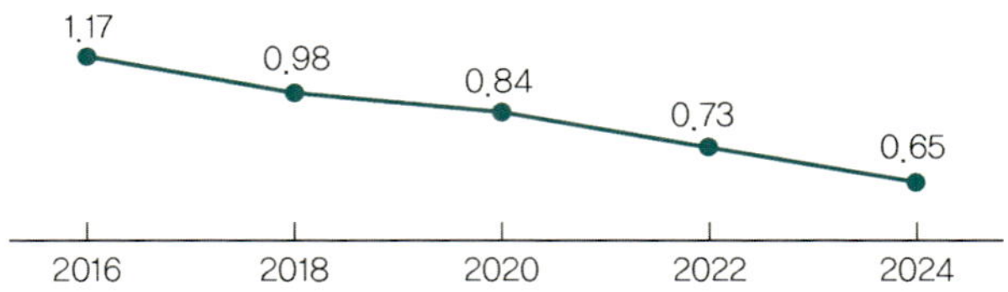

출처: 통계청(2020). 대한민국 출산율 추이 그래프

Q&A 사람의 최소 단위는 1인이다.
출산율이 1인 이하로 내려가고 있다는 것은 무엇을 의미하는가?

주거와 고용 및 보육 문제가 장기적으로 해결된다면 결혼을 하고 자녀를 낳아 부모가 되겠다는 젊은이가 있는가 하면, 그 어떤 정책과 지원이 제공되어도 자신과는 아무런 상관이 없다는 이들도 적지 않다. 이러한 현상이 지속되고 있다는 점은 상당히 우려스러운 일이다(엄명용 · 감수진, 2011; 여성가족부, 2018).

글 · 그림 1-5 **오늘날 저출산 원인 분석**

1. 안 낳아서 망하는 게 아니라, 망할 세상이니까 안 낳아
2. '헬조선'에서 겪는 고통 자식에게 대물림하기 싫어
3. 힘든 세상에 태어나게 하는 것도 부모로서 죄짓는 것
4. 국가 입장에선 저출산 문제지만 나 개인에겐 문제 아니야
5. 태어날 내 아이는 나보다 힘들게 노인을 부양해야 하니 못 낳아
6. 여유가 없어 출산은커녕 연애는 생각도 못해
7. 어차피 일자리 부족한데 인구 줄면 좋은 거 아닌가
8. 애 안 낳으면 결국 우리가 부담된다는 것 알지만 못 낳아
9. 아이 낳는 고통 싫어 남편하고만 오붓하게 살 것
10. 가끔 이대로 계속 저출산하다가 인류 멸망했으면 좋겠다고 생각해

출처: 여성가족부(2018).

Q&A 저출산 원인은 다양하다.
추가하고 싶은 것이 있다면?

부모됨은 두 말할 나위 없이 개인 남녀의 생물학적 본능이자, 사회구성원으로서의 중요한 역할이다. 이 상황에서 주목되는 것은 그 어떤 대책보다도 부모됨의 가치와 양육문화가 존중되어야 한다는 주장이다(EPJ, 2019).

이렇게 볼 때, 결혼관과 출산관의 변화에 대해 어떠한 자세를 지녀야 하는가? 3가지로 요약될 수 있다. 첫째, 삶은 인간에게 도전을 요구한다. 그 어떠한 일이라도 도전하지 않으면 성취할 수 없다. 결혼도 예외가 아니다. 더구나 결혼은 생물학적으로도, 사회적으로 요구되는 최고의 인간 윤리이자 덕목이다. 따라서 잘 준비하여 도전해야 한다. 둘째, 모든 도전의 기본이자 전제가 되는 생각과 태도는 긍정이다.[4] 옛 선현들도 "안 된다고 생각하고 지레 겁을 먹으면 될 일도 안 된다"고 갈파하셨다. 따라서 절대긍정의 자세로 임해야 함과 동시에 크고 작게 부딪히는 어려움에 직면하게 될 때, 7전8기의 자세로 최고의 부부리더십을 발휘하여 행복한 성취를 이루어야 한다.[5] 셋째, 특별한 문제가 없으면, 결혼한 대부분의 부부는 자녀를 출산하고 부모가 된다. 부모는 자신의 생명과 생활만이 소중한 것이 아니다. 부모로서의 막중한 소임을 다해야 한다. 이 과정은 정신적 · 신체적 · 경제적 부담이 따르기도 하지만, 동시에 형언하기 어려운 기쁨과 보람을 만끽하게 된다. 따라서 매일멋진부모가 되어야겠다고 합심하여 노력하다 보면, 이윽

4) 이러한 관점은 최근 주목받는 마틴 셀리그만의 『긍정심리학』과 셰인 J. 로페즈의 『희망심리학』의 연구 결과에서 확인할 수 있다.

5) 의미치료(mean therapy)의 창시자인 빅터 프랭클은 그의 책 『죽음의 수용소』에서 인간은 마주치는 자극에 대해 선택할 수 있으며, 그 선택에 결정적인 영향을 미치는 것은 자신이 부여한 '의미'라고 하였다. 그 의미 때문에 죽음의 수용소에서도 살아남을 수 있다는 것이다. 죽음처럼 보다 강한 사랑은 결혼을 선택할 수밖에 없다. 사랑이 이긴다.

고 결혼과 부모됨은 최고의 선택이었다는 확신을 지니게 될 것이다(이소희, 1988, 1996, 2016).

어느 노부부는 삶이 다하는 날까지 백년해로하기 위해 70세 생일날 다시 결혼식을 치르기도 하였다. 그리고 '위대한 결혼'의 의미를 새기자고 당부하기도 한다.

실제로 여러 가지 성격을 지닌 결혼과 출산에 대한 정보가 흘러넘친다. 지혜롭게 접근할 필요는 아무리 강조해도 지나치지 않을 것이다.

부모의 시

예언자

칼릴 지브란

그대가 낳았다고 해서 그대의 아이는 아니오.
아이들은 스스로 갈망하는 삶의 딸이며 아들이니.
아이들이 그대를 거쳐 왔을 뿐
그대로부터 온 것은 아니오.
그러므로 아이들이 지금 그대와 함께 있을지라도
그대에 속해 있는 것은 아니오.
그대는 아이들에게 사랑을 줄 순 있으나
그대의 생각까지 줄 순 없다오.
왜냐하면 아이들에게는 그들 자신의 생각이 있으므로.
그대는 아이들에게 육신이 머무를 집을 줄 수는 있으나
영혼이 머무를 집을 줄 수 없다오.
왜냐하면 아이들의 영혼은
그대가 꿈속에서라도 찾아갈 수 없는
내일의 집에 살고 있기에.
그대가 아이들처럼 되려고 애쓸 수는 있지만,
아이들을 그대처럼 만들려고 애쓰지는 마시오.
왜냐하면 삶은 되돌아가지도 않고
어제에 머물러 있지도 않기에.

Chapter 02

부모교육의 의미와 체계

학이시습지 불역열호(學而時習之, 不亦說乎)

배우고 그것을 때때로 익히니 어찌 기쁘지 아니한가

_ 공자(孔子)

생명체는 영원한 역사이다. 그 영원한 역사가 존재할 수 있도록 역할을 하는 부모는 그야말로 역사적 존재이다. 그러기에 부모교육은 행복과 번영을 개인-가정-사회로 이끄는 핵심 활동이다. 그러므로 부모교육은 매우 가치로우며, 모든 교육의 출발점이 된다고 해도 과언이 아니다.

그러므로 예비부모교육을 포함한 다양한 형태의 부모교육의 필요성과 지향점을 살펴보는 것은 부모교육 학습자로서의 중요한 탐구활동에 해당된다.

따라서 2장에서는 부모교육과 학부모교육의 의미 및 관련 개념에 대해 체계적으로 학습하도록 한다.

1. 부모교육의 필요성과 지향점

나는 의식적으로 자신의 삶의 수준을 높이려는
인간의 태도에 늘 감탄한다.

_ 앤서니 라빈스

1) 부모교육의 필요성

무릇 모든 생물은 자란다. 이 중에서 매일매일 가시적으로 볼 수 있는 것은 어린아이와 나무들이며, 특별한 몇몇 나무들을 제외하고는 성숙한 인간의 손길에 의해 잘 자란다. 자녀의 경우, 대표적인 손길은 바로 돌봄과 교육이다. 그 중에서도 압권은 자녀를 잉태하자마자 이루어지는 태교와 함께 생을 다하는 날까지 평생 지속되어야 하는 각종 교육이다. 특히 부모는 자녀를 교육하기 이전에 부모가 스스로를 먼저 가르쳐야 한다. 여기에서 부모교육의 필요성이 강조되는 것이다.

무릇 필요성은 욕구와 요구의 강도와 관련되며, 그 수준이 강하면 강할수록 계획적으로 접근해야 한다. 이러한 관점에서 '백년지대계(百年之大計)'는 특히 교육 분야에서 줄기차게 거론되어 왔다. 이는 서로 관련되는 다음 3가지로 요약 · 정리할 수 있는데, 첫째, 교육으로 인한 바람직한 변화는 결코 하루아침에 이루어지지 않으며 긴 시간을 필요로 한다. 그러므로 인간발달의 과정으로 보았을 때 초기이자 적기에 시작하여야 한다. 이러한 관점은 중요한 발달의 원리에 해당된다.

글 · 그림 2-1 교육의 계획과 자세

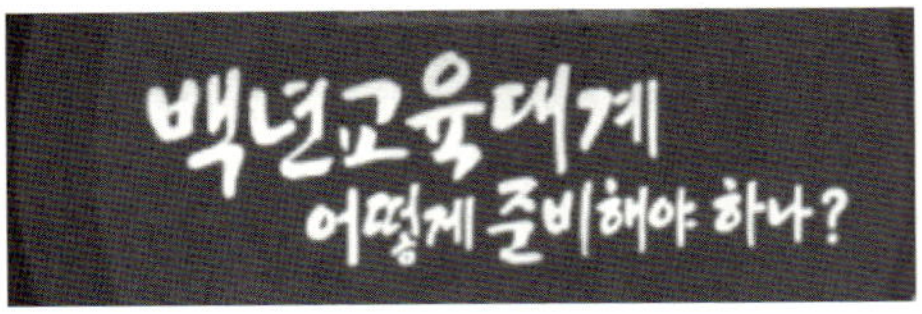

출처: 생방송 EBS 교육저널(2019). / 광주시 지속가능발전위원회(2020).

Q&A 자녀의 독립은 결혼에 의한 분가로 시작되며, 평균 30세 전후가 된다. 부모의 자기 자신에 교육기간은 어느 정도가 될까?

즉, 기초성과 적기성이 제대로 이루어지지 않으면 발달의 지체가 일어나며, 당연히 교육적 효과를 기대하기가 어렵다(이소희, 2020). 그 사례로 영유아기에 기본습관교육을 시작하는 것처럼 예비부모교육과 태아기 부모교육 등의 시작 시점을 들 수 있다. 이는 "시작이 반이다" 및 "하다가 중지하면 아니한 만 못하다"라는 속담에서 그 의미를 찾을 수 있다.

둘째, 교육으로 인한 바람직한 변화가 일어나기 위해서는 계획적이어야 하며, 이렇게 하기 위해서는 전문적으로 접근하여야 한다. 그 사례로 국가적 차원에서 표준보육과정과 유아중심 · 놀이중심 교육과정 및 초 · 중고등학교의 교육과정을 구성하여 전문가와 전문조직에서 전달하는 것을 들 수 있다. 특히 이러한 사항은 관계법에 규정하여 법적 체계하에 운용되도록 한다. 그것은 이러한 교육이 국민의 의무로 여겨질 만큼 중요하다고 보기 때문이며, 실제로 국민의 4대 의무에는 교육받을 의무가 포함되어 있다.

셋째, 교육으로 인한 바람직한 변화를 일으키기 위해서는 관련자들이 적절한 교육, 즉 교육자로서의 전문교육을 받아야 한다. 이는 교육의 계획성과 밀접하게 관련되는데, 교육의 대상과 목적에 따른 다양한 교육이 체계적으로 실시되고 있는 것이다. 특히 국가가 인정하는 전문 교육자가 되기 위해서는 법적으로 공인된 자격을 취득해야 한다. 의료인과 법조인이 국가가 인증하는 자격을 획득해야 하는 것과 동일한 개념이다. 그것은 만물의 영장인 인간의 생명과 행복과 권리에 관한 내용을 다루기 때문이다.

이러한 맥락에서 현재 부모교육은 법적 의무가 아님에도 불구하고 국가와 지방자치단체 및 민간의 지원하에 이루어지고 있는 부모교육의 참여율이 높은 편이다(임현정 · 문정희 외, 2017; 조민경, 2016). 최근에는 이에 그치지 않고 부모교육의 필요성에 따라 아동–교육–가족 관련 연구단체를 중심으로 부모교육의 제도화에 대한 주장도 대두되고 있다(박혜원, 2016; 이미화 · 김은설 외, 2020).[1]

한편, 부모교육에서 '역사성'과 '영원성'이 지니는 의미는 서로 관련되는 다음 세 가지로 요약 · 정리할 수 있다. 첫째, 우리의 삶을 영속시키기 위해서이다. 소위 말하는 대(代)를 잇기 위해서이며, 이는 모든 살아 있는 생물체에 존재하는 종족보존욕구 때문이다. 이러한 의미는 출생 전의 교육에서 확인할 수 있다. 우리나라 사주당 이씨는 1801년 『태교신기(胎教新記)』를 지어 태교의 활성화에 힘썼으며, 그 이후에도 지속적으로 태교관련 연구(김선주 · 이연정, 2013; 이소희, 1996; 프레드릭 르봐이예, 1988; 한국기독교부모교육연구회, 2005)와 실천이 이루어지고 있다. 근래에 들어서는 예비부모교육도 이루어지고 있다(이희경, 2018).

둘째, 건강하게 태어났다고 하더라도 출생한 후 아이가 자라는 여러 환경은 매우 역동적이며 가변적이다. 따라서 부모가 이러한 환경적 특성을 고려하여 자녀교육에 힘쓰지 않으면 여러 가지 발달적 문제가 야기되기 쉽기 때문이다(이소희, 2020; 정옥분, 2018; Eugenia Berger, & Riojas–Cortez, 2017).

셋째, 아동교육의 효과는 특별한 위치에 있는 부모 또는 교사에 의해서만

1) 의무적으로 받아야 하는 부모교육도 있다. 그 예로 민법에 의해 실시되는 입양부모교육을 들 수 있다.

효과적으로 이루어지는 것은 아니다. 그렇다고 해서 아동교육에서 부모와 교사의 비중이 동일하거나, 변화가 없는 것만은 아니다. 학제(學制)에 따라 자녀인 아동이 고학년으로 진급할수록 부모가 할 수 있는 교육의 성격은 다소 제한된다. 전문성을 요하는 교과(敎科) 중심의 교육에 참여하는 데 한계가 있기 때문이다(이소희 · 김일부, 2020). 그럼에도 불구하고 부모의 협력 없이는 교과교육의 효과성을 기대하기 어렵고, 체험활동과 특기교육 등과 같은 비교과(非敎科)의 경우는 더욱 부모의 협력이 필요하기 때문이다(김경자 · 곽상훈 외, 2015).

2) 부모교육의 지향점

'교육'의 본질적 가치는 변화가 없으나 교육의 목적과 목표는 시대와 사회에 따라 사회구성원 및 사회적 성장을 위해 변화 · 발전하곤 한다. 특히 오늘날은 4차 산업혁명이 도래함에 따라 이를 고려한 교육이 교육계를 비롯하여 사회 전반적으로 모색되고 있으며(교육부, 2019; 안종배, 2017; 클라우스 슈밥, 2016), 벌써 5차 혁명까지 거론되고 있다.

글 · 그림 2-2 어머니의 자녀사랑

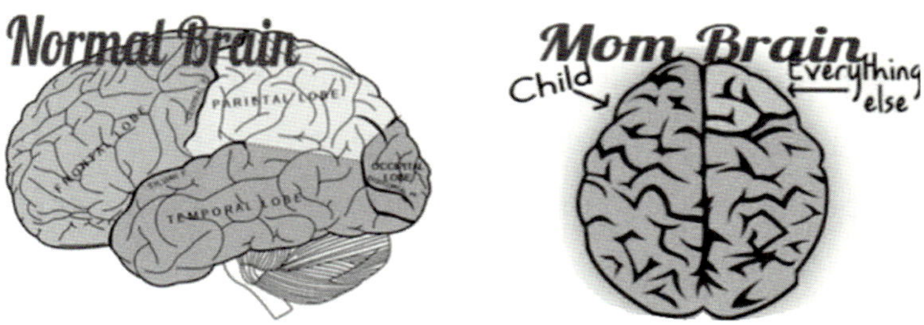

출처: https://aeroflowinc.com/is-mom-brain-realo

Q&A 어린 자녀를 둔 어머니의 뇌는 아이 생각으로 가득 차 있다고 한다.
아빠의 뇌는 무엇으로 가득 차 있을까?

나무는 태양을 향하는 시간이 있다고 한다. 아이는 어떠한가? 자신의 생존에 영향력이 큰 사람을 향한다. 부모는 가장 처음으로, 가장 오랫동안, 태양과 같은 역할을 수행하게 된다. 그러므로 무릇 부모는 자녀가 현재는 물론, 앞으로도 건강하고 건전하게 성장하여 행복한 삶을 살 수 있도록 지원하되, 사회적 변화를 고려해야 된다.

'혈연'은 부모교육은 물론이고 의도적이거나 비의도적인 관점에서 형성되는 모든 인간관계의 '연'에서 가장 영향력이 요인이다. 이는 서로 관련되는 다음 세 가지로 요약 · 정리할 수 있다. 첫째, 혈연은 피로 맺어진 인연이며, 부모-자녀관계에만 해당된다. 즉, 두 남녀가 결혼하여 낳은 자녀와의 사이에만 존재하는 특별한 생물학적 관계이다.

"피는 물보다 진하다"는 말처럼 부모-자녀관계는 모든 사람에게 똑같은 의미를 지니는 물과 같지 않고, 물보다 진한 무엇인가가 존재하고 있다. 다시 말하면 그 누구에게나 동일한 의미를 주는 무색무취의 특질이 아니라 붉게 타는 듯한 열정의 끈끈한 특질을 지닌다. 이는 "피는 못 속인다"라는 말에서 그 함축된 의미를 살펴볼 수 있다.

둘째, 부모와 자녀는 혈연에 의한 아주 특별한 관계이기 때문에 타인과의 관계에서 주고받을 수 없는 그 무엇이 존재한다.

인간은 종교적 차원을 떠나 생물학적으로는 영원히 살 수 없기 때문에 부모는 '영원성'과 '역사성'을 자식을 통해 충족하고자 하는 것이다. 이러한 맥락에서 사람들은 자식을 자신의 분신(分身)이라고 여긴다. 경우에 따라서는 자기 자신보다 더 소중한 존재로 여긴다. 그러기에 부모는 어떤 대가나 조건 없이 '희생'하거나 '헌신'하고 있음은 물론, 그야말로 피땀 흘려서 평생 모은 재산까지도 증여 및 상속하는 것이다. 심지어 자신의 '생명'까지도 아까워하지 않는다.

글 · 그림 2-3 자녀가 생각하는 부모의 모습

출처: 숙명유아원=좋은 부모 프로젝트 / 한국영리더십센터-매일멋진영리더

Q&A 자녀의 부모에 대한 생각은 크고 놀랍다.
자녀가 생각하는 부모의 모습은 어디에서 비롯된 것일까?

셋째, 대를 이어가는 부모-자녀관계는 1대(代)로 끝나는 것이 아니며, 2대, 3대 등으로 이어져 간다. 그리고 이러한 관계는 가계(家系), 가문(家門) 등으로 표현되며, 나름의 독특한 가족문화를 형성하고 대물림된다. 부모-자녀 사이에서 계승되는 가업은 대표적인 사례이다.

이렇듯 여러 가지 요인들은 각각의 의미를 지니고 있으므로 가능한 한 최대로 고려해야 하지만, 그 중에서도 가장 중요한 것은 '자녀=자식중심'이어야 한다(이소희, 2019; 조미상, 2020). 이는 '아동중심'의 교육과 동일한 개념으로서 부모가 자녀를 교육할 때, 그 내용이 아동들의 경험과 능력에 맞게 선정되어야 하며, 아동에게 발달적인 의미가 있는 것이어야 한다는 것이다(정정희, 2012; 최연주, 2020). 자녀의 연령과 성을 기반으로 한 여러 발달영역별 특성이며, 여기에는 자녀의 성격과 강점 및 각종의 지능이 포함된다(김광수, 2015; 이소희 · 원종순 외, 2020; 제니퍼 폭스, 2005; Martin Seligman, 2006).

최근에는 유아교육기관 및 초등학교를 중심으로 부모참여형태가 활성화

되고 있다. 이 중에서 부모들이 모여서 프로젝트를 진행하기도 하는데, 이러한 교육방식은 부모의 생각을 도출하고, 수렴시켜서 함께 좋은 부모가 되도록 노력하는 계기가 된다(숙명여자대학교 아동연구소, 2014).

글·그림 2-4 〈좋은 부모되기〉 프로젝트 주제망

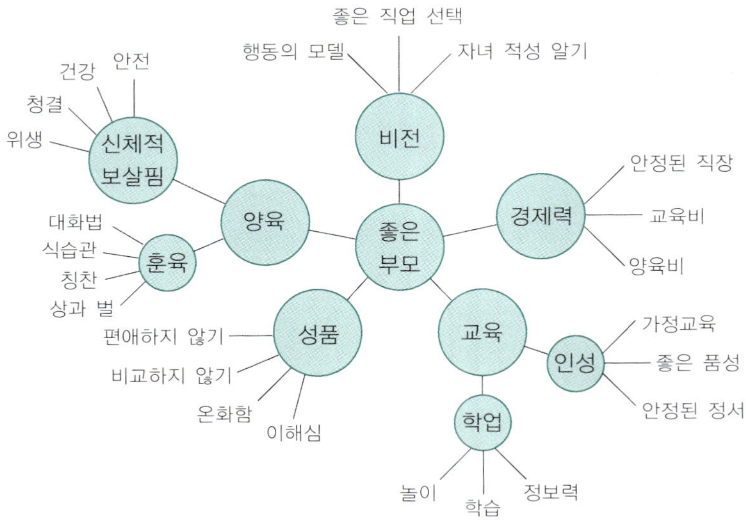

출처: 숙명유아원 - 좋은 부모되기 프로젝트

Q&A 프로젝트 접근법은 나와 너를 알기에 좋은 방법이다.
내가 〈좋은 부모되기〉 프로젝트에 참여했다면, 주제망을 어떻게 그렸을까?

그리고 취학 전의 유치원과 어린이집에서의 부모교육에 이어 초등학교에서는 연계된 부모교육이 이루어지고 있다(조은주·김은영, 2009). 그것은 학제에 따라 교육내용과 교육방식 등이 달라지기 때문이다(김민진·장원호, 2018).

2. 부모교육의 의미와 대상

나 자신을 먼저 감동시켜라.

_ 오제은

1) 부모교육의 의미

이 세상에는 깊은 의미를 가진 용어들이 많다. 그 중에서 압권은 '부모'와 '교육'이라고 할 수 있다. 왜냐하면 자식은 부모로부터 사람으로서의 생명을 부여받는 복을 가지게 되었으며, 그 자식은 교육을 통해 사람다운 삶을 살게 되기 때문이다.

(1) 부모의 의미

부모는 우리말로 어버이를 말하며, 영어로는 Parents, 한자어로는 父母로 표기된다. '부모'는 바늘에 실 가듯 아버지와 어머니를 함께 연결-통합하여 통칭하는 용어로 사용된다. 또한 부모는 특정의 남(男)과 여(女)가 만나 자녀를 낳으므로 인해 부여받게 되는 지위와 역할의 대명사이며, 개인적 · 가정적 · 사회적 의미가 함축되어 있다. 그리고 이러한 부모의 역할은 상황에 따라 다르지만, 어린 시기의 자녀뿐만이 아니라 성년기에도 지속된다. 옛말처럼 자식은 품안의 자식만이 아니라, 생을 달리할 때까지 결코 놓을 수 없는 삶의 끈이기 때문이다. 이렇게 보면 부모는 매우 '대단한', '엄청난' 의미를 지닌 용어라고 해야 할 것이다.

"한 아이를 키우기 위해서는 온 마을이 필요하다"라는 아프리카 속담이 시사하는 것은 의미심장하다. 즉, 사회구성원들은 '내 아이 우리 아이'라는 마음으로 부모역할을 해야 한다는 것을 말하며, 주로 그 시기는 성년이 되기 전까지를 말한다.[2] 바로 사회적 부모로서의 역할이다(이소희, 2019). 우리나라에서의 대표적인 예로 젖동냥을 나온 심봉사와 딸 심청에게 젖을 먹여준 동네 여인들을 들 수 있으며, 오늘날의 위탁부모를 들 수 있다.

(2) 교육의 의미

교육은 '가르침'과 '배움'의 의미가 동시에 내재되어 있는 특별한 용어이다. 그러므로 우리 사회에서 '가르치며, 배우며' 및 '배우며, 가르치며'라는 말을 자연스럽게 사용하고 있는 것이다. 동시에 교육수준이라는 말도 함께 사용되는 빈도가 높으며, 그 수준은 높다와 낮다로 표현된다. 당연히 교육수준이 높은 상태를 추구한다.

한편 탑(塔, tower)은 건축물의 한 형태로 높다는 특징이 있다. 높은 건축물은 낮은 건축물에 비해 노력과 시간과 자원이 많이 든다. 따라서 총체적으로 많은 인적 및 물적 자원이 드는 일이나 사건에 비유로 예시되는데, 대표적인 예로 상아탑(象牙塔, ivory tower)[3]과 우골탑(牛骨塔)을 꼽을 수 있다. 상아탑은 최고의 지성의 전당으로 불리는 대학(university, 大學)을 말하며, 우골탑은 자식을 그 상아탑에 보내기 위해 농가에서 소를 팔았기 때문에 상아탑은 소의 뼈로 세워진 대학이라고 본 것이다.

교육열이 높은 우리나라에서는 대부분의 부모가 자식을 대학에 보내려고

---

2) 우리나라의 민법에서 미성년자는 만 18세까지를 말한다. 그러므로 성년은 만 19세부터이다. 미성년자도 18세가 되면 혼인을 할 수 있다(민법 제807조). 즉 민법은 혼인에 의한 성년의제라는 제도를 두고 있기 때문에 19세가 되지 않은 자라 하더라도 혼인신고를 마치면 성년으로 간주된다. 따라서 부모의 동의 없이 결혼하여 성년의 대열에 들어갈 수 있다.

3) 학문이나 예술지상주의를 뜻하는 단어이다. 원래 구약성경 아가서 7장 4절 "너의 목은 상아로 만든 탑 같고"라는 구절에서의 의미와 유사하다.

하였으며, 오늘날 대학의 문이 더 넓어졌다고는 하지만 여전히 일류대학에 보내려는 열망이 매우 높다. 대표적인 용어와 사례로 '맹모삼천지교'[4]와 '치맛바람', 'SKY 캐슬'의 강남 8학군 선호를 들 수 있다.

'교육'은 세 가지 관점에서 정의되고 있다(교육관련 국제기구 지식정보원, 교육학사전, 2017).

① 기능적 정의(functional definition)

교육은 무엇을 이루기 위한 수단이나 도구와 관련시켜 규정하는 입장이다. 즉, 교육은 가치판단을 유보하고, 기능적 관점에서만 교육을 객관적으로 기술하는 데 관심을 둔다. 이렇듯 기능적인 측면을 강조하여 정의하면, 교육은 도구화되고 수단화될 수 있으므로 교육에 내재된 본래의 독자성과 자율성을 도외시할 가능성이 있다(예: 교육은 국가 또는 사회발전을 위한 수단이다/교육은 신의 뜻을 실현하는 수단이다).

② 규범적 정의(normative definition)

교육은 궁극적 목적이나 가치 추구와 관련시켜 규정하는 입장이다. 즉, 교육은 외재적 가치를 실현하기 위한 수단이 아니라 내재적 가치를 실현하는 과정이라는 데 관심을 둔다. 그러므로 교육은 그 자체로서 가치 있는 무엇인가를 실현해 가는 과정이다. 이렇듯 규범적 측면을 강조하여 정의하면,

---

4) 맹모삼천지교는 그 시대의 관점에서 보면 대단한 일이고 오늘날의 부모에게도 자식교육에 시사하는 바가 크다. 직업에 귀천은 없지만 어린 시절에는 모방심이 강하기 때문에 크고 작은 영향을 받기 쉽다는 점을 우려하여 맹자의 어머니는 3번이나 이사를 하였을 것이다. 그렇지만 오늘날의 '8학군'은 부모의 사회경제적 수준이 크게 작용하므로 계층 간 위화감을 조성할 가능성이 매우 높으며, 오늘날 회자되는 '금수저'와 '흙수저'의 논란처럼, 어려운 가정의 자녀는 선천적 불운으로 여겨질 수도 있다. 불행스럽게도 우리 속담의 '오르지 못할 나무는 쳐다보지도 말라'가 적용될 수 있으므로 부모와 자녀 모두를 위한 지혜가 필요하다.

그 정의를 내리는 사람의 가치판단이 개입되기 때문에 주관적이라는 비판을 받을 수 있다(예: 교육은 인간됨의 완성이다/우리나라 교육은 홍익인간의 이념을 실현하는 과정이다).

③ 조작적 정의(operational definition)

교육은 특정의 활동으로 이루어질 결과와 관련시켜 규정하는 입장이다. 즉, 교육은 어떤 활동 또는 계획을 실시한 후, 그 결과로 인간 행동의 변화가 이루어졌다면 그 활동은 교육이며, 그렇지 않으면 교육이라고 볼 수 없다고 본다. 그러므로 무계획·무의도적으로 무엇인가 이루어진 경우는 교육이라 보기가 어렵다.

그렇지만 반드시 그런 것만은 아니다. 다시 말하면 우연히 경험하는 비형식적 과정에서 얻게 되는 지식과 기술과 지혜의 힘을 간과할 가능성이 크기 때문이다. 예를 들어 "도처에 스승이 있다"는 격언이 지니는 힘을 인정하지 않는 결과를 낳게 된다는 점이다.

이 모든 관점을 종합해 볼 때, 교육은 바람직한 방향으로의 성장을 위해 인적 및 물적 자원을 체계화시켜 효과적인 성과를 내는 개인 및 사회적 활동이라고 정의할 수 있다.

2) 부모교육의 정의

부모교육은 '부모'와 '교육'의 합성어이며, 대부분의 사회과학에서 특정 용어를 정의할 때처럼 좁은 의미와 넓은 의미로 정의할 수 있다. 그 이유는 부모교육의 대상과 범위 및 관점 등이 다양하기 때문이다.

부모교육을 좁은 의미에서 볼 때의 현재, 생물학적이고 법적인 지위와 권한을 지닌 부모가 주 대상이 된다. 반면 넓은 의미에서 볼 때는 정상적인 생활을 하는 대부분의 성인이 부모가 될 수 있다. '사회적 부모'인 셈이다. 더 구체적으로 말하면 모든 각급 학교의 선생님과 아동 · 청소년 · 사회복지기관의 전문가 및 각급 의료기관의 의료인은 부모역할을 한다고 본다. 그러므로 특별히 아동복지기관에 종사하는 전문가는 아동복지법의 규정에 따라 아동학대의 예방과 방지를 위해 필요한 교육을 받도록 하고 있다(이소희, 2020).

이 책 및 한국부모교육학회 및 교육학, 심리학, 아동학, 아동복지학, 가족학의 배경을 지닌 연구자들의 부모교육에 대한 정의는 [표 2-1]과 같다.

표 2-1 부모교육의 정의

이소희 (2021)	좁은 의미	생물학적 및 법적 과정을 통해 부모가 된 사람을 대상으로 의도적인 과정과 적절한 방법을 통해 부모역할을 효과적으로 수행할 수 있도록 지원하는 체계적 활동
	넓은 의미	생물학적 및 법적 과정을 통해 부모와 조부모가 된 사람 및 예비부모와 미성년 아동을 위해 전문적으로 일하는 사람을 대상으로 의도적인 과정과 적절한 방법을 통해 그 역할을 효과적으로 수행할 수 있도록 지원하는 체계적 활동
한국부모교육학회 (2019)	교육자로서의 부모의 자질 향상과 효과적인 역할 수행을 위하여 이루어지는 교육적 활동	
조성연, 이정희 외 (2013)	부모와 장차 부모가 될 사람으로 하여금 자녀를 더 잘 이해하고 더 나은 양육환경을 마련할 수 있도록 지원하고자 하는 사회의 총체적 노력	
이원영, 이태영 외 (2011)	부모가 가진 능력과 가능성, 그리고 재능을 발견하도록 돕고 그러한 것을 부모 자신과 가족, 특히 자녀를 위해 유용하게 사용하도록 돕는 과정의 교육	

3) 부모교육의 대상

부모들은 다양한 부모교육을 통하여 자신의 부모됨의 의미를 재확인하고, 여러 부모들과 함께 협력하게 된다. 따라서 현재의 부모는 물론, 예비부모를 포함한 조부모와 함께 사회적 부모에 대한 다양하고도 심도 높은 부모교육이 이루어져야 한다.

더구나 4차 산업혁명과 코로나 사태를 지나면서 실질적인 교육백년대계의 의미는 더욱 강조되고 있다. 왜냐하면 미래를 예측하여 적기에 제대로 준비하지 못하면 이로 인한 기회비용의 부담이 높은 것을 넘어 실패로 인한 삶의 빈곤화가 양적 및 질적으로 크게 벌어질 가능성을 배제하기 어렵기 때문이다.

(1) 예비부모

예비의 사전적 의미는 특정한 역할 또는 과제를 수행하기 이전을 말하며, 준비와 대기 또는 보충의 성격을 지닌다.

예비부모는 예비의 성격과 부모의 정의를 고려하여 법적 및 사회적으로 부모기에 접어들기 전의 사람으로 정의할 수 있다. 특히 최근 들어 결혼연령은 높아지고 결혼율은 낮아지는 점을 고려하면, 실제로 예비부모기에 해당하는 사람은 매우 많고, 더 증가할 전망이다(여성가족부, 2016). 그렇지만 특별한 개입이 없는 한, 부모가 되기 전 바람직한 부모역할에 대해 알고 있거나, 부모교육을 받아 부모가 될 준비를 하는 경우는 드문 편이다(Bigner & Gerhardt, 2013).

특히 첫 단추에 해당하는 예비부모교육은 더없이 필요한 것이다(이희경 · 오유미 외, 2018; 정옥분 · 정순화, 2018). 그리고 이러한 교육은 학제를 바탕으로 이루어지는 것이 매우 효과적이라고 보고 있으며, 최근 고등학생을 대상으로 한 연구가 이루어지고 있을 뿐만 아니라(이성남 · 박희현, 2014; 전미경 · 이은주 외, 2017), 대학생을 대상으로 한 예비부모교육은 더욱 강화되고 있다(여성가족부, 2016). 이러한 동향은 개인과 사회의 작은 학교인 가정을 위해 매우 고무적이다.

글 · 그림 2-5 청소년을 대상으로 한 부모역할 지원연구

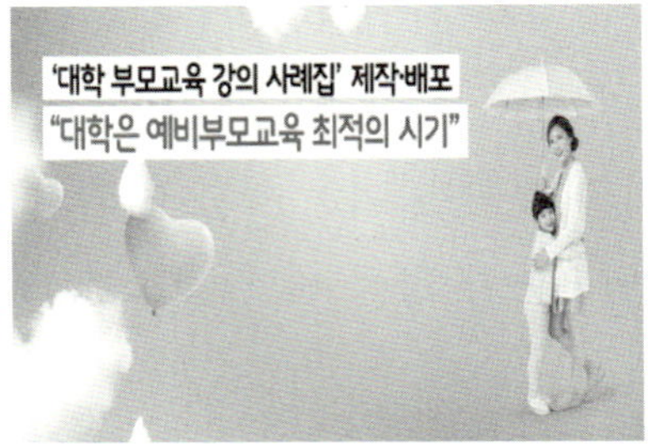

출처: 한국인간발달학회(2016). / 여성가족부(2016).

Q&A 청소년 한부모도 있다.
예비부모교육 프로그램에는 무슨 내용이 포함되어야 할까?

이렇듯 중차대한 관점에서 최근 대학에서는 교양과목으로 〈예비부모교육〉 또는 〈결혼과 가족〉을 개설하여 예비부모교육을 실시하고 있다. 나아가 유아교육학과, 아동학과, 아동복지학과, 교육학과, 교육심리학과 등에서는 선택 및 필수과목으로 〈부모교육〉을 개설하고 이 강좌 안에 예비부모교육을 포함시켜 교육하고 있다.

실제적으로 〈결혼과 가족〉 과목은 〈예비부모교육〉과 〈부모교육〉보다 범위가 넓지만 보다 넓은 시각에서 결혼과 부모됨을 파악할 수 있게 해 주는 강점이 있으며, 동일한 맥락에서 〈부모교육〉은 〈예비부모교육〉보다 범주가 넓지만 자녀의 전 발달영역에서 부모됨과 역할을 다루고 있는 강점이 있다(이원영 · 김정미, 2011; 이희영 · 최영미 외, 2011; 최인숙 · 김혜란, 2021).

글 · 그림 2-6 예비부부와 신혼부부를 위한 사회적 부모교육

출처: 대구 YWCA(www.dgywca.or.kr) / 패밀리서울(familyseoul.or.kr)

Q&A 부부가 일심동체라면 자녀를 낳은 부모도 일심동체이다.
이러한 역할을 제대로 수행하려면 무엇이 가장 필요할까?

그리고 육아, 교육, 여성 관련 행정부서, 국책연구기관, 대학, 민간기업, 복지재단, 교회와 절을 비롯한 종교단체 및 학자와 개별 전문가들이 다양한 관점에서 프로그램을 개발하여 보급하고 있는 것은 예비부모교육의 필요성과 중요성을 잘 대변해 준다(보건복지부 · 중앙육아종합지원센터, 2015; 육아정책연구소, 2018; 한국영리더십센터, 2015).

글 · 그림 2-7 첫 부모를 위한 교육

출처: 한국기독교부모교육연구회 / 이담북스

Q&A 태교는 과학의 진수라고 한다.
조선시대의 태교는 현대의 의학으로 보면 과학적이었을까?

한편, 예비부모를 위한 교육은 예비모 위주의 교육이 많고, 예비부를 위한 교육은 적은 편이다(태교신기, 1988; 이소희, 1997). 그것은 생물학적 관점에서 볼 때, 어머니의 자궁에서 태아가 자라고, 적어도 출산 후에 특정한 기간 동안은 거의 어머니의 돌봄에 의해 생명이 유지될 수 있기 때문이다. 대표적으로 어머니의 젖 먹이기를 들 수 있다.

그러나 근래에 들어서는 첫 부모됨이 부부가 함께 경험하는 과정임에 초점을 맞추어 예비모 중심의 교육에서 벗어나 부부의 공동협력에 초점을 맞추어 가고 있다(강수경 · 김경숙 외, 2017). 더구나 상당수의 예비부들은 아버지됨에 대한 정체성과 인식이 낮을 뿐만 아니라, 접근할 기회도 적으므로 예비부교육의 필요성에 대한 사회적 분위기 조성도 함께 이루어져야 한다.

(2) 부모

예전부터 그리고 현재까지도 강조되고 있는 부모교육의 대상은 현재 자녀를 낳아 기르고 있는 기혼의 부모이다. 그리고 대부분의 부모교육은 이러한 부모에 맞추어져 있다.

4차 산업혁명에 시작되며 사회변화가 가속화되었고 의학 및 의료기술의 획기적인 발전으로 인간의 수명도 연장될 것이다. 이러한 상황에서 부모교육을 포함한 교육에서의 대변혁을 동시에 요구하고 있다(김진형, 2016; 이소희, 2017; 최새은, 2017; Baby News, 2018). 따라서 종전과는 다른 교육 패러다임과 실제가 필요하다는 목소리도 점점 높아지고 있으므로, 부모교육도 이러한 사회적 현상에 적극적으로 대응할 필요가 크다(김길숙 · 김지현 외, 2016).

대표적으로 인터넷과 컴퓨터를 기반으로 각종 미디어를 활용한 교육의 활성화를 그 예로 들 수 있다(youtube, Instargram 등).

(3) 조부모

조부모(祖父母)는 부모의 부모인 할아버지와 할머니를 말한다. 생물학적으로 손자와 손녀를 둔 노인(老人), 곧 어르신을 일컫는데, 제도적인 관점에서 보면 노인복지법에서 규정한 65세 이상의 사람을 말한다.

최근 들어 조부모의 교육이 주목받는 이유는 두 가지 관점으로 정리된다(김영옥, 2014; 유재령, 2016). 하나는 손자녀의 부모가 자녀를 양육하기 어려워 맡겨진 상태에 이른 것이며, 다른 하나는 말년(末年)을 뜻깊게 보내고 싶은 욕구를 지닌 조부모가 증가되었기 때문이다(김종철, 2016; 신용주, 2015; 최수현 · 김혜리, 2016). 이러한 욕구는 에릭슨(Erikson, 1997)의 심리사회이론에서 말하는 자아통합감에서 비롯된 것이며, 삶의 끝자락에서 자신의 삶을 회고하면서 주변 사람들에게 자신의 삶을 나누고자 할 때 건강하게 형성될 수 있다(최수현 · 김혜리, 2016; Hillier & Barrow, 1999). 즉, 조부모들은 이러한 삶을 통해 부모의 세대계승의 유지자로서의 사회적 존재가치와 사회화의 의미 있는 타자로서의 개인적 역할가치를 실현시킬 수 있기 때문이다(신혜경, 2019; 이소희 · 충청남도 신중년 지원센터, 2022; 정지연, 2017).

명칭에서 보듯이 조부모도 '부모'인 만큼 조부모를 대상으로 한 부모교육은 조부모가 어떠한 삶을 살고 있으며, 그 손자녀가 어떠한 양육환경에 놓여 있는가에 따라 그 목표와 내용이 달라진다. 대체로 전자의 경우, 특별히 조부모를 지원하는 기관에서 부모교육을 실시하며, 후자의 경우는 학위논문과 다양한 기관에서 프로그램을 개발하고, 민간단체와 가족관련 국가 산하단체에서 실시하고 있다(세살마을, 2008; 서혜숙, 2005b; 신혜경, 2019).

글 · 그림 2-8 조부모교육

출처: 세 살 마을 / 대전광역시

Q&A 초고령화사회가 되어 가고 있다.
어르신들이 손자손녀를 위해 기여할 수 있는 일은 무엇일까?

3. 부모교육 관련 개념과 형태

이미 배운 사람을 넘어 계속 배워가는 사람이 진정한 양육자요, 교육자입니다.

_ 이소희

1) 부모참여

부모참여는 '부모'와 '참여'의 합성어이다. 참여(participation, 參與)의 사전적 정의는 어떤 일, 활동, 계획, 의사결정 등에 관계하는 것을 말한다. 그리고 참여의 주체는 부모이며, 그 참여영역은 교육이므로, 부모참여는 부모라는 신분을 지닌 사람이 참여라는 방식을 통해 부모교육에 임하는 것을 말한다. 특히 학부모로써의 교육 참여는 학교 교육 · 운영에 대해 학부모가 학교와 소통 · 협력하며 교육을 지원하고 학생인 자녀의 건강한 성장과 발달을 도모하는 것을 뜻한다(교육부 · 국가평생교육진흥원, 2019).

알려진 바와 같이 부모교육의 궁극적 목표는 부모로 하여금 자녀의 발달특성을 이해하고 자녀를 양육하는 데에 필요한 기술과 태도 등을 습득하도록 돕는 것이므로(배지희, 2002; 정옥분 · 정순화, 2019), 부모참여에서 중요한 관점은 바로 부모라는 신분에서 참여하여 교육적인 유익을 누리는 것이다.

부모참여방식은 소집단 참여와 대집단 참여로 대별되며, 전자의 경우는 워크숍 특성이 높은 편이고, 후자의 경우는 강연회의 비중이 높은 편이다. 최근에는 현장에서의 활동과 직접체험을 통한 참여도 증가하고 있는데, 그 예로 박물관 견학을 통한 참여수업, 숲체험, 농장체험 등을 들 수 있다. 그리고 중고등학교보다는 취학 전의 어린 자녀가 다니는 어린이집과 유치원 및 초등학교에서의 부모참여가 활발하게 이루어지고 있으며, 그 이유는 두 가지로 요약할 수 있다.

첫째, 자녀가 어리기 때문에 부모로서의 양육 및 교육경험이 적다. 더구나 오늘날 한자녀가족이 증가하고 있기 때문에 선행 육아학습도 매우 부족한 편이다. 따라서 배울 수 있다면, 접근성이 높다면, 나의 어린 자녀가 취원-취학하는 곳이라면 도전하듯 참여하고 싶은 욕구가 일어나기 쉽기 때문이다.

둘째, 어린 자녀들은 자신이 하는 활동이 놀이이든 학습이든 부모가 참여하기를 바라는 정도가 나이 든 자녀보다 높은 편이다.

이러한 부모참여를 통한 부모교육의 효과를 높이기 위해서는 참여의 방식, 부모의 상황, 가족의 형태를 고려하여 실시되어야 한다.

2) 부모리더십

부모리더십은 '부모'와 '리더십'의 합성어이다. 리더십(leadership)의 사전적 정의는 공동의 일을 달성하려고 하는 사람이 다른 사람들에게 지지와 도움을 얻는, 사회적으로 영향력을 발휘하는 과정을 말하며, 한자로는 지도력(指導力), 영도력(領導力)으로도 표기된다.

역사적으로 볼 때, 리더십은 특정한 지위에 있는 사람이 수행해야 할 태도로 보았다. 특히 정치, 경제, 군사 영역에서 높은 지위에 있는 사람에게 요구되거나, 부여하는 지위와 역할로써 마땅히 발휘해야 하는 심리적 및 행동적 특성으로 보았다(김일부, 2018; 원종순, 2019; 한국영리더십센터, 2012; 한홍, 2015). 최근에 들어서는 리더십이 과거와 달리 생활 전반으로 확대되고 있다. 그것은 대부분의 사회구성원이 자신의 지위와 역할을 고려하여 적재적소에서 리더십을 발휘해야 한다고 보고 있기 때문이다(김일부, 2017; 이소희, 2019a).

(1) 리더십의 정의

그러나 리더십은 분야별 특성을 고려하여 정의되고 있으며, 부모리더십은 주로 교육학, 심리학, 가족학, 복지학 등에서 활용되고 있으므로 이러한 학문적 및 실천적 특성을 반영하고 있다.

특히 개인적으로 성숙한 성인이자, 미성숙한 자녀에 대해 법적 및 사회적 책임을 진 부모야말로 리더십을 발휘해야 할 최적의 사람이다(윤지영, 2007; 이소희, 2019a).

표 2-2 리더십의 정의

이소희 (2009)	자신과 다른 사람의 마음을 모으고 움직이는 멋진 힘
김성숙 (2009)	다른 사람의 사고, 감정, 행동을 변화시키는 과정 속에 나타나는 다양한 형태의 영향력
서기남 (2009)	자기를 관리하는 기술과 원만한 인관관계를 습득하고 집단이 처해 있는 상황에서 적절한 상호작용이 일어나도록 영향력을 행사하며 자신을 변화시키고 세상을 변화시키는 능력

부모리더십은 부모로서의 생물학적 특성과 부모됨의 역사성을 고려하여 정의되고 있으며, 종교적 차원에서의 정의도 포함되고 있다.

표 2-3 부모리더십의 정의

윤지영 (2007)	자신과 다른 사람의 마음을 모으고 움직이는 멋진 힘	
이소희 (2020)	좁은 의미	부모가 자녀의 마음을 모으고 움직이는 멋진 힘
	넓은 의미	친부모는 자녀를, 사회적 부모는 미성년의 마음을 모으고 움직이는 멋진 힘

또한 부모리더십의 중요성과 필요성에 따라 취학 전후의 자녀를 대상으로 한 부모리더십교육이 점차 활성화되고 있다. 특히 부모리더십은 교사리더십과 시너지를 낼 때 그 효과가 크며, 이를 위한 여러 가지 프로그램과 도구가 개발되고 있다(이소희 · 원종순 외, 2020; 한국영리더십센터, 2012).

(2) 리더십의 종류

리더십의 본질은 관계와 영향력이다. 부모-자녀의 경우 생활적인 측면이 강조되지만, 기업과 사회에서는 변혁적인 부분이 더 강조되는 것을 예로 들 수 있다.

리더십은 종류에 따라 전문가 및 학자마다 다르게 정의되고 있다. 이소희(2011)는 리더십을 개념적으로도 순서대로 제시하였고 실제 교육도 초기에는 순종리더십 → 자기리더십 → 섬김리더십 → 변환리더십의 순서로 이루어지는 것이 좋으며, 개념 이해를 하고 어느 정도 순서적인 교육이 이루어져서 경험을 쌓게 되면 상황을 고려하여 동시다발적으로 적재적소에 알맞은 네 가지 리더십을 발휘할 수 있다고 보았다.

표 2-4 리더십의 종류와 정의

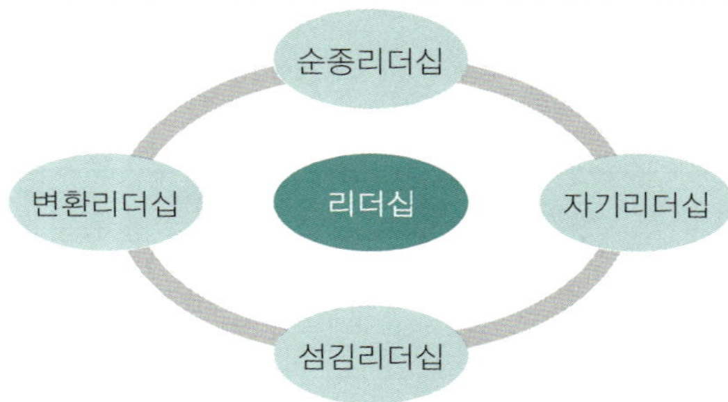

리더십의 종류	리더십의 뜻
순종리더십 (따르는 리더십)	자신에게 의미 있는 사람을 따르기 위해 생각하고 행동하는 것. 따른다는 것은 자신의 행복한 성장발달에 미치는 의미 있는 사람의 긍정적인 의도를 믿고 따르며, 나아가 효과적으로 본받아 행동하는 것을 말함
자기리더십 (스스로 리더십)	자신을 스스로 세우기 위해 생각하고 행동하는 것. 스스로를 세운다는 것은 자신의 행복한 꿈을 이루기 위해 자신이 가진 강점 자원을 최대한 계발할 뿐만 아니라, 다른 사람이 가진 자원까지도 지혜롭게 활용하여 준비하는 것을 말함. 나아가 이 과정에서 당면하는 문제를 주도적으로 해결하는 것을 말함
섬김리더십 (섬기는 리더십)	다른 사람을 귀하게 여기고 행동하는 것. 섬긴다는 것은 남녀노소, 빈부귀천, 지위고하, 인종, 종교를 막론하고 서로 존중하며, 나아가 함께 행복하게 살기 위해 자신이 가진 것을 나누고 베풀어서 시너지를 내는 것을 말함
변환리더십 (바꾸는 리더십)	더 좋은 환경으로 변화시키기 위해 생각하고 행동하는 것. 더 좋게 바꾼다는 것은 어제보다는 오늘을, 오늘보다는 더 나은 내일을 함께 행복하게 살 수 있도록 한 방향으로 정렬하여 사람과 환경을 창의적으로 변화시켜 멋진 유산을 남기는 것을 말함

출처: 이소희(2008). 한국영리더십센터.

특히 부모리더십의 경우, 자녀리더십 및 교사리더십과 시너지를 낼 때 그 효과가 크므로 이러한 관점에서 연계된 프로그램이 개발 보급되고 있다(한국영리더십센터, 2015, 2020).

3) 부모코칭

부모코칭은 부모와 코칭의 합성어이다. 코칭은 역사가 짧으며,[5] 코칭관련학회와 협회의 연구자와 전문코치를 중심으로 발달되어 왔고, 고유의 철학과 방법론을 지니고 있는 새로운 사회과학의 한 분야이다. 즉 코칭은 본질적으로 과거로부터 받은 고통스러운 장애를 극복하도록 돕는 치료의 개념이 아니며, 약점을 보완하여 평균적인 수준에 오르도록 돕는 보충의 개념도 아니다. 그리고 요청하는 문제에 대해 해답을 제공하는 컨설팅도 아니다.

표 2-5 코칭의 정의

이소희 (2009)	자신과 다른 사람의 마음을 모으고 움직이는 멋진 힘
한국코치협회 (2021)	개인과 조직의 잠재력을 극대화하여 최상의 가치를 실현할 수 있도록 돕는 수평적인 파트너십
국제코칭연맹 (2021)	친부모는 자녀를, 사회적 부모는 미성년의 마음을 모으고 움직이는 멋진 힘

부모코칭은 특정한 모델을 매개로 하여 이루어지기도 하지만 코칭접근법 활용하기를 통하여 접근하는 편이며, 좀 더 쉽다.

5) 현대적 의미의 코칭은 1980년대 초반 미국에서 시작되었으며, 핵심적인 인물은 재무설계사였던 토마스 레오나드(Thomas J. Leonard)였다.

역사가 짧음에도 불구하고 코칭이 의미 있는 성과를 창출하고 있는 것은 코칭철학과 코칭모델 및 코칭기술의 힘 때문이며(이소희 · 길명환, 2014), 부모코칭을 포함한 대부분의 코칭영역에서 적용되고 있다(도미향, 2020; 이소희, 2022).

(1) 코칭철학

코칭은 코칭에 내재된 철학을 매우 중요시한다. 그것은 코칭철학이 코칭과정을 제대로 그리고 역동적으로 이끌기 때문이다.

표 2-6 코칭의 철학

<table>
<tr><td rowspan="3">이소희
(2009)</td><td>제 1철학–
무한 능력</td><td>가능성</td><td>모든 인간은 무한 능력을 계발하여 참 행복한 삶을 살 수 있다.</td></tr>
<tr><td>제 2철학–
무한 성취</td><td>주도성</td><td>무한 능력으로 무한 성취를 이루는 해답은 자기 자신에 있다.</td></tr>
<tr><td>제 3철학–
무한 도전</td><td>효과성</td><td>무한 성취를 이루기 위한 무한 도전에는 코치의 지지가 필요하다.</td></tr>
<tr><td>히데타케
(2004)</td><td colspan="3">제 1철학 : 모든 사람에게는 무한한 가능성이 있다.
제 2철학 : 그 사람에게 필요한 해답은 모두 그 사람에게 있다.
제 3철학 : 해답을 찾기 위해서는 파트너가 필요하다.</td></tr>
<tr><td>한국
코치협회
(2014)</td><td colspan="3">모든 사람은 창의적이다.
모든 사람은 완전성을 추구하고자 하는 욕구가 있다
모든 사람은 누구나 내면에 자신의 문제를 스스로 해결할 수 있는 자원을 가지고 있다.</td></tr>
</table>

(2) 코칭모델

코칭모델은 코칭을 효과적으로 실시하여 코칭의 목표를 효과적으로 달성할 수 있도록 구조화한 틀을 말한다. 코칭처럼 언어를 활용하는 인간관계기술의 하나인 상담과는 차이가 나는 측면이 바로 모델이며,[6] 코칭을 여행에 비유할 때 지도 또는 이정표 같은 안내의 역할을 한다. 따라서 어떤 코칭모델을 개발하여 사용하는가의 여부는 성공적인 코칭에 직간접적인 영향을 미친다.

코칭모델은 대체로 특정단어 및 그 단어를 구성한 알파벳을 코칭과정에서의 각각의 단계로 활용하여 전문코치와 전문코칭기관에 따라 다양하게 개발되어 활용되고 있다.[7] 예를 들면 'COACH'와 'STAR'처럼 평서형으로 개발되지만, 'WISE'처럼 질문형으로도 개발되기도 하며, 두 가지 코칭모델인 'WISE'와 'CANDY' 모델을 통합하여 하나의 모델처럼 사용하기도 한다(이진아 · 이소희, 2021). 또 〈놀토코칭 프로그램〉의 효과성 제고를 목표로 한 'KOREA'처럼 특정한 목적을 위해 개발되기도 한다(이원희, 2023).

그렇지만 코칭접근에서 반드시 코칭모델을 사용하고 융통성 없이 꼭 그 모델대로 해야만 하는 것은 아니지만, 가능한 한 해당 모델이 지향하는 철학에 준해 코칭하는 것이 효과적이다. 이렇듯 코칭모델을 사용한 코칭은 부모를 대상으로 한 코칭에서도 활성화되고 있다(김미화, 2012; 김휘경 · 이소희, 2022).

① COACH 모델

COACH 모델은 '코치하다' 및 '코칭하는 사람'이라는 뜻으로 이소희(2009)가 개발하였으며, C-O-A-C-H의 5가지 이니셜로 구성된 수레바퀴 모양이다. 이 모델은 코칭과 관련하여 기억하기에 매우 효과적이다. 이 이미지는 자신이 성취하고자 하는 목표, 꿈, 사명 등을 향해 꾸준히 삶의 페달을 밟

6) 최근에는 상담에서도 코칭접근법을 도입하여 '상담코칭'의 이름으로 활용하고 있으며, 이러한 연구와 교육을 하는 상담코칭학과도 개설되고 있다.

7) 우리의 일상에서 구구단을 한번 외우면 평생 잊어버리지 않는 효과가 있듯이, 이니셜로 된 모델은 마치 구구단처럼 외우고 나면 쉽게 적용하는 데 효과가 크다. 그래서 코칭분야에서는 '모델'을 '코칭공식'이라고 별명을 붙여 활용하기도 한다.

는 의미를 담고 있으며 보조바퀴는 에니어그램의 성격을 나타내는 것이다. 다시 말하면 코치모델과 에니어그램 성격을 통합하여 코칭할 수 있도록 구성된 것이며, 1~9는 에니어그램의 9가지 성격을 말한다.

글 · 그림 2-9 코칭모델 - COACH

모델

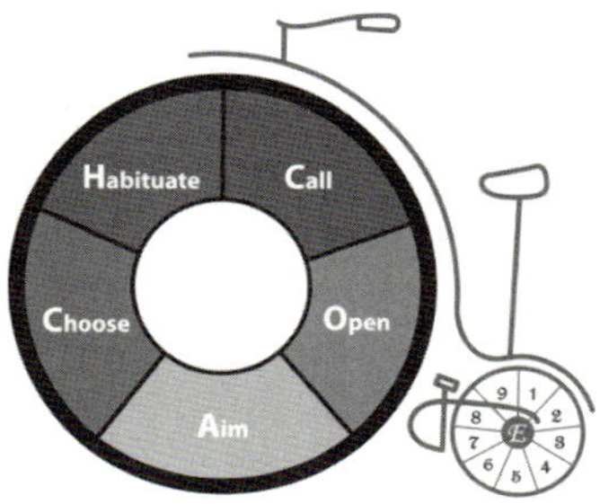

이니셜과 기능

C	Call	주제 찾기
O	Open	가능성 열기
A	Aim	목표 정하기
C	Choose	해결책 찾기
H	Habuiate	습관화하기

Q&A 코칭은 성장을 추구하므로 문제발생의 예방적 기능을 지닌다.
어떤 전문가가 되어 내 삶의 사회적 수준을 유지하고 싶은가?

② WISE 모델

WISE 모델은 '현명한'이라는 뜻으로 이소희(2009)가 개발하였으며, 현명하게 행복한 삶을 살 수 있도록 지향하고 있으며, 특히 부모와 아동 · 청소년을 대상으로 한 코칭에서 활용도가 높다. 일상생활에서 쉽게 사용할 수 있는 모델이기 때문이다. WISE 코칭모델의 특징은 질문형 구조를 취하고 있으므로 문답을 통하여 깊은 통찰의 삶을 추구할 수 있도록 지지하고 있다. 앞서 언급한 바와 같이 다른 코칭모델과 통합하여 부모코칭을 비롯한 여러 대상을 위한 코칭에 활용되고 있다(이은미, 2021; 김혜원, 2022; 서은정, 2023).

글 · 그림 2-10 코칭모델 - WISE

모델	이니셜과 기능		
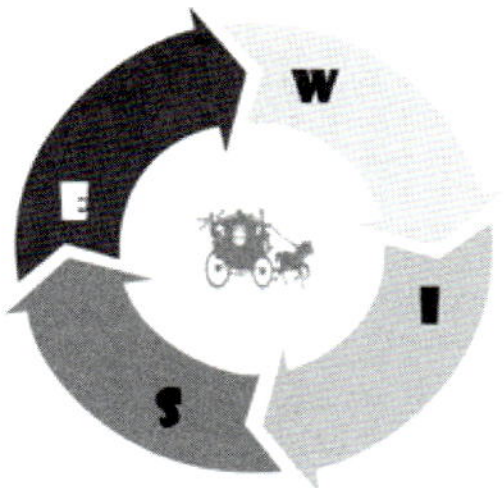	W	What do you want?	원하는 것은 무엇인가?
	I	Is it possible?	원하는 것을 이룰 수 있겠는가?
	S	Shall we try?	시도해 보겠는가?
	E	Enough of it?	충분한가?

Q&A 코칭의 꽃은 질문이라고 한 목소리로 말하고 있다.
결혼과 출산이라는 영역에서 내가 원하는 것은 무엇인가? 셀프코칭한다면?

③ KOREA 모델

KOREA 모델은 '대한민국'의 영문표기명으로 '한국'이라는 국가적 정체성을 생활에 반영하여 우리나라 아동들로 하여금 멋진 한국인으로 살 수 있도록 지지하기 위해 개발하였으며(이소희, 2022), '유아놀토코칭' 프로그램에 사용되었다(이원희, 2023).

실제적으로 코칭은 모든 문화권에서 모든 사람의 희망, 꿈, 소망, 소원을 효과적으로 성취하도록 돕는 매우 유용한 삶의 기술이며, 그 영역과 범위는 무제한적이다. 그러나 아직까지 이러한 관점에서 접근하여 개발된 코칭모델은 없다. 더구나 미래의 인적 자원인 아동의 잠재력을 코칭을 통해 계발하고자 시도한 것은 매우 특별하다.

글·그림 2-11 코칭모델 - KOREA

모델

이니셜과 기능

K	Keynote	주제 정하기
O	Observe	관찰하기
R	Recreate	재창조하기
E	Exercise	연습하기
A	Announce	공표하기

Q&A 인간을 가리켜 '놀이하는 인간=호모 루덴스'라고 말한다.
나는 어떤 놀이에 관심이 많은가?

지혜의 그루터기

부모의 삶

60년 가까이 살던 서울 효창동 자택을 헐고 주변 땅을 합친 자리에
문화공간 '예술의 기쁨'을 연 노(老) 시인, 김남조 전 숙명여대 교수에게
기자가 건물 앞에서 기념사진 촬영을 부탁하자 손사래를 쳤다.
"집을 지은 일은 조그만 사건일 뿐입니다. 큰 사건은 날마다 사는 일이지요."

_ 김남조

- 아이와 날마다 사는 삶은 작은 사건인가, 큰 사건인가?
  나의 생각을 말해 보자.

Chapter 03

양육의 심리 · 사회적 역동과 부모역할

생각이 바뀌면 행동이 바뀌고, 행동이 바뀌면 습관이 바뀌고,
습관이 바뀌면 인격이 바뀌고, 인격이 바뀌면 운명이 바뀐다.

_ 윌리엄 제임스

기르거나 키우는 것은 노력과 자원을 필요로 한다. 그것은 그만큼의 가치가 있는 의미 있는 일이기 때문이다. 또한 그만큼 역동적인 과정을 거친다.

자녀의 양육!

가장 가치로운 일이기에 장기간 동안 여러 사람의 협력이 필요하지만, 그 중에서도 압권은 부모로서의 역할을 다하는 것이다. 이를 위해 오랫동안 다양한 분야에서 연구가 이루어져 왔으며, 역할, 양육관, 양육신념, 양육행동, 양육태도 등은 중요한 성과다. 이러한 연구결과는 부모-자녀의 개인적 특성과 가정환경 및 사회환경의 다변화로 다양한 형태와 수준으로 이루어지고 있다.

따라서 3장에서는 이러한 점에 주목하여 지혜를 얻을 수 있도록 학습한다.

1. 부모의 역할과 자녀양육의 의미

어머니는 가슴으로 나를 낳았습니다.
_ 로봇다리 김세진

아버지는 우리의 선생님입니다.
_ 노희주(EBS 어느 아버지, 노태권의 아들)

1) 부모역할의 의미

성인은 발달적 성숙과 함께 다양한 형태로 사회생활을 지속하기 때문에 여러 역할을 수행하게 된다. 개인 차이는 있지만, 대표적으로 부모역할과 부부역할 및 직장생활에서의 지위에 따른 다양한 역할 등을 들 수 있다.

이 중에서 동서고금을 막론하고 대부분의 성인들이 특히 강조해 온 것은 자녀양육에서의 부모역할이다.

(1) 부모역할의 정의

역할(役割, role)의 사전적 의미는 어떤 대상이 어떤 일을 함에 있어서 마땅히 해야 할 바를 말한다. 이렇게 보면, 부모역할은 소위 '부모'라는 사람이 미성숙한 인간인 '자녀'양육을 위해 마땅히 해야 하는 것을 말한다. '해야 할 것'을 구체적으로, 그리고 확실히 알기 위해서는 누가 부모이며, 어떤 과정을 통해서 부모가 되며, 무엇을 해야 하며, 어떻게 하는 것이 좋은지에 대한 앎이 필요하다. 부모역할은 좁은 의미(狹義), 넓은 의미(廣義), 매우 넓은 의미(最廣義)로 대별할 수 있다.

① 협의의 부모역할

피붙이의 관점에서 생물학적인 부모, 즉 친생부모(親生父母)에 의해 이루어지는 양육을 말하며, 자녀의 전 생활영역에서 직접적인 보호, 양육, 교육, 상담, 치료역할을 담당한다. 최근에는 코칭역할도 포함된다.

② 광의의 부모역할

협의의 부모역할이 포함되며 법제적 차원에서의 부모가 된 위탁부모와 입양부모가 포함되며 사회적 부모(社會的 父母)로서의 역할도 포함된다.

대표적인 사회적 부모로서는 유아보육교육기관인 어린이집과 유치원의 원장을 포함한 교직원과 아동복지법에서 규정한 아동양육시설에서의 '원장 아버지와 어머니'들 및 특수교육법과 장애인복지법 등에서 규정한 시설에서의 원장과 교장 및 교육과 의료관련 전문가들이 해당된다.

③ 최광의의 부모역할

법제적 차원에서의 사회적 부모는 물론 성인(成人)인 일가친척과 친구와 이웃까지도 포함된다. 이렇게 보면 모든 사회구성원들이 간접적으로 관여하게 된다. 따라서 '사회적 부모'의 역할을 감당하게 된다.

(2) 부모역할의 사회적 가치

부모역할의 가치는 분명하다. 이러한 가치가 절대적인 것은 부모로서의 역할을 감당하기가 매우 어려운 사태가 발생되기 전에는 부모역할을 중단할 수가 없기 때문이다. 구체적으로 부모의 사망, 실종, 중병 등의 불가항력적인 경우를 들 수 있다.

실제로 대부분의 부모는 부모역할을 중단하고자 하지 않으며, 또한 실제적으로 대체하기도 매우 힘들다. 그래서 자녀양육이 매우 힘들 때 '낳은 죄'

때문에 중단할 수 없다는 말을 하기도 하는 것이다. 또한 아주 특별한 경우가 아니면 기도하고 배 아파 낳은 아이, 즉 '금쪽 같은 제 새끼'를 더 잘 키울 수 있는 사람이 매우 드물다. 그야말로 제 목숨을 다해 자식을 기른다고 해도 과언이 아니기 때문이다. 그렇기 때문에 특별한 경우가 아니면 부모의 양육 수준을 능가할 수가 없다고 본다. "옛말에 초가삼간에 살아도 자기 집이 좋다"와 "낫 놓고 기역 자를 몰라도 제 부모가 낫다"라는 말에서 살펴볼 수 있다. 다시 말하면 '가방끈'이 긴 부모의 높은 지식과 풍요로운 경제적 자원과 높은 사회적 명성의 수준이 자식을 잘 키울 수 있는 좋은 조건일 수는 있지만 필수조건은 아니기 때문이다. 그래서 부모역할은 최선의 힘을 다해 포기하지 않고 끝까지 붙들고 가야 하는 필생의 과업인 것이다.

그러나 실제적으로 자의든 타의든 부모로서의 역할을 다하기 어려운 경우가 발생하기 마련이며, 그 정도도 증가하고 있다. 최근에는 재혼율도 높아지고 있지만, 또한 부모의 역할을 가장 가까이에서 가장 쉽게 수행할 수 있는 조부모의 역할이 점증하고 있다. 이는 조부모의 사회경제적 수준의 향상과 평균수명의 연장, 교통 · 통신의 발달에 영향을 받고 있다(신혜경, 2019; 정은미, 2010). 동시에 가치관의 변화와 사회구조 및 기능적 변화에 따른 맞벌이 자녀의 지원과 이혼 및 사건사고의 발생 증가 등에 따른 별거, 사망, 유기 등으로 조부모가 손자녀의 양육에 개입할 수밖에 없는 상황이 증가하고 있기 때문이다. 이에 따라 '조부모의 역할'과 '조손가정'에 대한 용어가 일상화되었으며(황용관, 2019), 조부모를 대상으로 한 부모교육이 점점 증가되고, 다변화되고 있다(신혜경, 2020).

이러한 여러 가지 이유 등으로 입양부모가 되거나, 아동양육시설에서 원장이 되어서 친생부모의 소망과 믿음과 사랑을 능가할 만큼 정성을 다하여 보호하고 교육하는 부모들이 적지 않다. 이렇게 본다면, 이 부모들은 친생부모처럼 '배 아파' 자식을 낳은 것은 아니지만, '마음 아파' 자식을 낳은 것이다. 그러므로 매우 귀한 결단임에 틀림이 없다.

글·그림 3-1 SOS 어린이마을에서의 양육

• 어머니: 모든 어린이들은 자신을 돌보아줄 부모가 있어야 합니다.

출처: 순천 SOS 어린이마을

Q&A 아동양육시설의 형태와 운영방식은 다양하다.
SOS 어린이마을에서는 SOS 어머니에 의해 양육된다. 왜 SOS 아버지는 없을까?

이와 같이 사회적 부모의 경우 비록 친생자는 아니지만 '모든 아이는 우리 아이'라는 차원에서 자신이 할 수 있는 사랑과 헌신과 전문성으로 아동을 보호하고 교육함으로써 작게는 한 아동의 행복을, 크게는 사회적 안정과 번영을 위해 기여하는 데 그 가치가 있다.

2) 자녀양육의 의미

부모(父母)는 아버지와 어머니를 말한다. 남성인 아버지와 여성인 어머니는 생물학적으로 다른 신체구조를 지닌다. "구조가 기능을 결정한다"는 말처럼, 성인(成人) 남녀의 신체적 구조는 결혼과 출산 이후의 자녀양육에도 직간접적으로 영향을 미친다. 이러한 구조-기능적 영향은 의식과 감정에도 복합적인 영향을 미치며, 이에 따라 아버지와 어머니의 역할이 구분되기도 하고 또 통합되기도 한다.

이렇듯 부모의 역할과 자녀양육의 의미를 보다 구체적으로, 그리고 깊이 이해하게 되면 부부는 서로 합력하여 자녀양육의 역할을 기쁨으로 수행하며, 어려움을 기꺼이 감내하게 된다.

(1) 아버지 역할의 가치

정자와 난자의 결합으로 어머니의 자궁에서 자란 자녀는 출산 후 어머니의 젖을 먹고 자라게 된다. 이렇게 보면 어머니가 자녀를 낳았다고 말할 수 있다.

그런데 우리나라 조선시대의 정철(鄭澈, 1536~1594)이 백성들을 교화시키기 위하여 지은 『훈민가(訓民歌)』의 첫 시조는 "아버님 날 낳으시고 어머님 날 기르시니 두 분 곳 아니면 이 몸이 살았으랴 하늘 같은 은덕을 어디에다 갚사오리"이다. 문자적으로 보면 생물학적으로 자녀를 낳은 사람은 어머니임이 분명한데, '아버님 날 낳으시고'라는 가사를 보면 남성중심 사상이 강했던 시대적 소산이라고 볼 수도 있다.

그러나 아무리 어머니 될 사람이 아기의 궁전인 '자궁'을 가지고 있어도 아버지 될 사람이 정자(精子)라고 하는 '씨'를 심지 않으면, 아기는 태어날 수 없다. 물론 난자와 자궁만 있다고 해서 자녀를 임신할 수는 없지만, 남녀의 신체구조를 보면, 아버지와 어머니의 역할에서 능동성과 수동성을 알 수 있다. 또한 이러한 배경으로 인해 아버지는 어머니에 비해 가장으로서의 동적인 역할이 강조되며, 특히 어머니에게는 어린 자녀에 대한 자녀양육의 정적 역할이 더 강조된다. 이렇게 볼 때, 부모의 존재성과 그 역할 가치에 대해 정철의 시조가 시사하는 바는 사뭇 크다.

한편 자식을 양육하는 부모역할의 성격에 대해, 아버지는 엄하고 어머니는 자애로워야 한다는 뜻의 엄부자모(嚴父慈母)가 있다. 물론 이 말의 진위와 가치는 논쟁점이 될 수는 있으나, 해석 여하에 따라 양육의 지혜를 얻을 수는 있다(서명석, 2009). 실제로 어느 과부는 '애비 없는 후레자식'(김용택, 1985)이라는 소리를 듣지 않으려고 엄모자모(嚴母慈母)의 두 얼굴로 자식을 훌륭하게 키웠다는 사례도 있다(김충남, 2016). 이러한 사례는 신체구조와 무관하게 자녀양육에 있어서 아버지와 어머니의 역할에 차이가 있음을 시사해 준다. 한마디로 여성성과 남성성이 공존함을 시시해 준다(허선자, 1992).

대다수의 아버지와 어머니가 인식한 바람직한 아버지의 역할에 영향을 미치는 요인은 다양하며, 이에 따라 아버지의 역할은 전통적 관점과 현대적 관점으로 구분되고 있다. 즉, 아버지의 역할에 대한 지각과 인식, 배우자의 기대와 인식 및 부부간의 일치도와 논쟁, 부부의 사회경제적 수준 등이다(김시은 · 김현수, 2021). 그리고 이러한 역할은 놀이상대자로서의 아버지, 정서지원자로서의 아버지, 코치로서의 아버지, 상담자로서의 아버지로 요약된다(이소희 · 원종순 외, 2020; 이화진, 1995; 허선자, 1992; Duball, 1985; McGill, 2011).

한편, 최근에는 핵가족화 및 맞벌이가정의 증가 및 아버지의 역할에 대한 연구와 인식의 강화로 점점 아버지의 역할이 강조되고 있다(김낙홍, 2011; 이미현 · 최혜순, 2014). 이러한 동향은 전통적인 부모의 역할과 어머니의 역할이 변화하고 있다는 것을 뜻하며(김성은, 2017), 아버지를 대상으로 한 교육프로그램 및 부모와 자녀가 함께 하는 통합 교육프로그램들이 지속적으로 증가하고 있는 것이 그 단적인 예이다(고용노동부, 2021; 김성은, 2017; 보건복지부 · 중앙육아종합지원센터 · 이소희, 2015).

그리고 이러한 사회적 동향과 적극적인 육아정책으로 주로 취업어머니가 자녀양육에 전념하기 위해 사용했던 육아휴직을 아버지도 사용하기 시작하였으며, 점점 증가추세를 보이고 있다는 점은 무척 고무적인 현상이라 할 것이다(고용노동부, 2021; 여성부, 2021).

글 · 그림 3-2 육아휴직제를 활용하는 어머니와 아버지

Q&A 아버지에게도 육아휴직이 제공되고 있다.
아버지도 전형적인 어머니의 역할수행이 가능하다고 보는 이유는 무엇일까?

(2) 어머니 역할의 가치

어머니는 동서고금을 막론하고 전통적이고, 전형적인 자녀양육의 주 담당자다. 동서고금을 통하여 거의 재론의 여지가 없다.

급변하고 격동의 미래가 전망되고 있지만, 그럼에도 불구하고 자녀양육에서의 어머니 역할의 비중은 아버지에 비해 높을 가능성이 여전히 매우 높다. 다만 전형적인 역할의 비중이 점점 낮아지고 있을 뿐이다.

다시 말하면 아버지가 양육에 참여하는 빈도와 강도가 증가하듯이 전통적인 어머니의 양육역할에 다수의 양육자가 참여하는 다중의 어머니 역할(multiple mothering)이 점증하면서 어머니 역할의 확장성을 보여주고 있다. 즉 공무원과 일부 기업에서 아빠육아휴직제가 증가되고 있고, 조모는 물론, 조부의 협력도 늘어나고 있으며, 특히 유아를 위한 역할은 유치원과 어린이집에 많이 이양되고 있는 현실에서 찾을 수 있다. 다시 말하면 심리인류학

적 관점에서 본 어머니 역할의 정의는 그 사회가 규정한다고 해도 과언이 아니라는 점에 동의하게 된다(정해영, 2012; Barlow, Kathleen & Chapin, 2010).

2. 부모의 양육관과 양육신념의 의미

마땅히 행할 길을 아이에게 가르치라
그리하면 늙어도 그것을 떠나가지 아니하리라

_ 잠언 22 : 6

1) 양육관의 의미

삶을 영위하는 과정에서 가치관, 철학, 사명, 신념 등은 매우 중요한 의미를 지닌다. 그것은 그 사람의 삶이라는 항해에서 북극성 또는 등대와 같은 기능 또는 역할을 하기 때문이다.

양육은 주로 어린 아동의 생활과 관련하여 사용되며, 그 역할은 거의 부모가 담당하므로 양육에 대한 부모의 관점이 존재하기 마련이다. 따라서 부모가 어떠한 양육관으로 자녀를 양육하느냐 하는 것은 자녀의 생존과 성장발달에 지대한 영향을 미치기 때문에 오랫동안 연구되어 왔다.

(1) 양육관의 정의와 구분

관(觀)의 사전적 정의는 어떤 명사 뒤에 붙어서 체계화된 견해를 나타내는 것을 말한다. 이렇게 보면 양육관은 양육자의 양육에 대한 체계화된 견해를 말한다.

부모의 양육관은 출산을 전후하여 자녀의 인생 전반에 걸쳐 작용하는 부모의 기본적인 의식 내지 가치관으로 정의하고 있다(송승민 · 송진숙, 2007; 최은숙, 2013). 김은설과 최혜선(2008)은 보다 더 광범위한 연구를 통해 부모의 양육관을 '자녀를 기르는 데 영향을 미칠 수 있는 부모의 가치관, 철학, 신념, 태도 등'으로 포괄적이고 광범위한 측면에서 정의하면서, 다시 자녀가치에 대한 의식, 자녀에 대한 기대, 양육에 대한 신념 등의 3가지로 세분하여 체계화하였다.

글 · 그림 3-3 양육관의 구분

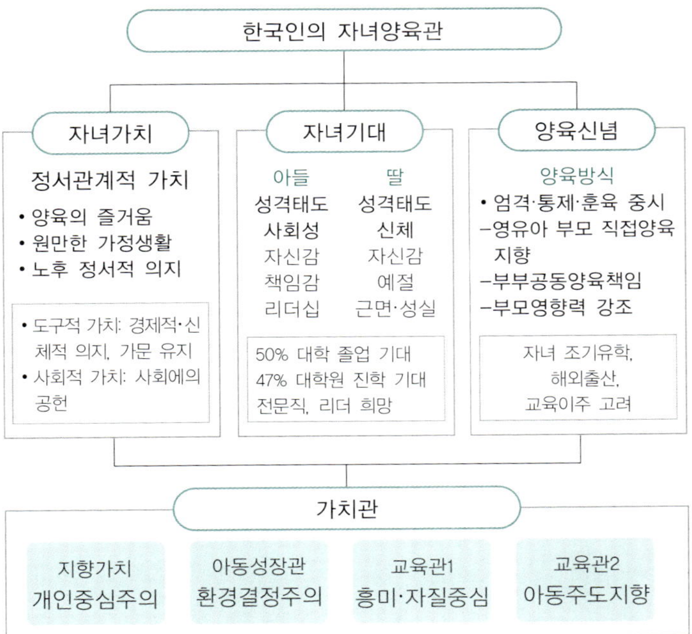

출처: 육아정책연구소(2008).

Q&A 양육관은 자녀중심 양육관과 부모중심 양육관으로 구분되고 있다. 나의 성장과정을 뒤돌아보면 나의 부모님은 어떤 양육관을 더 지니셨다고 볼 수 있을까?

(2) 양육관의 본질적 가치

양육관은 부모의 자녀양육에 대해 지니는 체계화된 생각이므로 자녀를 양육할 때, 방향타 및 기반의 기능을 한다. 그러므로 각 개인인 해당 부모에게 있어서는 매일매일의 양육에서의 본질(本質)이 된다고 볼 수 있다. 왜냐하면 본질은 '그것이 그것으로서 있기 위해 없어서는 안 되는 것'으로 보기 때문이다(위키백과). 그러므로 부모가 지니고 있는 양육관은 그 부모에게 있어서는 양육의 본질이 되며, 그래서 가치를 지니게 되는 것이다.

지나영(2022)은 '본질육아법'이라는 용어를 사용하면서, 육아의 본질은 아이의 '삶의 기반(foundation) 만들기'라고 강조하고 있다.

이러한 양육관은 자녀중심의 양육관 및 부모중심의 양육관으로 대별할 수 있으며, 특히 최근에 올수록 종전의 부모중심의 양육관에서 자녀중심의 양육관으로 변하고 있다(육아정책연구소, 2018). 즉 본질적 가치의 강조와 유지인 것이다.

2) 양육신념의 의미

자기 자신은 물론 주변에 있는 사람을 믿는다는 것은 쉽지 않은 삶을 살아가게 할 뿐 아니라 더 풍요로운 삶을 살도록 이끈다. 더구나 자기가 원하는 것을 얻을 수 있다고 볼 때, 더욱 믿게 된다. 부모의 양육관을 구성하는 한 요소인 양육신념은 부모로 하여금 행동하도록 이끄는 원천이 된다.

(1) 양육신념의 정의

신념(信念)은 굳게 믿는 마음을 말한다(한국어대사전). 이렇게 볼 때, 양육신념은 자녀를 양육함에 있어 굳게 믿는 마음이다. 중요한 것은 무엇을 믿으며, 어느 정도로 믿느냐는 것이다.

양육신념(parenting belief)은 자녀양육관의 일부로써 자녀양육과 부모역할에서 차지하는 비중을 놓고 볼 때, 부모의 자녀양육에서 매우 중요한 위치를 차지하며, 부모가 믿는 자녀양육의 가치를 성취하기 위해 효과적이라고 보는 생각을 말한다(권정숙 · 조용주, 2019). 구체적으로 부모의 양육신념은 부모가 아동발달 전반에 대해 가지는 목표, 가치관 등 다양한 인지적 내용을 포함하고, 자녀발달에 대한 방향을 제시해 주며 나아가 일상의 부모의 양육에 영향을 미치는 요인이 된다. 또한 양육신념은 부모들마다 차이가 있다(김나연 · 임성택 외, 2000; 하순련 · 서현아, 2010). 그러므로 앞서 살펴본 양육관보다 양육신념은 좀더 실제적인 강도를 지닌다고 볼 수 있다.

(2) 양육신념의 역동적 가치

양육신념은 양육현장에서 양육행동으로 이어지며, 습관화되어 양육태도로 굳어질 가능성이 높다. 그러므로 부모가 어떠한 양육관에 치중되어 있느냐에 따라 양육신념의 성격과 강도가 결정된다.

이렇게 볼 때, 부모가 나름 양육관을 선택하고, 그와 관련하여 어떠한 양육신념을 가지고 양육하느냐 하는 것은 자녀의 성장발달에 강도 높은 영향을 미칠 수밖에 없다. 만약 발달적으로 바람직한 양육관을 선택하고 나아가 굳은 신념으로 양육하면, 자녀의 안정적 성장을 위한 좋은 결과로 이어지는 가치를 창출하게 된다(Bang & Sung, 2013).

그러나 만약 그렇지 못하다면 자녀의 발달에 부정적인 영향을 초래한다. 예를 들면, 헬리콥터맘(김가연 · 박주희, 2019)과 빗자루맘(mom's magaine, 2021)

을 들 수 있다. 경우에 따라서는 비합리적 신념으로 자리잡아서 자녀에게 부정적인 영향을 미칠 수 있다(권정숙 · 조용주, 2019).

글 · 그림 3-4 헬리콥터맘과 빗자루맘

출처: 연합뉴스(2015).

Q&A 양육신념은 양육행동으로 이어진다.
헬리콥터맘의 양육신념은 무엇일까?
빗자루맘의 양육신념은 무엇일까?

3. 양육행동과 양육태도의 의미

삶으로 가르친 것만 남는다.

_ 김요셉

1) 양육행동의 의미

움직인다는 것은 살아 있다는 확실한 증거이다. 죽은 자는 움직이지 않기 때문이다. 인간을 일컬어 사회적 동물이라고 말한다. 동물(動物)의 한자에서 알 수 있듯이 동물의 특징은 움직인다는 것이다. 이 말은 인간은 이 땅에서 여러 인간들과 함께 움직이면서 살아야 한다는 의미이며, 부모는 자녀와 함께 '양육'이라는 현장에서 행동한다.

(1) 양육행동의 정의

행동(行動, behavior)은 인간을 포함한 동물의 활동과 반응 전반을 가리키는 말로 언어적 행동이 포함되어 있으며, 이 언어에는 비언어도 포함된다.

부모의 양육행동은 부모가 동기와 분명한 목적과 목표를 지니고 의식적으로 실제 행동하는 언행을 말한다(이소희, 2020). 그리고 이때 언행은 NLP 이론에서 중요한 의사소통의 수단으로 활용되고 있다(박창규 · 이소희, 2007; 이소희 · 심교준, 2015). 대표적으로 소위 VAK라고 하는 시스템으로 시각, 촉각, 청각이라고 말하며, 실제로 부모들은 의식적 및 무의식적으로 상당히 사용하여 자녀를 양육하고 있다. 문제는 부모가 자녀의 대표 감각을 잘못 판단하여 엇박자를 내는 것이며, 이로 인해 의사소통이 어려워진다는 점이다(심교준 · 이소희, 2015).

글 · 그림 3-5 NLP(Neuro-Linguistic Programming)의 VAK

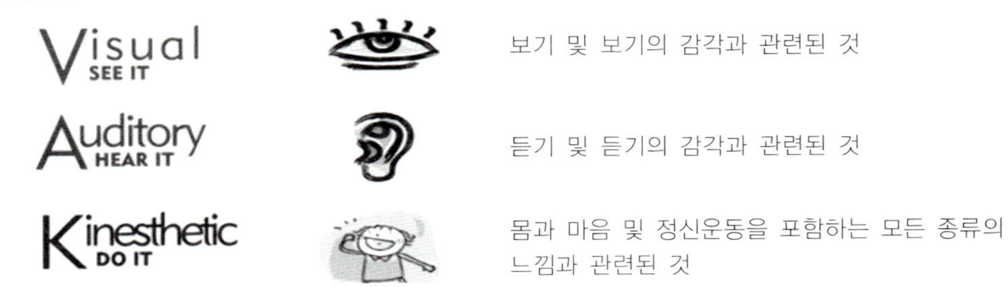

출처: 이소희 · 김경미(2020). 엄마아빠 사랑연구소.

Q&A 매라비언 법칙에 의하면 인간은 비언어를 사용하여 소통하는 비중이 크다고 한다.[1] 나의 부모님은 어떤 비언어를 주로 사용하여 나와 소통하고자 하셨는가?

다시 말하면 비언어의 사용에서 중요한 것은 단지 비언어적 빈도가 높다는 것만이 아니라, 자칫 비언어를 제대로 파악하지 못해 전달하고자 하는 의도가 왜곡될 수 있다는 점이다. 예를 들면 눈으로만 공부하는 자녀와 소리를 내면서 공부하는 자녀에 대해 부모가 주관적으로 판단하여 불협화음을 일으키는 것을 들 수 있다. 그러므로 부모는 매우 사려 깊게 행동해야 함을 알 수 있다.

(2) 양육행동의 역동적 가치

부모의 양육행동(Parenting Behavior)은 양육태도보다 더 역동적이다. 구체적으로 양육행동은 정적(靜的)이고 소극적인 성격을 지닌 양육태도보다 더 동적(動的)이고 적극적인 성격을 지녔다고 볼 수 있다(문성희, 2014; 윤경희, 2014). 여기에서 동적인 행동은 몸에 내재되어 있는 것이라기보다는 외부로 표출된다.[2] 이는 비언어를 포함한 '언행'에서도 찾아볼 수 있다.

양육행동에 관한 연구는 육아 강도와 투입시간이 많은 어머니를 중심으로 연구되었으며(김현미 · 도현심, 2004; 심숙영, 2015; 이진선 · 정문자, 2007), 그 영향은 두 가지로 제시되었다. 개인의 내적 변인으로는 양육신념, 양육효능감, 스트레스, 우울 등이었으며, 외적 변인으로 부부역할 지지, 부부역할 만족도, 사회적 지지를 들고 있다. 최근에는 아빠의 양육태도보다는 양육행동에 초점을 맞춘 연구가 증가하고 있다(강란혜, 2000; 장영애 · 김상림, 2016). 아빠의 육아휴직에 대한 사례보고에서 알 수 있는데(최새은 · 정은희 · 최슬기, 2019; OECD, 2013), 요약하면 아버지의 경우 양육태도보다 양육행동

---

1) 매라비언(Mehrabian) 법칙: 상대방에 대한 인상이나 호감을 결정하는 데 있어 목소리는 38%, 보디랭귀지는 55%의 영향을 미치는 반면, 말하는 내용은 겨우 7%만 작용한다.

2) 이러한 개념적 특성은 홀트아동복지재단의 슬로건, '사랑을 행동으로'에서 파악할 수 있다. 즉, 사랑하는 태도보다도 표출된 행동으로 나타내어야 한다는 것을 함축-시사하고 있다.

에 치우쳐 있다.

2) 양육태도의 의미

태도(態度, attitude)의 사전적 정의는 어떤 일이나 상황 따위를 대하는 마음가짐 또는 그 마음가짐이 드러난 자세를 말한다(네이버백과사전). 양육행동보다 양육태도에 대한 연구의 역사는 길며, 그 결과는 양육 실제에서 효과적으로 활용되고 있다. 이러한 연구도 어머니의 양육태도를 중심으로 이루어졌는데, 그것은 동서고금을 막론하고 어머니가 주양육자로서 역할을 감당해 왔기 때문이다.

최근 들어 아버지의 양육태도에 대한 연구도 이루어지기 시작하였다.

이렇게 볼 때, 부모의 양육태도는 부모가 양육에 임하는 실제적인 마음가짐 및 자세라고 정의할 수 있다. 이러한 관점에서 양육태도에 관한 다수의 의미 있는 연구가 이루어졌는데, 특히 주목해 온 고전적인 연구는 시먼즈(Symonds, 1939)에 이어 새퍼(Schaefer, 1959)와 바움린드(Baumrind, 1966)가 제시한 양육태도, 모형으로 제시되어 시각적 각인효과를 높이고 있다. 이러한 양육태도가 지닌 습관적 가치는 긍정적인 양육태도와 부정적인 양육태도의 형성 모두에 해당된다.

(1) Symonds가 제시한 양육태도

부모가 자녀의 행동을 어떻게 수용하는가에 따라 수용↔거부의 차원으로 구분하였으며, 부모가 자신의 의지에 따라 어떻게 자녀를 대하는지에 따라 지배↔복종의 차원으로 구분하였다. 그리고 바람직한 부모의 양육태도는 이러한 차원의 중간 정도에서 양육하는 것이 바람직하다고 보았다.

(2) Schaefer가 제시한 양육태도

부모의 양육태도를 애정↔거부, 자율↔통제의 차원으로 구분한 후, 다시 이 2가지 차원을 바탕으로 애정↔자율, 애정↔통제, 거부↔자율, 거부↔통제로 세분하였다.

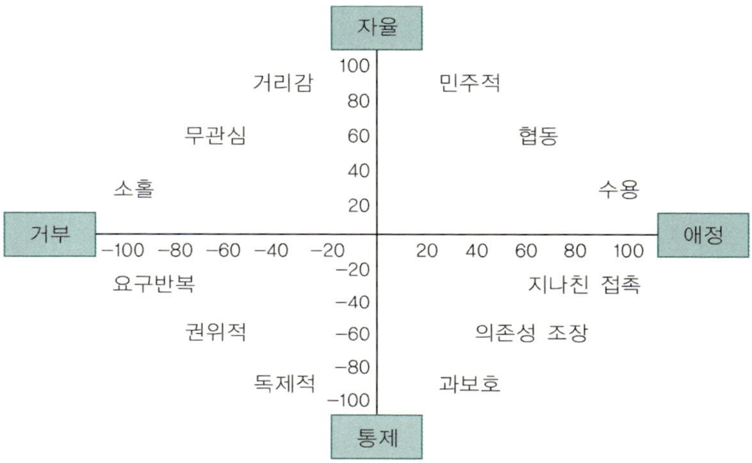

그림 3-1 섀퍼의 양육태도 모형

(3) Baumrind가 제시한 양육태도

부모가 자녀에게 표현하는 애정의 정도와 규칙의 설정과 전달방법에서 나타나는 통제의 정도를 고려하여 독재적, 권위적, 허용적 양육태도의 세 가지로 구분하였다.

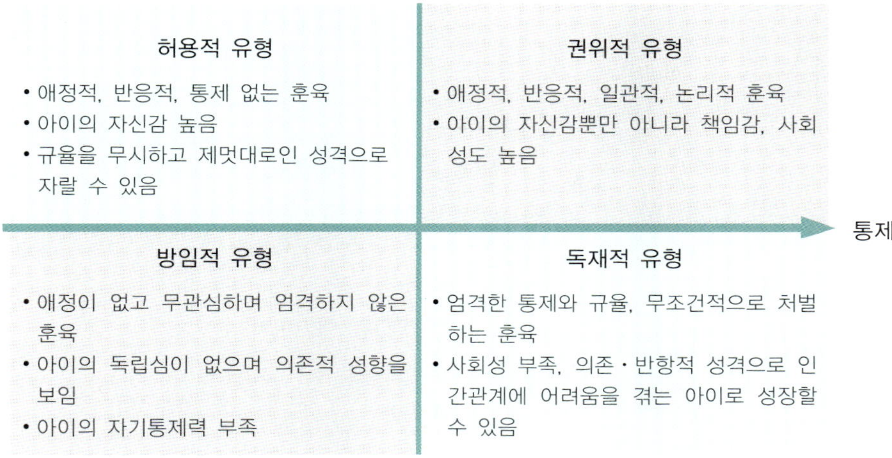

그림 3-2 바움린드의 양육태도 모형

부모의 시

볍씨

박예분

볍씨 하나가 싹 틔우고 이삭을 맺기까지
저 혼자 힘으로는 어림없어
햇빛도 적당히,
비도 적당히,
바람도 적당적당히
가뭄이 들어도, 홍수가 나도, 태풍이 불어도
서로 양보하고 힘 합쳐
조그만 볍씨 하나
알곡을 맺게 한 거야
엄마 아빠의 칭찬과 꾸지람
그 속에 담긴 사랑과 걱정
골고루 먹고 자라는
우리도 하나의 볍씨인 거야

PART 02

자녀발달과 부모교육

Parent Education

PART 2에서 학습할 주요 내용과 태도

인간과 동물은 그들의 생물학적 부모와 주변 사람의 도움을 받아 성장·발달하게 된다. 특히 발달 초기에는 어미의 보살핌과 가족의 지원이 절대적이며, 자랄수록 취학을 전후한 교육기관에서의 체계적인 교육이 필요하다.

그동안 이루어진 아동과 성인발달의 연구결과에 의하면 모든 인간발달의 과정은 여러 발달단계와 발달영역이 있으며, 이에 따른 특성을 보일 뿐만 아니라 이 과정에서 중요한 발달원리가 작용된다고 하였다. 따라서 자녀를 건강하고 건전하게 키우기 위해서 다양한 가정환경에서 생활하고 있는 부모는 가족은 물론, 학제에 따른 다양한 학교와 협력하여야 한다.

PART 2에서는 이러한 관점에서 자녀발달의 이해를 바탕으로 어떻게 부모교육을 할 것인가에 대한 주요 내용을 다루게 된다.

Chapter 04

자녀발달의 원리와 부모역할

자식을 키운다는 것은
자식에게 삶의 기술을 가르치는 것이다.

_ 일레인 헤프너

만물의 영장인 인간은 그 어느 동식물보다 성장발달과정이 길며 복잡하다.
이에 따라 다양한 각도에서 자녀발달을 연구한 결과, 발달단계, 발달영역, 발달과제 등의 이론적 체계가 확립되었다. 물론 부모도 마찬가지이다. 자녀의 성장발달에 따라 부모는 긍정적으로 변화하여야 하며, 이렇게 하기 위해서는 부모가 지속적으로 교육을 받아야 한다.
부모교육은 실천과학으로써 부모를 위한 교육이면서, 궁극적으로 자녀의 건강하고 건전한 성장발달 및 가정과 사회의 안정과 번영을 위한 초석으로서의 기능을 지닌다.
따라서 4장에서는 자녀발달에 적용되는 기초개념과 핵심 원리에 대한 내용을 학습하도록 한다.

1. 자녀발달의 핵심 개념과 체계

아침이 그날을 알려 주듯 어린 시절은 성인의 때를 알려 준다.

_ 존 밀턴

1) 발달의 개념과 교육적 의미

발달의 개념과 함축된 교육적 의미는 분명하다. 결혼은 사랑의 발달에 의해 이루어지며, 출산 역시 마찬가지이다. 실제로 아름다운 사랑의 결합으로 자녀가 출생한다. 이는 매우 창조적이고 신비스러운 과정이다. 그러므로 장구한 역사를 통하여 부모는 물론, 온 가족과 친구와 이웃이 출생의 기쁨을 함께 나누고, 서로 협력하여 자녀를 양육하고 교육하는 것이다.

축복을 받으며 출생한 자녀는 선천적인 특성과 후천적인 생활환경의 영향을 받으며 성장하는데, 이 과정은 매우 역동적이며 개인차이도 있다. 발달심리학(發達心理學, developmental psychology)은 어머니의 자궁에서 수정·착상된 이후, 출생하여 죽음에 이르기까지의 성장과정을 기술하고, 설명하고, 예언하고, 통제하는 학문이다.

이러한 발달의 핵심은 더 나은 방향과 수준으로 발전한다는 것이다. 따라서 발달에 함축된 의미는 '바람직한', '긍정의', '좋은' 등을 들 수 있다(이소희·유서현, 2019; 정옥분, 2018). 물론 퇴화와 소실 등도 적극적인 의미에서의 발달에 속한다. 그 예로 일정한 시기가 지나면 사라져야 할 것이 사라지는 것도 발달이다. 구체적인 예로 몽고반점, 옹알이, 유치, 월경 등을 들 수 있으며, 죽음도 이에 속한다. 만약에 죽지 않으면 어떻게 되겠는가?

글 · 그림 4-1 인간의 발달과정

Q&A 발달은 긴 여정이다.
긴 여정 동안 자녀를 양육하고 교육하기 위해 부모는 어떻게 살아야 할까?

발달의 특성에 대한 이해는 발달단계, 발달과제, 발달영역 등의 개념과 원리 등을 포함한다.

2) 발달단계의 개념과 교육적 준비

발달단계는 발달이 몇 단계를 거쳐서 이루어진다는 것을 말한다. 평균수명이 증가하고 있는 오늘날의 인구현황을 고려할 때, 발달 초기에 해당하는 기간은 점점 짧아진다. 그렇기 때문에 이제 어린 시절의 발달이 지니는 중요성은 점점 약화된다고 생각할 수 있다. 그 예로 "될성부른 나무는 떡잎부터 안다"는 속담이나 어린 시절에 몸에 밴 습관은 고치기 어렵다는 '숙습난방(宿習難防)'이라는 고사성어를 들 수 있다.

이러한 자녀의 발달단계가 지니는 교육적 의미는 크게 두 가지로 요약된다. 첫째, 자녀가 발달해 가는 흐름을 알 수 있기 때문에 필요한 준비를 할 수 있다. 둘째, 발달과정에서 발생할 소지가 있는 문제를 미리 예방하고, 적절한 방법을 통해 개입하고 통제할 수 있다(린다 블레어, 2017; 정옥분, 2018). 따라서 부모로서는 자녀발달의 단계에 대한 충분한 이해가 매우 필요하다.

글 · 그림 4-2 아동기의 발달단계와 전 인간의 발달단계

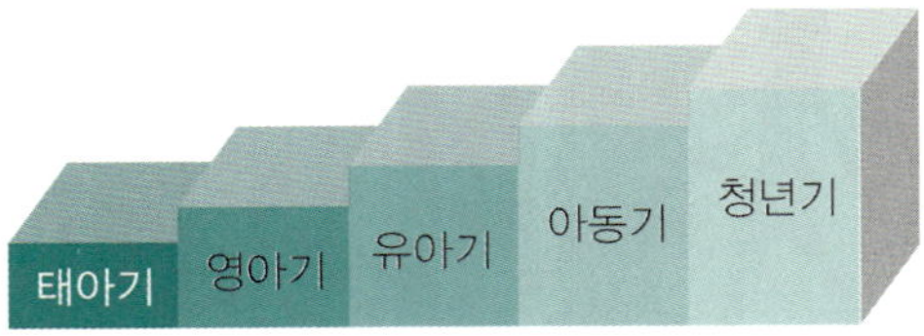

태아기 : 자궁 속 ~ 약 9개월간
영아기 : 출생 후 ~ 24개월
유아기 : 2세 ~ 6세
아동기 : 7세 ~ 11세
청소년기: 12세 ~ 18세

Q&A 인간발달단계의 구분에서 아동기가 성인기보다 더 세분화되어 있다. 그 이유는 무엇일까?

한편 발달단계가 지닌 의미에 지나치게 집착하게 되면, 그 자녀가 지닌 고유한 특성과 강점 및 재능을 놓칠 가능성이 있다는 지적도 있다(하정훈, 2000; 로즈 · 토드, 2018).

글 · 그림 4-3 자녀 발달단계의 논쟁점

(A)

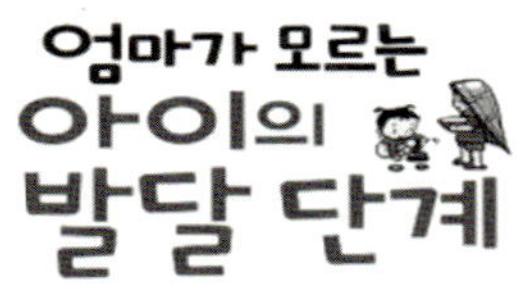

(B)

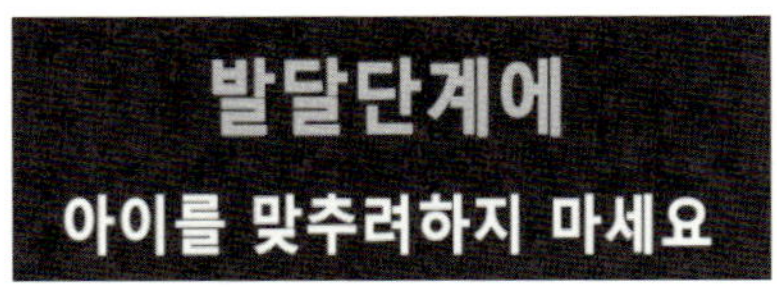

출처: 린다 블레어(2017). / www.youtube.com/watch?v=G12hqPooVzE

Q&A 발달단계에 대한 상반된 태도가 존재한다. (A)와 (B) 중, 어느 쪽이 더 문제일까?

3) 발달특성의 개념과 교육적 함의

발달특성은 모든 동식물이 자라고 조직과 사물이 기능하는 과정 중에 보이는 특성을 말한다. 이러한 발달특성은 연령과 특성으로 구분된 각각의 발달단계 및 발달영역에서 독특한 특징을 보이며, 발달심리학이라는 학문영

역에서 깊이 연구되고 적용된다.

발달단계는 연령을 기준으로 한 특성으로 구분하고 있다. 개인차이가 있기는 하지만 대부분의 자녀들은 거의 공통된 특성을 지닌다. 예를 들어 '고운 3살'과 '미운 7살' 및 '사춘기'가 그 단적인 예이다.

글 · 그림 4-4 민간단체에서의 연령을 고려한 부모교육

Q&A 민간 조직의 명칭에는 자녀의 발달단계별 발달특성이 함축되어 있다.
내가 만약 아동관련 어떤 조직을 만든다면 어떻게 이름 지을까?

자녀의 발달과정에는 발달이 급속하게 이루어지는 시기가 있고 완만하게 이루어지는 시기가 있다. 그러나 기본적으로 연령이 증가하면서 점진적으로 발달해 나간다. "키가 몰라보게 자랐네"라던가 "수를 셀 줄도 아네"와 "기억도 잘하네"라던가 "아주 똑똑해졌구나" 및 "동생을 보살펴 주다니 참 대견해"라는 등의 대화를 주고받게 되는 것이다. 이러한 예에서 보듯이 자녀의 발달단계에서 매일매일 나타나는 발달특성은 참으로 놀라운 신세계라고 할 수 있다.

4) 발달과제의 개념과 교육적 성취

발달과제(發達課題)는 각 발달단계마다 이루어야 할 과제를 말한다. 발달과업(developmental tasks)이라고도 하는데, 하비거스트(Havighurst, 1972)가 주장한 개념으로써 교육연구와 실천현장에서 전방위적으로 교육적인 의미를 지닌다. 발달과제가 지니는 발달적 의미는 특정의 발달단계에 수행해야 할 과제가 이루어지지 못하면 다음 발달단계에 긍정적 또는 부정적 영향을 미치기 때문이다.

다만, 자녀의 발달특성과 상황에 따라, 또한 이러한 자녀를 양육하는 부모에 따라 그 발달과제는 다를 수 있다. 바로 자녀의 개인차 및 가정환경의 차이 때문이다. 그러므로 부모는 일반적인 자녀의 발달과제를 바탕으로 하되, 자녀의 개인차와 부모 및 가정생활에서의 개별적인 차이를 고려하여 발달과제를 수행하도록 한다.

한편 이러한 발달과제는 앞서 언급한 발달의 4가지 핵심 원리와 연계되어 실천적 결과로 남게 된다(이소희 · 유서현 외, 2021). 즉 기초성의 원리, 적기성의 원리, 누적성의 원리, 불가역성의 원리가 그것이다.

표 4-1 자녀의 발달단계별 발달과제

발달단계	발달과제
영아기	• 반고형식 음식 섭취하기 • 일어나고, 기고, 앉아 있기 • 주 양육자와 애착 형성하기 • 자신의 마음 상태 표현하기 • 일시적 격리불안에 대응하기

유아기	• 고형음식 섭취하기 • 배설물 관리와 통제하기 • 성 차이에 대해 인식하기 • 안전하게 걷고, 건너고 뛰기 • 사회화를 위한 기초개념 익히기 • 놀이활동에 참가하고 규칙 준수하기 • 친구와 사이좋게 지내는 기술 익히기 • 선악에 대해 이해하고 수용도 높이기 • 웃어른에 대한 예의와 존경을 표하기 • 의미 있는 타자와의 정서적 관계 유지하기
아동기	• 자기의 정체성에 대해 인식하기 • 활동에 필요한 신체 및 운동기술 획득하기 • 동성 및 이성 친구와 사귀는 소통기술 익히기 • 읽기, 쓰기, 셈하기 등 기본 학습기술 습득하기 • 양심 및 도덕심의 발달에 따라 말하고 행동하기 • 민주사회의 도덕 질서에 대한 의식 고취와 준수하기
청소년기	• 자아정체감 형성하기 • 성역할 정체감 형성하기 • 신체의 변화 인식하고 수용하기 • 이성친구에 대해 태도 정립하기 • 진로와 직업 선택을 위해 준비하기 • 시장경제에 대한 인식을 고취하기 • 경제적 자립에 대한 인식 강화하기 • 사회적 윤리에 대한 인식 강화하고 실천하기 • 사회적 행복과 복지에 대한 책임 의식 고양하고 실천하기

자녀가 발달단계별 발달과제를 성취하기 위해서는 부모도 발달과제를 성취해야 한다. 이는 "손뼉도 마주쳐야 소리가 난다"는 고사성어인 '고장난명(孤掌難鳴)'에서 그 의미를 발견할 수 있다. 유사하게 병아리가 껍질을 깨고 나오기 위해서는 병아리는 안에서, 어미닭은 밖에서 동시에 호흡을 맞추어 껍질을 쪼아대어야 성공할 수 있다는 뜻의 '줄탁동시(啐啄同機)'에서도 파악할 수 있다.

글·그림 4-5 **고사성어로부터 얻는 육아의 지혜**

Q&A 부모의 자녀양육에서 지혜를 얻을 수 있는 고사성어가 적지 않다.
어떤 고사성어를 찾아서 서로 나눌 수 있을까?

부모의 발달과제는 '부모역할'을 매우 강조하는 차원에서 거론되며, 자녀의 발달단계에 따라 다르다. 듀발과 밀러(Duvall & Miller, 1985)는 이러한 맥락에서 가족생활주기에 따라 발달과업을 제시하였다.

5) 발달영역의 개념과 교육적 연계

발달영역은 발달과정에서 특징을 나타내면서 이루어지는 영역을 말한다. 대체로 인간발달에서 사용되는 개념이며, 발달단계에 따라서도 고유한 특징을 나타낸다.

발달심리학과 교육학에서는 전인발달 및 강점계발을 위한 교육의 효과성 제고를 위해 인간의 발달영역을 체계화하고 있는데, 일반적으로 발달영역은 신체발달, 운동발달, 인지발달, 도덕성 발달, 정서발달, 사회성 발달 등으로 세분된다.

실제로 이러한 발달영역은 UN이 선언한 아동권리선언(1959) 제3조에 나타나 있다. 즉 "아동은 특별한 보호를 받으며 또한 건전하며 정상적인 방법 및 자유와 존엄의 상태하에서 신체적, 지능적, 도덕적, 정서적, 사회적으로 성장할 수 있는 기회나 혜택이 법률과 기타의 수단으로써 제공되어야 한다. 이 목적을 위해 법률을 제정함에 있어 아동의 최상의 이익을 최대한 고려해야 한다."는 선언은 전 세계의 아동을 대상으로 하여 발달영역이 지니는 교육적 의미를 강조한 것이다. 한편 이러한 발달영역은 모든 발달단계에서 공통적 및 비중 높게 사용하는 3영역으로 재체계화할 수 있다(정옥분, 2018; 숙명여자대학교 아동연구센터, 2000; 이희경 · 오유미 외, 2018).[1]

표 4-2 **발달의 주요 영역**

영역	주요 내용
생물학적 발달	뇌와 신경계 근육, 감각능력 등이 행동에 어떤 영향을 미치는지에 관해 연구한다.
인지적 발달	학습, 기억, 문제해결, 지능 등을 포함하는 지적 능력에 관해 연구한다.
사회정서적 발달	성격의 안정성과 변화, 대인관계, 사회적 관계의 성장과 변화 등에 관해 연구한다.

그리고 유아를 위한 누리과정(2019)에서는 유아의 발달단계별 특성을 고려하여 5개 영역을 제시하였다. 이러한 영역은 발달영역의 개념을 지님과 동시에 교과기능의 영역도 공유하게 된다. 즉 5개 영역을 중심으로 유아보육 및 교육이 이루어지고 있으며, 이를 통해 추구하는 인간상을 구현하게 되는 것이다. 개정 누리과정에서 추구하는 인간상은 건강한 사람, 자주적인 사람, 창의적인 사람, 감성이 있는 사람, 더불어 사는 사람의 5가지이다.

1) 생물학적 발달영역은 신체 · 운동발달영역과 유사한 개념이며, 사회 · 정서발달은 정서 · 사회발달로 표기되기도 한다.

글·그림 4-6 개정 누리과정(2019)의 발달 및 교과영역

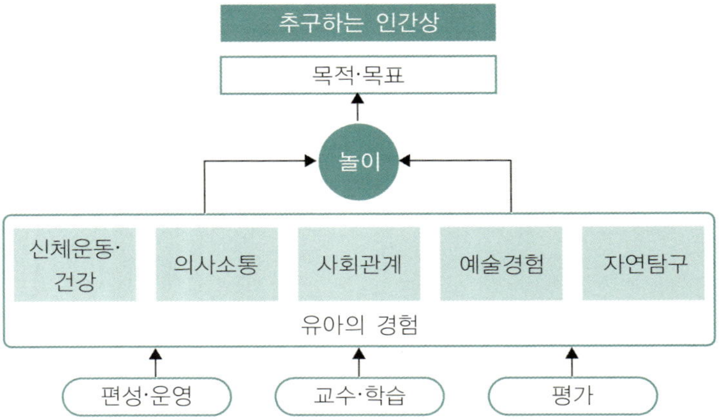

출처: 교육부(2019).

Q&A 유아기의 교육과정은 발달심리학에서의 발달영역과 유사하다.
그 이유는 무엇일까?

따라서 추구하는 인간상과 영역별 특성과 교육내용은 어린이집과 유치원에서 이루어지는 정기 및 부정기 부모교육을 통해 전달된다.

글·그림 4-7 자녀의 지각발달과 인지발달의 특성 예

Q&A 발달의 특성은 관찰에 의해 파악할 수 있다.
관찰을 잘한다는 것은 어떻게 하는 것일까?

모든 발달영역에서는 '학습'이 주요한 기능을 담당한다. 왜냐하면 어떠한 발달도 학습되어야 하는 부분이 크기 때문이며, 특히 인지발달영역과 관련이 깊다. 레프 비고츠키(Lev Vygotsky)가 제시한 근접발달영역(ZPD: Zone of Proximal Development)은 발달촉진에서 중요한 의미를 지닌다.

근접발달영역은 실제적 발달수준과 잠재적 발달수준 사이의 거리로 요약된다. 다시 말하면 자녀들이 현재 상태에서 스스로 도달할 수 있는 능력과 주변의 도움을 받아 도달할 수 있는 능력을 구분한 것이다. 교육현장에서 구체적으로 말하면 정신발달수준이 동일한 아동이라도 교사의 지도하에 학습능력이 매우 달라지기 때문에 이 두 아동은 정신적으로 같은 연령이 아니며, 이들의 후속학습 코스도 매우 다를 수 있다는 것이다(비고츠키교육학실천연구모임, 2018).

글·그림 4-8 인지발달에서의 근접발달영역

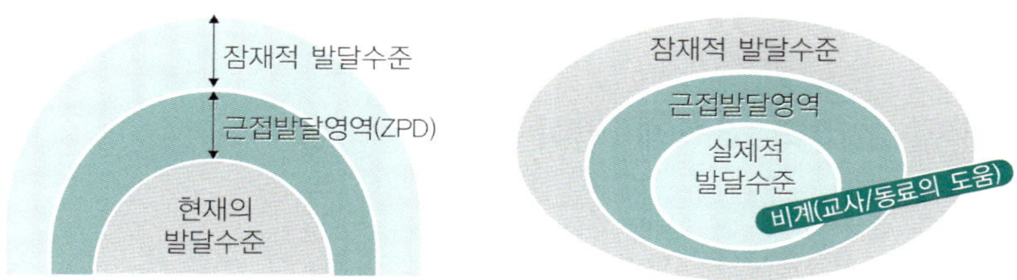

출처: 레프 비고츠키(Lev Vygotsky)

Q&A 발달의 속성은 변화이다.
잠재적 발달수준을 높이기 위해 부모와 교사는 동반자가 되어야 한다.
얼마나 동의하는가? (   ) / 100

만약 이 근접발달영역 안에서 인지발달을 촉진하려면 자녀에게 의미 있는 타자인 사람들의 도움과 함께 정교한 교수활동이 이루어져야 하므로 이를 위해 비계(Scaffolding)를 설정할 필요가 있다고 보고 있다.

비계는 건축분야에서 원용된 개념이다. 즉, 건물을 건축하거나 수리할 때 인부들이 건축 재료를 운반하며 오르내릴 수 있도록 건물 주변에 세우는 장대와 두꺼운 판자로 된 발판을 세우는 것을 말한다. 이 개념은 근접발달영역을 확충하기 위해 은유적으로 접근한 것이다(Wood & Middleton, 1975; Wood, Bruner & Ross, 1976; Wood, 1989).

2. 자녀발달의 원리와 교육자로서의 부모역할

노인 한 명을 구하는 것은 노인 한 사람을 구하는 것이나,
어린이 한 명을 구하는 것은 많은 사람을 구하는 것이다.

_ 집시 스므스

1) 자녀발달 원리의 교육적 의미

발달심리학은 모든 인간을 그 대상으로 하므로 그 범주는 매우 넓다. 따라서 각 발달단계별 사람들의 발달특성을 더 구체적으로 파악하기 위해 연구대상을 발달단계별로 세분한 연구가 지속되어 왔다.

아동발달학은 인간발달의 초기단계에 해당하는 아동기를 중점으로 다루며, 이 분야에서 밝혀진 발달의 원리들은 전 인간발달에 적용한다. 그것은 아동기의 발달은 속도와 양상이 발달의 원리라고 일컬어질 만큼 핵심적이고 오랜 기간 동안 발달적 영향력을 미치기 때문이다.

(1) 발달의 원리와 특성

모든 원리가 갖는 힘은 그 대상자들에게 거의 예외 없이 동일하게 적용된다는 사실이다. 아동발달의 원리는 크게 5가지로 정리된다.

이러한 관점에서의 압권은 널리 알려진 "세 살 버릇 여든까지 간다"라는 속담이다. 즉 3살이라는 연령과 버릇이라는 발달적 특성이 통합되어 자녀 양육에서 의미 있는 한 지표가 된다는 점이다. 이러한 발달특성에는 7가지 발달의 원리가 내재되어 있다.[2)]

① 발달의 지속성

발달은 생명체에서 일어나는 현상이다. 중요한 것은 바람직한 방향으로 지속되어야 발달한다고 말할 수 있는 것이다. 발달의 끝은 죽음이다. 그러므로 죽어야 할 시기에 죽는 것은 바람직한 발달의 한 현상이다. 태어난 것은 언젠가 죽기 때문이다. 스티브 잡스는 "죽음이야말로 신이 내린 가장 좋은 선물"이라고 하였다. 이 땅에서의 삶을 마감한 것은 발달의 원리에서 음미할 필요가 있다.

② 발달 속도의 차이성

발달은 지속되는 특성을 지니고 있지만, 그 속도는 차이가 있다. 이 속도는 개인적인 차이와 함께 전반적인 발달과정에서의 차이도 크다. 그 예로 태어나서 돌이 될 때까지는 몸무게와 키가 급격히 성장하며, 이러한 속도는 청소년기에 다시 한 번 재현되는데 생식기관의 급격한 발달을 예로 들 수 있다.

---

2) 이 부분은 아동발달의 원리에서 구체적으로 다룬다.

③ 발달의 순서성

발달연구에서 예측과 통제라는 실질적인 개념이 있다. 특히 아동발달연구에서는 매우 중요하다. 이 두 가지 개념은 자녀가 건강하고 건전하게 발달하도록 돕는다. 예를 들어 자녀가 기면, 다음에 서고, 걷고, 뛸 수 있음을 예측할 수 있는데, 발달은 일정한 순서를 지니고 진행하기 때문이다. 그래서 자녀가 서기 시작하면 신발을 준비하는 것이다. 이러한 발달의 순서성으로 인해 부모는 자신감을 지니고 양육과 교육에 임할 수 있는 것이다.

④ 발달의 방향성

발달이 일정한 순서로 진행되듯이 발달순서도 일정한 방향을 지니고 있다. 즉 머리에서 발 방향으로, 안쪽에서 바깥쪽으로, 개괄적이고 미분화된 것에서 구체적이고 세분화된 것으로 발달하게 된다. 따라서 이러한 방향성의 원리를 아는 부모는 자녀양육에서 발달의 방향과 속도를 조정하려고 무리한 시도를 하지 않게 된다. 대표적인 예로 빨리 걷고 말하도록 하기 위해 학습시키는 것을 들 수 있다.

⑤ 발달의 상호관련성

발달은 복합적인 상호작용에 의해 발달된다. 대표적인 기제가 유전과 환경의 상호작용이다. 또한 생물학적 발달과 사회 · 정서발달 및 인지발달의 상호관련성도 들 수 있다. 구체적으로 부모가 안정적인 가정분위기를 조성하고 잘 할 수 있다고 응원을 하면, 창의성과 인성을 갖춘 글로벌 영리더로 보다 안정적으로 키울 수 있다.

⑥ 전반적 발달에서의 개인차

발달의 원리는 일반적인 보편성과 개별적인 특수성으로 구분할 수 있다.

이것은 모든 자녀가 똑같이 발달하지는 않는다는 것을 말한다. 대표적인 예로 일란성 쌍둥이도 태어나면서 미세한 차이를 보임과 동시에 성장하면서 더욱 차이를 보이는 것과 성차이를 들 수 있다.

글·그림 4-9 발달의 원리: 순서성-방향성-개인차-상호관련성

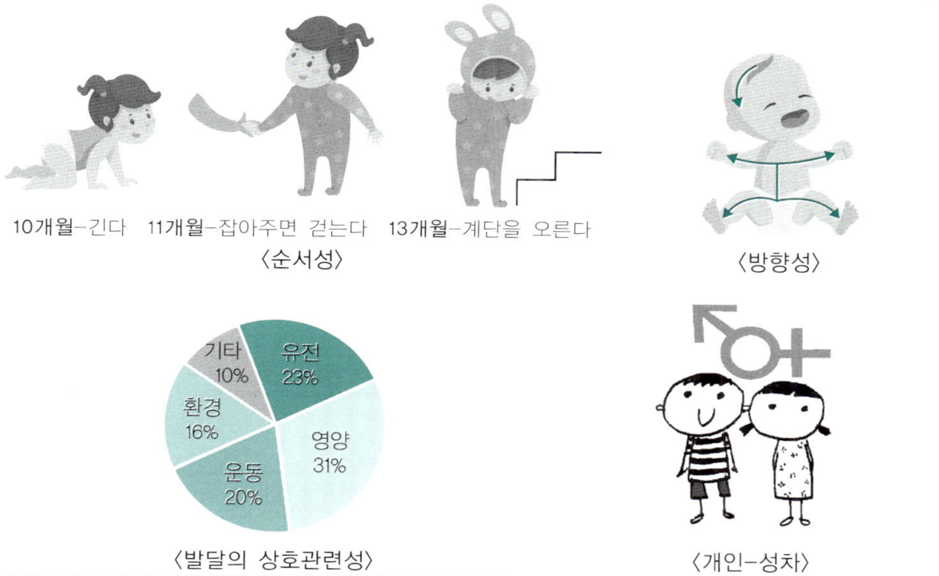

Q&A 자녀발달에 적용되는 원리는 다양하다.
나의 발달에 미친 유전과 환경의 영향은 어느 정도일까?

(2) 발달원리의 교육적 활용

아동발달에서 가장 오래 동안, 가장 강도 높은 쟁점이 되었던 것은 유전과 환경의 영향이다. 유사한 관점으로 성숙과 학습을 들 수 있다(Kagan, 1995; Salkind, 1985; Santrock, 1998). 다시 말하면 자녀의 발달에 더 영향을 미치는 요인은 유전인가 환경인가 하는 것이다. 나아가 유전 ↔ 성숙 및 환경 ↔ 학습의 구조와도 밀접한 관련을 지니므로 깊은 논의가 이루어져 왔다

(현온강 · 조복희 외, 2001; Appley, 1986; Vasta, Haith & Miller, 1995).

그리고 이러한 논의의 중심에는 발달단계, 발달영역, 발달특성, 발달과제 등의 핵심 개념이 자리잡고 있을 뿐만 아니라, 부모와 가족을 우선으로 하여 친구와 선생님 등의 자녀에게 의미 있는 타자의 역할과 태도도 깊이 관련되어 있다. 물론 각 사회의 전통과 함께 정치 · 경제 · 경제 · 사회문화적 요인의 영향도 직간접적으로 받는 것으로 보고되고 있다(류점숙, 1994; 숙명여자대학교 아동연구센터, 2000; 유안진, 1995; 조명한, 1982).

결론적으로 자녀의 발달에서 유전과 환경요인은 우월적 요인을 찾아내는 것보다는 자녀의 발달단계와 발달영역 및 환경에 따라 개별적으로 작용한다. 따라서 상호작용에 더 중점을 두고 시시각각으로 변화하는 사회적 현상에 유의하면서 지혜롭게 양육해야 한다는 점이다.

2) 발달원리의 적용과 부모역할

인간발달의 초기에 자녀들이 적절한 양육을 받으면 더 나은 발달적 성취를 이룰 수 있다. 그러나 반대로 부적절한 양육을 받으면 발달적 손상을 경험할 뿐 아니라 그 이후의 발달에 이르기까지 누적되어 심각한 영향을 미치게 된다. 경우에 따라서는 중증의 중복장애와 같은 돌이키기 어려운 결과를 초래하기도 한다.

(1) 기초성의 원리와 부모역할

기초성의 원리는 발달 초기의 경험이 이후의 발달에 긍정적 및 부정적 영향을 크게 미치게 된다는 발달 원리를 말한다. 여기에서 발달의 초기란 발달의 영역과 주제에 따라서 차이가 있으나, 대체로 취학 전 시기를 말한다. "시작이 반이다" 및 "첫 단추를 제대로 끼워야 한다"는 우리 속담들은 자녀교육에서 기초성의 원리가 매우 중요함을 시사한다.

기초성의 원리를 확인할 수 있는 대표적 연구사례로 안정적인 애착형성을 들 수 있다. 이는 저명한 애착이론가 중 한 사람인 존 볼비(J. Bowlby)의 고전적인 논문 「Attachment and loss」(1983)에서 확인되었다.

글·그림 4-10 기초성의 발달원리와 사례

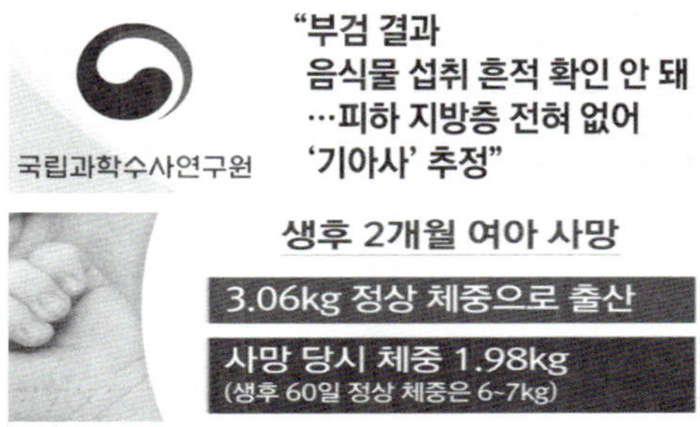

출처: Harlow 실험(1958). / YTN-국립과학수사연구원(2016.10.11).

Q&A 애착은 제2의 생명줄이다.
어린 자녀와 가장 쉽게 애착을 형성할 수 있는 방법은 무엇일까?

즉, 아이는 자신의 안정된 삶을 위해 적극적으로 어머니를 향해 나아간다. 어머니 역시 아이와의 애착형성을 위해 노력을 기울일 때, 아이는 안정적으로 애착을 형성하게 된다(남수경 · 김장희, 2015; 서수정 · 김태련 외, 2007).

그러나 발달 초기에 애착을 형성하지 않으면 이후의 발달이 불안정해져 행복한 삶을 살기 어려워진다. 어머니와 같은 주 애착형성자도 중요하지만, 조부모와 육아돌보미 및 영유아를 돌보는 교사들과도 안정적인 애착을 형성시켜야 한다. 이 외, 발달 초기의 영양섭취와 부모와의 애착 및 신뢰감 형성도 기초성의 원리를 설명해 주는 좋은 예이다.

(2) 적기성의 원리와 부모역할

적기성의 원리는 인간이 출생한 후 적절한 시기에 바람직한 경험을 하게 되면 발달적 효과가 크지만, 만약 그 시기를 놓치면 이후의 발달에 부정적인 영향을 크게 미치게 된다는 발달원리를 말한다. “세 살 버릇 여든까지 간다”는 속담을 통해 자녀교육에서 적기성의 원리가 지닌 의미를 다시 확인할 수 있다. 이는 동물행동학이론에서의 결정적 시기(critical period)의 개념과 동일한 맥락에서 이해할 수 있다.

로렌츠(Konrad Lorenz, 1952)의 연구에 의하면 거위는 부화 14~15시간 후, 처음 본 대상자를 어미로 알고 계속 따라다니고, 맴돌고, 다양한 접촉을 시도했다는 것이다. 이러한 경험에 따라 부화한 후의 특정한 시간은 뇌리에 각인(imprinting)되는 결정적 시기가 된다는 것이다.

글 · 그림 4-11 적기성의 발달원리와 사례

출처: 솔로몬왕의 반지(1952).

Q&A 동물실험의 결과는 인간인 자녀의 양육에도 의미 있는 시사점을 제공한다. 로렌츠의 각인 실험은 신생아 및 영아기 때부터 전업으로 일한 취업모에게 어떠한 시사점을 주는가?

여기에서 발달의 적기란 태아기에서 청소년기에 이르는 발달단계와 신체발달, 운동발달, 정서발달, 언어발달, 인지발달, 사회성 발달과 도덕성 발달 등 발달영역의 특성에 따라 차이가 있다.

적기성의 원리에 관해 주목할 만한 사례로 '카마라와 아마라의 이야기'를 들 수 있다. 이들은 어린 시절 동굴에서 늑대들과 자랐기 때문에 사람들과 소통하는 언어를 배우지 못했고 결국은 일찍 사망하였다는 것이다. 실제로 연구결과 언어발달의 적정 시기는 출생 후 4년까지로 보고 있다(조성연 외, 2008; 정옥분, 2016). 따라서 아이가 출생한 후 적절한 시기에 언어적 자극이 부족한 환경에서 자라거나, 언어적 학대를 경험하게 되면 일생을 통해 심각한 언어발달의 지체를 경험하게 된다(김예·박동영, 2009). 대표적인 사례가 자폐증의 하나인 식언증이다(김진영·강혜원 외, 2020). 따라서 긍정적인 언어환경에서 자녀를 양육할 수 있도록 해야 한다.

(3) 누적성의 원리와 부모역할

누적성의 원리는 인간이 출생 후의 경험이 계속 누적되어 이후의 발달에 크고 작은 영향을 미친다는 원리를 말한다. 이 원리는 긍정적, 부정적인 발달에 모두 적용된다. 만족한 경험은 누적되어 행복한 삶으로 이어지지만 불만족스러운 경험은 불행한 삶으로 귀착될 가능성이 높다는 것이다(장용환·송지혜, 2011; 박원주, 2019).

누적성의 원리가 적용되는 발달사례로 청소년비행에서의 재비행과 재범죄를 들 수 있다(손병덕, 2010; 한국청소년상담복지개발원, 2019). 결과적으로 건강한 청소년시기의 발달을 이루지 못하게 되며 성인에 이르기까지 누적되어 장기적으로 되돌리기 어려운 부정적인 영향을 미치게 된다(유영재·김나리, 2019; 이병도·박현민 외, 2019).

글·그림 4-12 누적성의 발달원리와 사례

출처: 서울신문 / MBC / 학부모뉴스24(www.sptnews24.com)

Q&A "바늘 도둑이 소도둑 된다"는 속담이 있다.
자녀가 비행을 저지르지 않게 하려면 부모는 어떻게 양육해야 할까?

따라서 이러한 청소년들을 위해서는 낙인을 찍어버리는 것이 아니라, 포용의 차원에서 접근하여 재활을 도모해야 한다고 제안하고 있다(한국청소년상담복지개발원, 2019). 바로 교정복지이다.

(4) 불가역성의 원리와 부모역할

불가역성의 원리는 인간이 출생 후 경험한 어떤 부정적인 관계나 생활사건은 그 이후의 발달과정에 회복하기 어려울 정도로 막대한 영향을 미친다는 것이다. 이 원리는 앞서 언급한 3가지의 발달원리가 지닌 의미를 포괄한다. 주변에서 자주 듣게 되는 "루비콘 강을 건넜다"는 말과 "돌아오지 못할 강"이라는 말에서 불가역성의 원리가 지닌 의미를 상기할 수 있다.

불가역성의 원리를 고려한 교육적 대책으로써 1960년대 중반 미국에서 빈곤가정의 어린이들이 인지결함 및 문화실조현상에서 벗어나 가난으로 인한 대물림을 극복할 수 있도록 실시한 Home Start 프로그램과 Head Start 프로그램 및 오늘날 우리나라에서 실시하고 있는 Dream Start 프로그램과

We Start 프로그램을 들 수 있다. 이러한 프로그램의 실시목적은 가난으로 인해 경험한 발달지체는 그 이후에 아무리 좋은 접근을 하여도 되돌리기 어려운 문제로 남는다고 보았기 때문에 보완적 차원에서 질 높은 교육문화를 경험시켜 주려는 데 있다.

글·그림 4-13 불가역성의 발달원리와 사례

출처: https://prekkid.org / http://westart.or.kr/c-i

Q&A "시작이 반이다"는 속담은 시작의 중요성을 대변해 준다.
좋은 부모가 되기 위한 부모교육도 시작이 반일까?

이와 같은 핵심적인 발달원리들은 부모됨에서 살펴본 바와 같이 기본적으로 부모의 양육신념, 양육태도와 양육행동에 직간접적인 영향을 미친다. 따라서 반드시 숙지하여 자녀양육에 적용하여야 한다.

부모의 시

무지개

워즈워드

오늘의 무지개를 바라보면
내 마음 뛰노라,
나 어려서 그러하였고
어른이 된 지금도 그러하거늘
나 늙어서도 그러할지다
아니면 이제라도 나의 목숨 거둬 가소서.
어린이는 어른의 아버지
원하노니 내 생애의 하루하루가
소박한 경건의 마음으로 이어가기를

Chapter 05

취학 전후의 자녀발달과 부모역할

아이들을 제대로 가르치려면 절대적으로 시간이 필요하다.

_ M. 스캇펙

가정은 영원한 학교이며, 어린이집과 유치원 및 초·중·고등학교는 제 2의 가정이다. 그러므로 가정과 학교에서 이루어지는 교육은 건강한 성장발달의 시금석이 된다. 우리나라의 학제는 학생의 발달특성을 고려하여 초등학교 입학을 기점으로 한 취학 전과 취학 후로 구분하고 있다. 그러므로 이러한 특성과 배경을 고려하여 부모교육이 적시에 이루어져야 한다.

따라서 5장에서는 부모이되, 학부모의 관점에서의 교육을 염두에 두고 학습하도록 한다.

1. 자녀의 취학과 학부모역할

내가 정말 알아야 할 모든 것은 유치원에서 다 배웠다.

_ 로버트 폴검

1) 취학과 학제의 의미

취학(就學)의 사전적 정의는 교육을 받기 위해 '학교'에 들어가는 것이다. 그리고 학제(學制, school system)는 한 나라의 교육활동의 근간이 되는 학교 교육제도를 말하며, 법으로 규정하고 있다. 그러므로 취학과 학제는 밀접한 관련을 지니게 되며 학제에 따른 모든 형태의 교육은 학생의 발달특성을 고려하여 적합한 방법을 강구하게 된다.

(1) 취학의 개념과 발달적 의의

우리나라의 취학은 초등학교 입학을 기점으로 시작된다. 이에 따라 초등학교에 입학하기 전을 '취학 전'이라고 부르며, 초등학교에 입학한 이후는 '취학 후'라고 부른다. 그러므로 보육기관인 어린이집과 교육기관인 유치원은 취학 전에 해당하며, 초등학교와 중학교 및 고등학교와 대학은 취학 후에 해당된다.

'취학'이라는 관점으로 교육제도의 분기점이 형성된 배경은 두 가지로 볼 수 있다. 하나는 가정에서의 교육이 인간됨의 기본이 될 만큼 매우 중요하지만, 부모와 가족에 의한 교육만으로는 역부족이라고 보기 때문이다. 다른 하나는 이러한 관점을 바탕으로 한 자녀의 발달단계별 발달특성을 고려하되, 적합한 취학시기와 교육환경을 염두에 두어야 한다는 것이다.

실제로 취학 및 취학의 시기는 각 나라마다 약간의 차이는 있으나 세계적으로 거의 유사하며, 매우 오랜 역사를 지니고 있다. 이는 기본적으로 영아-유아-아동-청소년의 유사한 발달적 특성을 고려한 것이며,[1] 이는 취학에 내재된 역사 및 문화적 보편성을 말해 준다.

글·그림 5-1 취학 전후의 교육기관

Q&A

학교의 기능은 기본적으로 학생들의 '지적 발달'을 도모하는 일이며, '이론적 지식(theoretical knowledge)'을 가르치는 일이다.[2]

이러한 학교의 기능에 나는 얼마나 동의하는가? ( ) / 100

학부모들은 얼마나 동의할까? ( ) / 100

1) 그 예로, 우리나라의 취학은 3월에 시작되지만, 미국의 취학은 9월에 시작된다.

2) 마이클 영(Michael F. D. Young)은 「지식사회에서의 교육의 미래: 교과중심 교육과정의 급진적 예」라는 논문에서 언급하였다(허경철, EduinNews).

(2) 학제의 개념과 교육적 의의

학제는 크게 단선형 학제(single ladder system)와 복선형 학제(dual system)로 구분된다.

단선형은 사회구성원들 사이에 존재하는 신분적 차이를 없애고 교육적 차이를 배제하여 모든 국민으로 하여금 능력에 따라 교육을 받을 수 있게 지향하는 것이며, 그 예로 우리나라와 일본을 들 수 있다.

복선형은 한 나라에 두 개 이상의 학교제도가 공존하는 것을 말하며, 원칙적으로 학제간 이동은 불허한다. 이 형태에 내재된 목적은 교육을 통하여 특정한 사회구성원의 신분을 유지시키고자 하는 것으로, 그 예로 영국을 들 수 있다. 복선형 학제가 '보다 적은 사람에게 보다 특별하고도 좋은 교육'을 추구한다면, 단선형 학제는 '보다 많은 사람에게 보다 평등한 좋은 교육'을 추구한다고 볼 수 있다.

물론 학제는 변화될 수 있다. 왜냐하면 예전과 다르게 자녀들의 성장과 성숙의 속도가 빨라지고 있을 뿐 아니라(김선웅, 2017; 이상은, 2018), 사회적 상황과 세계적 정세도 급변하고 있기 때문이다. 4차 산업혁명이 본격화되면서 급변하고 있는 사회의 인력 수요에 맞추어 교육시스템이 개편되고 있는 것도 그 한 예이다(교육부, 2022; 정제영, 2017; 주영달, 2010).

그러므로 국가는 이러한 사회적 정세를 고려하여 2022년 교육과정을 재개정하기에 이르렀으며, 핵심은 디지털역량의 강화이다. 이에 따라 비교과 과정에서도 디지털역량을 강화하는 방안이 연구되고 있다(교육부, 2022; 염서영, 2022).

2) 학부모의 교육적 역할

모든 보육 및 교육기관 및 학교에서는 그 자녀의 부모에 해당되는 사람을

'학부모'라고 부른다.

일반적으로 유아보육기관인 어린이집과 유아교육기관이라고 불리는 유치원은 모두 '취원'과 '재원'이라는 용어를 사용하며, 초등학교 이상의 학교부터 중·고등 및 대학교는 '취학'과 '재학'이라는 용어를 사용한다.

모든 이름에는 그 이름이 주어진 배경과 목적이 있다. 학부모(學父母)의 사전적 정의는 학생의 부모인 아버지와 어머니를 말한다.

(1) 취학 전의 유아중심·놀이중심 교육과정과 부모역할

교육부에서는 2019년 유아교육에 국한하여 교육과정을 '유아중심·놀이중심 누리과정'으로 전면개정하였다. 이 과정은 국가의 공통 교육과정이므로 모든 유아교육의 운용에서 기본적인 바탕이 되며, 다양한 교육방법으로 구체화된다.

글·그림 5-2 유아중심·놀이중심 교육과정의 성격과 구조

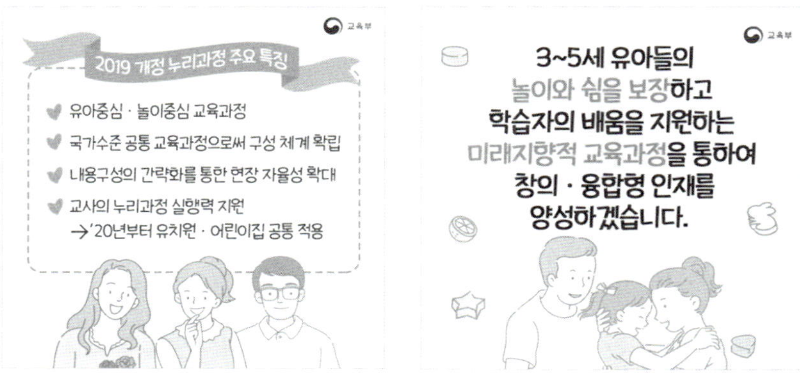

2019년 개정 누리과정(안)은 놀이를 통한 배움이 이루어지는 '놀이중심' 교육과정을 표방한다. 기존 누리과정에서도 '놀이를 중심으로 교수학습이 이루어지도록 한다'고 하여 놀이를 주요 교육방법으로 제시한 바 있다. 그런 교육현장에서 본질적인 의미에서의 놀이가 실현되고 있었는지에 대한 비판적 시각과 더불어 놀이와 교육의 관계를 재정립하려는 시도가 이루어진 것이다.

비록 최근 들어 놀이와 교육 간 접합의 필요성이 제기되기는 하였으나, 그 접합 지점이 여전히 교육(교사)중심에 치우쳐 놀이의 본질이 제대로 탐색되지 못했다는 것에 반성의 소리가 일었다.

– 정채욱 외(2019). 서문.

Q&A 교육은 목적이 있는 활동이다. 그리고 놀이를 통해 학습이 이루어진다고 한다. 이렇게 본다면, '목적놀이'도 있을 수 있을까?

유아중심 · 놀이중심으로의 교육과정 개편에서 바로 파악할 수 있는 핵심 키워드 3가지는 유아, 놀이, 중심이다. 이 세 가지 키워드의 관계성 이해는 유아기 학부모교육에도 지대한 영향을 준다.

물론 진정한 유아중심 · 놀이중심의 교육이 되기 위해서는 영유아발달의 특성, 놀이의 특성, 발달영역별 놀이의 영향, 놀이환경의 조성 및 유아교육기관에서 현장연구를 참조한 가운데 이루어져야 한다. 유아중심 · 놀이중심 누리과정의 총론은 추구하는 인간상과 목적과 목표, 구성의 중점에 관한 내용으로 구성되어 있다.

표 5-1 유아중심 · 놀이중심 누리과정의 구성방향

구분	내용
추구하는 인간상	• 건강한 사람, 자주적인 사람, 창의적인 사람, 감성이 풍부한 사람, 더불어 사는 사람
교육 목적	• 유아가 놀이를 통해 심신의 건강과 조화로운 발달을 이루고 바른 인성과 민주 시민의 기초를 형성하는 데에 있다.
교육 목표	• 자신의 소중함을 알고, 건강하고 안전한 생활습관을 기른다. • 자신의 일을 스스로 해결하는 기초능력을 기른다. • 호기심과 탐구심을 가지고 상상력과 창의력을 기른다. • 일상에서 아름다움을 느끼고 문화적 감수성을 기른다. • 사람과 자연을 존중하고 배려하며 소통하는 태도를 기른다.
구성의 중점	• 3~5세 모든 유아에게 적용할 수 있도록 구성한다. • 추구하는 인간상 구현을 위한 지식, 기능, 태도 및 가치를 반영하여 구성한다. • 신체운동 · 건강, 의사소통, 사회관계, 예술경험, 자연탐구의 5개 영역을 중심으로 구성하여 3~5세 유아가 경험해야 할 내용으로 구성한다. • 0~2세 보육과정 및 초등학교 교과과정과 연계성을 고려하여 구성한다.

① 유아

'유아' 하면 무엇이 떠오르는가? 어린, 작은, 여린, 약한, 귀여운, 앙증맞은, 천진난만한, 순진한, 호기심이 강한, 천방지축인, 생뚱맞은, 알 수 없는, 복잡하지 않은, 계산하지 않는, 별 것 아닌 것에도 좋아서 어쩔 줄 모르는 등이다. 유아는 어른들에게는 별 의미 없는 것 같은 소소한 것에서 의미를 찾아내어 완전히 몰입하며, 이 과정에서 큰 즐거움을 느낄 수 있는 존재이다.

더구나 유아들은 행동반경이 좁고, 신체적 · 정신적 · 사회적 · 경제적으로 미성숙하기 때문에 유아 자신이 원하는 것을 하는 데 많은 제한이 따른다. 따라서 나름대로 자신의 욕구를 조절하면서 사회화하기 위해 무던히도 애쓴다. 어쩌면 어리기 때문에 성인보다 더 고군분투한다고 볼 수 있다. 그럼에도 불구하고 '어린아이다움'을 유지한다는 것을 볼 때, 정말 아이는 '어른의 아버지'라고 갈파한 시인의 정서를 충분히 이해할 수 있다.

그렇기 때문에 교육과정에서 '유아중심'의 지향은 매우 의미심장하다. 다시 말하면 유아와 아동을 인간으로서 그들답게 살도록 하지 못하면 학대(虐待, abuse)하는 것이기 때문이다(이소희, 2020). 따라서 유아가 진정 유아처럼(childish) 생활할 수 있도록 양육하고, 교육하는 것은 성인인 부모와 교사 및 사회의 공동역할이다.

② 놀이

놀이는 쉽게 이해할 수 있는 것 같지만, 깊게 들여다보면 다면적 특성을 지니고 있어서 결코 간단치가 않다. 그러므로 놀이의 의미와 기능을 지나치게 미화하거나 너무 당연하다는 식의 일직선상의 논리로 이해하는 것은 곤란하다(정혜욱 · 김은영 외, 2019).

실제로 우리의 삶에서는 일로서 시작했으나 놀이가 되기도 하고, 놀이로 시작했지만 일이 되기도 한다. 따라서 놀이에 대한 충분한 통합적 이해는 유아중심-놀이중심의 유아교육을 더 의미 있게 실시하도록 이끈다(이소희 · 원종순 외, 2020).

잘 노는 아이가 잘 자란다는 것은 정설이다. 잘 자란다는 것은 신체적 및 정신적으로 건강하다는 것을 말하며, 그래서 거의 건전하게 자란다. 건전한 아이를 일컬어 인성이 좋은 아이라고 말한다. 이렇게 보면, 놀이와 인성은 밀접하게 관련되어 있음을 알 수 있다. 진정한 놀이는 재미가 있어서 계속 하고 싶어지고 더 잘하게 되는 신체적 · 정신적 행동이다.

'지순동심(至純童心)'이라는 말이 있다. 천진난만(天眞爛漫)이라는 말과 유사하게 사용되는데, '더할 수 없이 순결한 동심'이라는 뜻으로 아이의 모습을 나타내는 아주 고운 말이다. 이러한 아이의 특성은 특히 아이들이 놀이할 때 자연스럽게 나타나며, 참으로 행복한 모습이다. 물론 놀이하는 아이를 보는 사람 모두 행복하다.

유아교육이 궁극적으로 추구하는 것은 유아의 성장을 통한 행복이지만, 인간이 놀이하는 동물임을 고려할 때(Huizinga, 1938), 진정한 유아기의 놀이경험은 평생을 놀이하듯 행복하게 살도록 이끄는 동인이 된다.

놀이를 통해 이러한 상태에 도달하려면 몰입되어야 한다. 몰입은 즐거움이자, 즐거우면 몰입되는 것은 놀이를 할 때 가능하다(Mihaly Csikszentmihalyi, 2010). 나아가 재미는 몰입(flow)을 낳는다. 이 몰입은 시공간에 관계없이 일어날 수 있다. 집에서든 유아교육기관에서든 여행 중에든 모두 가능하다. 의미와 재미가 있기 때문에 자신도 모를 정도로 빨려 들어가는 현상이 일어나는 것이다.

몰입되지 않으면 어떠한 행동도 결코 놀이가 되기 어렵다. 몰입은 성과와 성취와 성공이라는 가슴 뛰는 결과를 낳으며, 이 역시 행복으로 가는 첩경이다.

이러한 현상은 영유아에게도 그대로 적용된다. 아이들의 친구인 뽀로로가 하는 말은 지속적으로 "노는 게 제일 좋아"이다. 뽀로로와 그 친구들은 노는 것을 통해서 온갖 형태의 삶을 배우고 있다는 것에 유념할 필요가 크다.

실제적으로 '나에게 놀이란 무엇인가?'라는 조사에서 우선적인 키워드는 '자유', '행복', '재미'였다는 것을 고려한다면(임수진 · 김윤희 외, 2019), 이러한 요소적 특징은 유아중심 · 놀이중심 교육과정의 운영에 반영되어야 할 요소라고 볼 수 있다. 마틴 셀리그만(2006)이 말한 진정한 행복(Authentic Happiness)에 해당된다.

글 · 그림 5-3 놀이에 몰입된 아이의 기쁨

출처: 스몰마더리(www.instagram.com/smallmotherlee)

Q&A 놀이의 특성은 몰입에 의한 즐거움과 재미라고 한다.
또 무슨 특성을 제시할 수 있을까?

그런데 역설적으로 잘 놀기 위해서는 잘 노는 법을 배워야 한다고 한다(권오진, 2015; 김회님, 2018). 이는 놀이에도 '학습'적 요소가 필요하다는 것이다. 이러한 접근은 유아들에게도 마찬가지이다. 부모를 돕는 '일'로써 시작했거나 학습의 일환으로 시작했지만, 아이가 어떻게 느끼느냐에 따라 그 '일'은 진정한 '놀이'로 변화하는 것을 들 수 있다.

③ 중심

'중심' 하면 무엇이 떠오르는가? "본질이다, 중요하다, 기본이다, 핵심이다, 비중 높다, 원칙이다, 강하다 및 좌로나 우로 치우치지 않는다" 등일 것이다. 따라서 중심은 다른 어떤 것보다도 의미와 비중을 두고 생각하고 행동해야 한다는 것을 함축한다.

유아교육에서는 '유아'의 발달특성을 바탕으로 하여 교육을 하되, 그 교육방법은 놀이에 방점(傍點)을 두어야 한다는 것이다. 그리고 방점을 두는 핵심적인 사람(Key man)은 바로 어린이집과 유치원의 교사와 원장들이다.

특히 유아들의 경우는 스스로 자신의 생활을 주도적으로 관리하기 어려우므로 교사들의 지혜로운 대응이 매우 필요하다. 유치원과 어린이집의 선생님이 잡아야 할 '중심'은 유아교육에서의 교과서격인 '교육과정'에 준하는 것이다. 구체적으로 2020년부터는 개정된 유아중심 · 놀이중심 누리과정에 준하는 것이다.

글 · 그림 5-4 중심의 의미

출처: 코케이 미쿠니(Kokei Mikuni).

Q&A 중심을 잡기 위해서는 전체와 부분을 볼 수 있어야 한다.
그렇지 않으면 어떤 결과가 나올까?

즉, '유아중심 · 놀이중심'은 유아의 생활에서 중심이 되어야 하는 것은 유아의 발달특성을 고려한 놀이라는 것이며, 이러한 관점은 양육이든 교육이든 유아를 대상으로 하는 모든 접근에서 적용되어야 한다는 것이다.

(3) 취학 후의 디지털 역량강화의 교육과정과 부모역할

우리나라에서는 2015년의 교육과정 개정에 이어 2022년도에 다시 개정된 교육과정에 따라 초등학교 이후의 교육이 실시된다. '10년이면 강산이 변한다'는 속담이 무색할 정도로 채 10년도 되기 전에 교육과정이 개편된다는 것은 그만큼 우리나라가 격변의 상황에 있음을 말해 주는 것이다(임유나 · 홍후조, 2016; 이은경, 2018; 김형섭, 2021). 동시에 이러한 격동의 파도를 지혜롭게 이겨내기 위해 '교육이 답이다'라는 것을 직시한 것이라고 할 수 있다.

주무 행정부서인 교육부(2022)에서는 이러한 교육과정 개정의 배경에 대해 다음 4가지로 설명하고 있다.

첫째, 산업혁명이 가속화하면서 언제 어디서나 학습할 수 있는 유연한 교육환경이 구현되고 온 · 오프라인 연계 맞춤형 학습이 확대되는 등 교육패러다임의 구조적 변화가 일어났다. 둘째, 4차 산업혁명으로 인하여 일자리 구조가 변화하는 등 미래사회의 불확실성이 증가하면서 변화 대응 역량과 창의성과 다양성 등 기계와 차별화된 인간 고유의 역량 중심으로 그 중요성이 확대되었다. 셋째, 저출산과 급격한 고령화사회의 진행은 학령인구의 감소로 이어졌으며 이로 인한 변화된 삶의 양식과 학생들의 가치관 변화를 반영한 교육 정책이 필요하다. 넷째, 디지털에 친화적 특성을 갖는 Z세대가 등장하였고, 이러한 디지털 학습자의 다양화된 성향에 맞추어 진로 개척을 위해 개별 성장지원 맞춤형 교육기반이 요구되기 때문이라는 것이다.

이러한 개정 배경은 [글상자 5-1]에 잘 나타나 있다. 학부모의 입장에서는 디지털환경의 변화에 대응하는 자녀교육 수행을 적극적으로 지지하는 동반자의 역할을 감당해야 한다.

글상자 5-1 **교육의 성격 변화와 혁신방향**

이전의 교육		변화된 교육
지식 경쟁 과업효율성		역량 협동, 공동체성, 인간 존중, 개성 존중
획일, 표준화 폐쇄, 경직 분절 중앙집중	▶	개별화(맞춤형) 체제 개방성, 다양성 보장 통합, 생애적 접근, 평생학습 자치분권, 공공성 보장 학습생태계 구축
노동력 양성 계층이동		사회적 가치, 태도 함양 돌봄, 보호기능 강화

출처: 교육부(2022). 교육개정의 배경과 방향.

특히 2022년 개정교육과정은 4차 산업혁명의 가속화에 따른 디지털 소양과 역량강화를 매우 강조하고 있으므로 지금부터 단기 · 중기 · 장기적 차원에서의 디지털 리터러시(Digital literacy)를 염두에 두고 제대로 준비하고 실행하는 데(박일준, 2020; 김갑수, 2022) 동참해야 한다.

여기서 말하는 디지털 리터러시는 디지털 문해력(文解力)으로 번역된다. 즉, 디지털 플랫폼의 다양한 미디어를 접하면서 명확한 정보를 찾고, 평가하고, 조합하는 개인의 능력을 뜻한다. 실제적으로 디지털 리터러시의 개념은 각자 자신에게 주어진 컴퓨터를 활용하는 기술을 가르치는 데 초점을 둔 컴퓨터 활용 교육 시절부터 등장하였다. 그러나 인터넷의 발달과 모바일 기기의 출현 및 소셜미디어의 확장으로 단순히 기기를 사용하는 방법만이 아니라 정보를 다루고 가공하는 일까지 그 범위를 확장하게 되었다.

특히 오늘날은 다양한 학문분야가 디지털 리터러시와 개념을 서로 나누고 성과를 공유하고 있다. 그러므로 중요한 것은 디지털을 위한 교육이 아니라, 디지털에 의한 교육이어야 한다는 점이다(염서영, 2022).

이러한 관점에서 학부모로서 더 유념해야 하는 점은 교과영역보다 비교과영역에서 자녀의 디지털 역량을 강화하는 것이라고 할 수 있다. 왜냐하면 교과영역은 학교에 주된 기능을 지니고 있으므로 학부모로서 접근할 수 있는 비교과영역에 주목할 필요가 크기 때문이다. 또한 부모가 일정 수준의 미디어 리터러시를 갖추고 있어야만 가정 내 '돌봄'을 통해 '자녀의 미디어 리터러시 고양'이라는 목표에 도달할 수 있기 때문이다.

글 · 그림 5-5 메타버스를 활용한 부모교육

출처: 전북일보(2022.5.26). 전주시 '3차원 가상세계' 메타버스 활용해 부모 교육 진행.

Q&A 부모에 대한 미디어 리터러시가 동반되어야 진정한 의미의 자녀미디어 교육이 이루어진다.
학부모를 위한 리터러시 교육의 사례를 찾아보자. 어떤 느낌이 드는가?

글·그림 5-6 비교과영역의 디지털 역량강화를 위한 프로그램-메타버스 활용

회기	영역	활동	메타버스 환경
1회기 (30분)	오리엔 테이션	① mind Way 코칭모델 및 Grace & Force-메타(Meta) 프로그램의 개요 ② 메타버스 사용 안내 및 체험 • 준비물: 스마트폰(태블릿), 안내자료	
2회기 (30분)	사전 활동	① 노래 감상과 부르기: '내 마음' 노래 감상하기 - 김동명 작사/김동진 작곡 ② 시 감상과 읊기: '꽃'-김춘수 ③ 메타버스 환경에서 이모티콘을 통해 나의 감정 표현하기 • 준비물: 스마트폰(태블릿), '내 마음' 동영상, '꽃' 워크지	

출처: 염서영(2022). Mind Way 코칭모델을 활용한 메타버스 환경에서의 아동기 Grace & Force-메타(Meta) 프로그램 구성과 적용효과(총 9회기 중 2회기 제시)

Q&A 메타버스를 활용한 교육적 활동의 사례가 점증하기 시작하였다. 어떤 플랫폼들을 활용하고 있는가?

따라서 학부모교육도 이러한 혁신에 대응하는 수준으로 성숙할 필요가 크다. 최근 여러 디지털 플랫폼에서 메타버스를 활용한 다양한 교육 프로그램이 제공되고 있다(천윤정, 2022; 홍희경, 2012).

2. 취학 전후 자녀발달의 특성과 부모역할

교육은 세상을 바꾸기 위해 당신이 사용할 수 있는 가장 강력한 무기이다.
_ 넬슨 만델라

1) 취학 전의 자녀발달 특성과 부모역할

취학 전의 자녀는 모체의 자궁에 수정된 이후부터 초등학교에 입학하기 전의 시기에 해당하는 인간을 말한다. 이 시기는 전 아동발달 및 인간발달의 초기에 해당되는 시기로서 매우 중요한 발달적 · 교육적 의미를 지닌다. 발달의 가소성이 높아 어떻게 양육하느냐에 따라 성장발달에 미치는 영향이 매우 크기 때문이다.

따라서 이에 대한 포괄적인 이해를 바탕으로 자녀를 양육해야 하며, 이 과정에서 부모는 보호자, 양육자, 격려자, 조력자, 상담자 및 나아가 치료자의 역할도 수행하게 된다.

이러한 역할 수행은 적절하고도 지속적인 부모교육에 의해 잘 성취할 수 있다.

(1) 태아기의 보호와 부부역할

태아(胎兒, fetus)는 부부가 사랑으로 한 몸이 되어 받은 축복의 선물이며, 사람 난 기쁨으로 인하여 극심한 산고의 고통을 잊도록 만드는 귀하디 귀한 피붙이이다.

대부분의 태아는 궁전이라고 불리는 어머니의 자궁(子宮)에서 약 9개월(38

주) 동안 왕자와 공주처럼 살게 되는데, 그 과정은 매우 역동적이고도 신비롭기 그지없다. 왜냐하면 1년도 안 되는 이 기간을 지난 후 하나의 우주인 '한 인간'이 탄생하기 때문이다. 따라서 태아의 특성을 이해하여 사려 깊고, 지혜롭게 태교해야 한다.

① 태아의 성숙과정

태아기(胎兒期)는 크게 3단계로 세분되는데, 정자와 난자가 결합한 수정란이 자궁벽에 착상하는 2주까지의 기간인 배포기(germinal period), 수정란

글 · 그림 5-7 태아의 발달과정

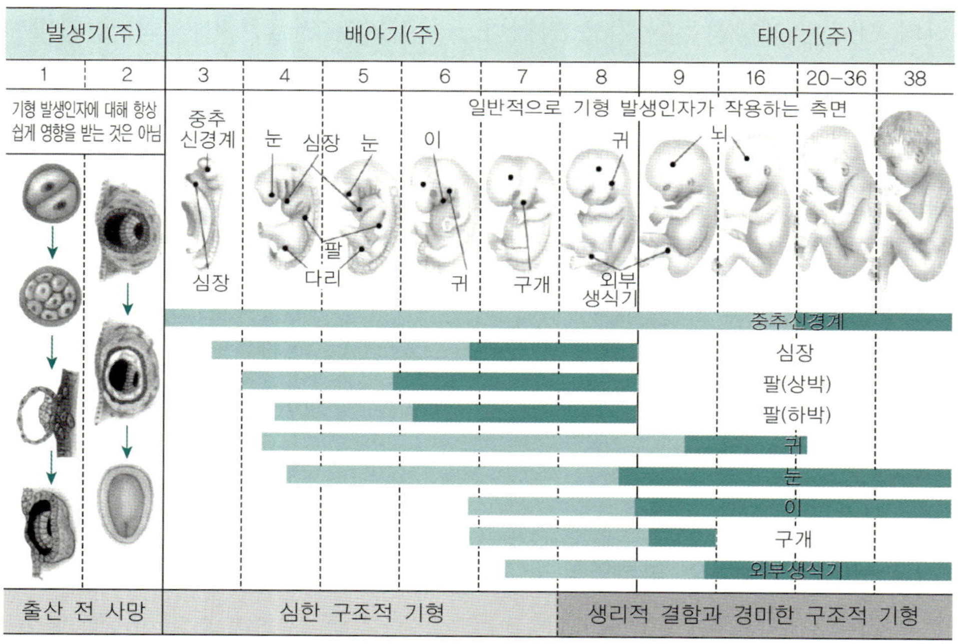

출처: 정옥분(2018).

Q&A 이 태아발달의 과정을 보면, 어떠한 생각이 드는가?

이 착상한 이후부터 8주까지의 기간에 해당하는 배아기(embryonic period), 8주 이후부터 출생할 시기까지의 기간에 해당하는 태아기(fetal period)로 나누어진다.

전 인간발달단계에서 볼 때, 초기단계인 태아기를 포함한 아동기가 중요하듯이 태아기 중에서도 태아기의 초기가 매우 중요하다.

그것은 생명체로서의 기본인 기관이 형성되는 시기이기 때문이며, 태아기의 초기단계에서 태아사망이 빈발하기 때문이다. 동시에 발달상의 문제가 발생될 경우, 기형으로 출생할 가능성이 매우 높기 때문이다.

글·그림 5-8 태아의 모습

태아의 집=자궁

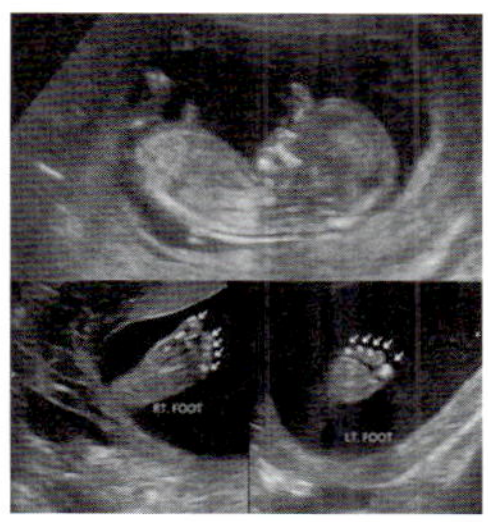

태아 13~21주

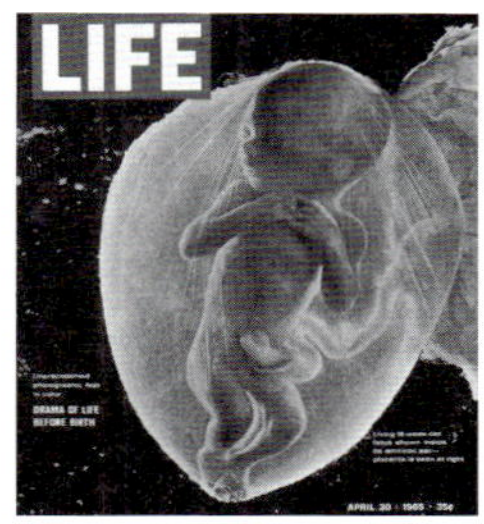

라이프 잡지(*2판, 1965)

Q&A 보이지 않는다고 없는 것은 아니다.
보이지 않지만 엄연히 존재하고 있는 생명체를 위해서 어떤 태도를 지녀야 할까?

② 태아기의 부모역할

태아기 부모의 절체절명의 과제는 태아가 정상적으로 태어나도록 하는 것이다. 그것은 태아가 순조롭게 발달하지 못하면 치명적인 영향을 받아서 아예 태어나지 못하거나, 출생한 이후에도 후유증과 장애로 인해 정상적 생활을 하기 어렵기 때문이다. 동시에 부모와 가족도 신체적·심리적·경제적인 부담을 많이 지니고 양육하게 되므로 자칫 자녀학대가 발생할 소지도 크기 때문이다(김충렬, 2016).

물론 건강한 태아의 출산을 위해서는 임부와 가족과 사회 전체가 한 마음과 자세로 노력해야 하며, 이 범주에는 임부의 정신적 및 육체적인 보호를 위한 제반 조치가 포함된다. 대표적인 예로서 현대의학 역사상 최악의 사건이 된 약물에 대한 주의를 들 수 있는데, 탈리도마이드 부작용을 일으킨 신경안정제 '콘테르간 스캔들'을 꼽을 수 있다(이소희, 1997, 2020).

정상적인 태아발달을 위한 부모교육은 '태교(胎敎)'로 총칭된다. 물론 이러한 태교는 과학의 발달에 힘입은 바 크지만, 우리나라를 비롯한 세계 여러 나라에서 그 시대와 사회문화를 고려한 태교가 실시되어 왔으며,[3] 특히 우리나라에서는 전통사회부터 부부 모두의 태교를 강조해 왔다. 이에 대한 대표적인 교육적 접근은 조선의 정조 시대에 사주당 이씨(1793)가 쓴 『태교신기』에 기록되어 있으며, 태중(胎中)의 10달이 출생 후의 10년보다 더 중요하다고까지 언급하면서 태교의 중요성을 강조하고 있다. 바로 이러한 맥락에서 우리나라에서는 어머니의 자궁 속에서 살고 있는 태아가 아직 미성숙하기는 하지만 엄연한 한 생명체라는 관점에서 자궁 속의 생활에 1살의 나이를 부여해왔다. 그만큼 태아기의 부모역할은 막중하다 할 것이다.

3) 태교에서 사회문화적 공통점과 차이점을 동시에 파악할 수 있다. 예를 들어 우리나라에서는 산모가 몸을 따뜻하게 유지하고 미역국을 먹어 철분과 칼슘을 보충하는데, 반대로 몽골에서는 찬물로 목욕한다. 이러한 문화적 차이는 물, 토양, 기후 등의 자연환경 및 이러한 환경에 학습되어진 신체와 생각의 차이에 기인한 것이므로 바람직하지 못하다고 단정할 수는 없다.

글 · 그림 5-9 부모의 태교의 효과

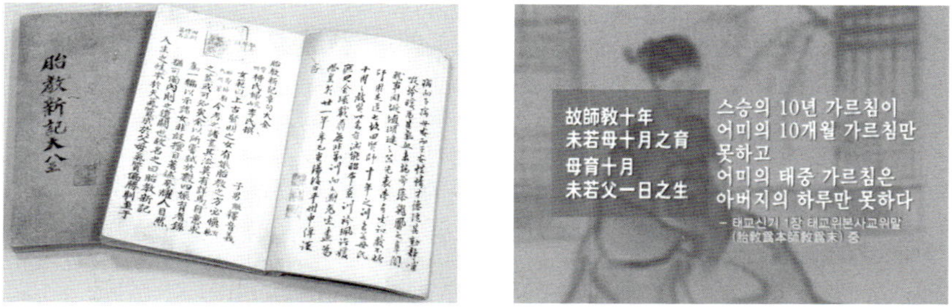

출처: U태교신기 / KBS(www.youtube.com/watch?v=ByF7a4-bR4E)

Q&A "스승의 10년 가르침이 어미의 10개월 가르침만 못하고, 어미의 태중 가르침은 아버지의 하루만 못하다."
어떤 생각이 드는가?

또한 부부는 일심동체, 한 몸이다. 그러므로 '엄마가 임신 중'이라면 '아빠도 임신 중'이라는 말은 당연히 적용된다(여성가족부, 2016). 그러므로 태교는 어머니만 하는 것이 아니라 아버지도 함께 해야 한다. 다만, 태교의 내용과 방법이 다를 뿐이다.

글 · 그림 5-10 아버지의 태교

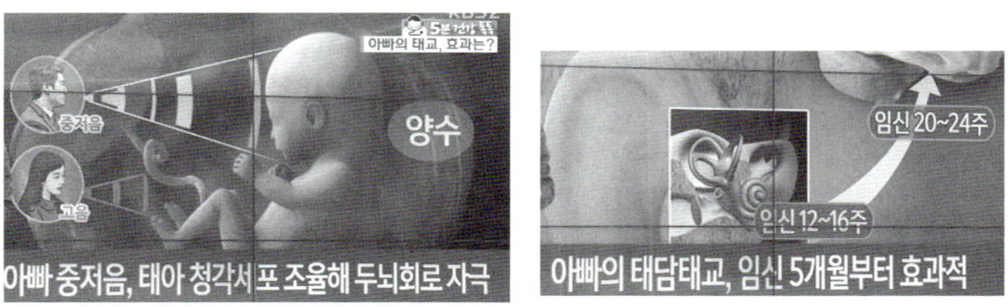

출처: KBS 2.

Q&A 목소리는 심금을 울린다고 한다.
아빠의 듬직한 목소리를 듣는 태아의 마음은 어떨까?

아버지가 태아기 동안 아내를 도와 성공적인 태교를 할 수 있는 것은 크게 3가지 영역이다. 하나는 임부인 아내의 모체 변화에 대해 숙지하고, 아내를 이해하고, 아내가 원하는 것을 수용하는 것이다. 다른 하나는 통상적으로 아내가 주로 하는 가사일을 돕는 것이다. 경우에 따라서는 일정 기간 동안 전담하거나 다른 사람의 협력으로 해결할 수 있다. 최근의 아빠육아휴직은 이러한 지원을 가능케 한다. 마지막은 부부의 성생활을 자제하거나 또는 의학적으로 문제가 없을 정도로 지혜롭게 하는 것이다.

글 · 그림 5-11 **사례 - 태아기 예비부모학교의 교육내용**

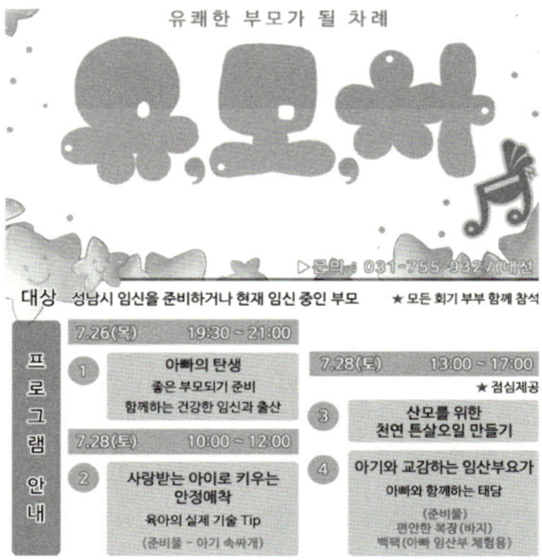

출처: 성남시

Q&A 이름은 정체성을 대표한다.
예비부모를 위한 교육에서 '유모차'처럼 기억하기 쉬운 교육의 별칭을 지어 보자.
(예: 아기마중)

따라서 태아기의 부부는 아낌없이 주는 나무와 같은 다함없는 사랑과 새로 태어날 사랑의 분신의 건강한 출산을 위해 합심하여 노력해야 한다.

현대에는 대부분의 출산이 병원에서 이루어지고 있으므로 임부와 가족이 개입할 여지가 거의 없다. 그럼에도 불구하고 프레드릭 르봐이예(1988)가 실시하였던 폭력 없는 탄생의 의미는 재고되어야 하며, 과학적으로 수용될 수 있도록 의료계와 학계에서는 중지를 모아야 한다.

(2) 신생아의 반사능력과 부모역할

신생아기는 출생하여 약 1달 동안의 기간에 해당된다. 신생아의 생존이라는 차원에서 보면 가히 결정적 시기(Critical Period)라고 할 수 있다. 왜냐하면 태어나자마자 어머니의 자궁과는 전혀 다른 환경에서 살아야 하기 때문이다. 아니 살아내야 한다는 표현이 더 적절할 수 있다. 따라서 어머니는 산후의 몸조리를 하면서도 최선을 다해 신생아의 생존을 위해 노력하여야 한다.

① 신생아의 반사능력

신생아의 발달에서 두드러진 특징은 선천적으로 타고난 반사기능을 통해 자신의 생명을 보존하려고 하는 것이다. 이러한 반사는 크게 두 가지 종류로써 생명의 유지를 위한 생존반사와 일정한 기간이 지나면 사라지는 원시반사를 들 수 있다. 전자에 해당하는 반사로는 호흡반사, 동공반사, 빨기반사, 삼키기반사 등이 있으며, 후자에 해당하는 반사로는 바빈스키반사와 모로반사 등이 있다. 이러한 반사는 생존기제를 본능적으로 나타내는 것이라고 할 수 있다. 반사를 통해서 양육자의 관심과 주의를 환기시키는 동인으로 작용하기 때문이다.

모든 인간이 생존을 위해 터뜨리는 울음 역시 생존기제의 하나이며, 신생아의 울음감별법을 통해서 신생아를 위한 양육태세를 갖추는 것을 들 수 있다.

글·그림 5-12 신생아의 반사

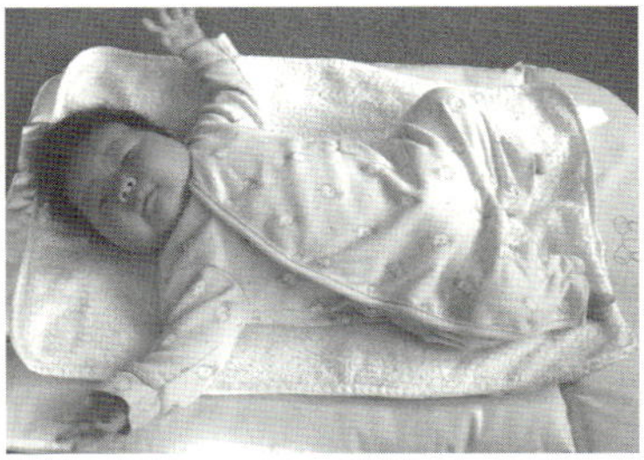

〈모로반사〉

신생아의 반사운동 중 하나로 큰 소리가 나거나 똑바로 안은 상태에서 머리가 아래로 떨어지면 팔과 다리를 벌리고 펴진다. 이때 손가락은 일반적으로 C자세를 취하고 팔은 안을 것 같은 자세로 다리는 복부 쪽으로 끌어당긴다. 8주 동안 반사가 강하며 3개월부터 서서히 사라져서 4~5개월 말에 소실된다.

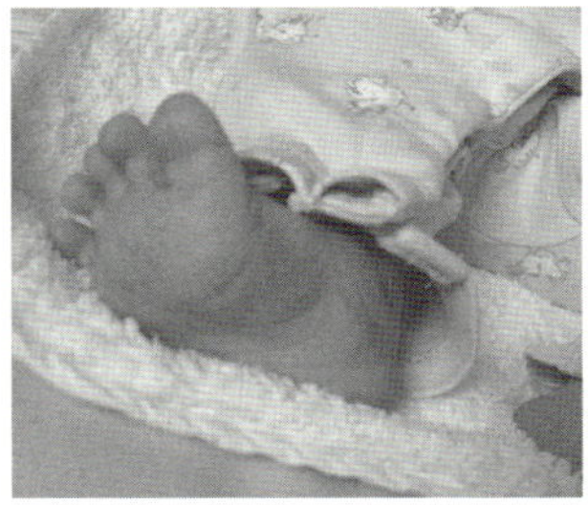

〈바빈스키반사〉

선천적인 반사행동으로 발바닥을 가볍게 긁어주면 발가락이 위쪽으로 부챗살 모양으로 펴지는 것을 의미한다.
시간이 지나도 이 반응이 사라지지 않거나 처음부터 안쪽으로 움츠린다면 전문의의 상담이 필요하다.

Q&A 반사작용인 울음은 대표적인 생존기제이자 전략의 하나이다.
어린 아이가 울 때, 못 본체 한다면 그 아이는 어떻게 될까?

② 신생아기의 부모역할

신생아를 위해 부모가 해야 할 가장 중요한 과업은 신생아의 생명을 보호하는 것이다. 신생아의 신체와 함께 모든 의식주의 제공에서 청결을 유지할 수 있어야 한다.

이러한 의미에서 우리나라 전통사회에서는 '삼칠일'이라 하여 아이가 태어난 이후의 21일 동안을 특별히 유념하여 보호하였다. 감염을 우려하여 외부인의 출입을 통제하는 표시인 '금줄'을 친 것이 대표적인 사례이다.

글 · 그림 5-13 출산과 신생아기 육아

대문에 걸었던 금줄과 배냇저고리

Q&A 각 나라마다 출산문화가 있다.
금줄에서 숯은 어떠한 의미를 지니고 있을까?

구체적으로 신생아 의류는 옷과 기저귀가 대표적이다. 옷은 미리 세탁하여 새 옷이 지니는 거칠음과 냄새 등을 최대한 완화시켜야 한다. 최근에는 거의 제품용 종이기저귀를 사용하는 데 자주 갈아주는 것이 좋다. 신생아의 음식은 모유를 원칙으로 하여 청결하고 빨기 쉽도록 유두관리를 하여야 한다. 모유수유가 불가능할 경우에는 소화흡수를 고려하여 우유의 온도와 농도 등에 유의하여야 하며, 우유병도 청결하게 관리하여야 한다. 가장 적절한 방법은 신생아의 체온과 모유의 성분과 농도를 고려하는 것이다.

신생아가 안정적인 시간을 보낼 수 있도록 하는 데도 유념하여야 한다. 불쾌한 경험이 반복되면 나쁜 기억이 각인되어 정서적 안정을 위협한다(김애란 · 유경숙 외, 2017). 각인(imprinting)은 로렌츠(Konrad Lorenz, 1973)의 동물행동학이론에서 제시된 것으로 동물이 태어나자마자 특정한 시기에 경험한 것이 강하게 기억되어 이후의 여러 행동에 오랫동안 영향을 미친다는 이론이다.

(3) 영아기의 애착형성과 부모역할

영아기(Infancy)는 출생 후 2세까지를 말한다. 영아기는 신체·운동·언어·인지·사회성 발달이 급격하게 이루어지는 시기이므로 1차 성장급등기라고 말한다.[4] 전 인간발달과정에서 비교우위를 지니는 영아기의 특별한 발달주제는 애착이다.

① 영아의 애착발달

애착(愛着, attachment)은 사람이나 동물 등에 대해 특별한 정서적인 관계를 가지는 것을 말한다. 관련 개념으로 낯가림과 격리불안을 들 수 있다. 낯가림은 문자 그대로 특정한 사람과 어느 정도 안정적인 애착이 형성되었기 때문에 낯선 사람에 대해서는 얼굴을 가리는 것이다. 즉 발생할지 모르는 격리의 불안을 나타내어 자신을 보호하는 것이다.

인간발달의 8단계설을 제시한 심리사회학자인 에릭슨(Eric Erikson, 1965)은 신생아기를 갓 지난 영아기에 형성하여야 할 중요한 발달과업으로 애착을 들었다. 그리고 보울비(Bowlby, 1973)도 마찬가지 맥락에서 신생아를 보호하기 위해서는 주 양육자인 어머니와 단단한 정서적 유대를 형성하는 것이 필요하다고 본 것이다. 그러므로 영아와 어머니가 불안정한 애착이 아니라 안정된 애착을 형성해야 한다.

② 영아기의 부모역할

영아기는 생물학적으로 급속한 성장이 이루어지는 시기이다. 그러나 영아 혼자서는 자신의 생리적 욕구를 충족하기 어려운 아주 미성숙한 존재이다. 따라서 영아의 생존과 건강한 성장발달을 위해 그 어느 때보다도 주 양

4) 사춘기는 제 2급등기라고 부른다.

육자인 어머니와의 상호작용이 필요하다. 이를 위해 다양한 언어 및 비언어적 자극이 적재적소에 이루어져야 한다. 구체적으로 수유와 이유는 물론 유동식과 단단한 음식 등을 포함한 전반적인 식이와 함께 배설물 처리 및 이에 대한 훈련과 목욕과 수면 등에서 안정감과 신뢰성을 느낄 수 있도록 상호작용해야 한다. 그래야 굳건한 신뢰감을 형성하여 건강한 애착관계를 지속할 수 있다.

(4) 유아기의 자조능력 발달과 부모역할

유아기(Early Childhood)는 영아기를 지난 2세부터 만 6세까지를 말한다. 우리나라의 보육제도 및 학제상으로 볼 때, 이 시기의 유아는 대부분 어린이집이나 유치원에 취원하고 있는 편이다.[5] 이러한 취원생활이 가능하려면 기본생활습관이 형성되어야 한다.

전 인간발달과정에서 비교우위를 지니는 유아기의 특별한 발달주제는 자율성과 주도성이 기반이 된 자조(自助, self help)능력의 발달이다. 따라서 부모는 이 점에 유의하여 친절한 태도로 양육하여야 한다.

① 유아의 자조능력의 발달

유아의 발달은 영아에 비해 전반적 발달영역에서 훨씬 역동적이다. 구체적인 신체발달의 속도는 느리지만 운동기술이 더 정교하게 발달된다. 그리고 자기중심적인 사고가 강하기는 하지만 단순한 감각적 대응과 적응을 넘어 동화-조절-평형 등의 과정을 통해 조작적인 인지발달을 이루어 나간다(Piaget, 1968). 또한 가정을 벗어나 생활반경이 이웃과 교육기관으로 확장됨에 따라 사회성과 도덕성이 발달되며, 성역할에 대한 개념도 자리잡기 시작

5) 일부 어린이집의 영아반에서는 2세 이전의 영아도 취원하도록 하고 있다.

한다.

이러한 발달의 여정이 보다 탄력을 받고 진일보하기 위해서는 기본생활 습관의 형성이 그 바탕이 되어야 한다. 다시 말하면 '혼자서도 잘해요' 및 '스스로 할 수 있어요'가 일상이 될 수 있어야 한다.

② 유아기 부모의 역할

유아기의 부모역할은 자조능력을 획득할 수 있도록 하는 적극적인 지원자의 역할을 수행하여야 한다. 유아의 발달특성을 고려한 상호작용이 필요하다(박은화, 2020; 손지희, 2014).

자조능력을 발달시키기 위해서는 비고츠키(Lev Semenovich Vygotsky, 1987)가 제시한 근접발달영역(ZPD: one of proximal development)에 대한 이해, 즉 유아가 혼자 하기 어려운 수준(잠재발달수준)과 곧 혼자 할 수 있는 수준(근접발달영역) 및 혼자 할 수 있는 수준(현재의 발달수준)에 대한 파악이 필요하다.[6]

6) 유아발달을 효과적으로 이루기 위해서는 유아가 실제적 발달수준에 머무르거나 부모나 교사와 같은 성인의 도움만을 받도록 할 것이 아니라, 간극을 줄여서 현재 발달수준을 점차 높여 가는 것이 필요하다. 다시 말하면 근접발달영역에서 배움과 가르침이 성공적으로 이루어질 수 있다면, 유아는 지속적으로 다음 단계로 발달해 가기가 용이하다는 것이다. 이는 피아제가 유·아동의 개인에 초점을 맞추었던 것에 비해 가정과 교육기관과 협력하는 것이 필요하다고 본 것이다. 이 이론은 주로 인지의 발달을 설명하지만, 실제적으로 유아의 전 영역에 관련된다고 볼 수 있다. (제4장 발달영역의 개념과 교육적 연계 참조)

글 · 그림 5-14 근접발달영역의 구조와 의미

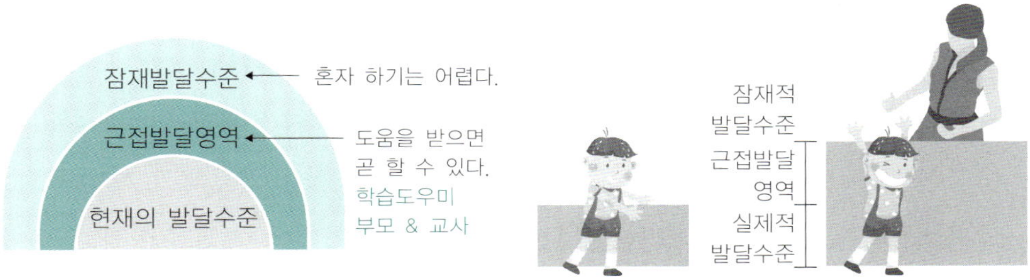

Q&A 근접발달영역은 모든 자녀발달의 과정에 존재한다.
근접발달영역이 존재한다는 것을 들으면, 학부모들은 무슨 생각을 하게 될까?

이를 위해서는 부모뿐만 아니라 교사의 지원도 필요하다. 실제적으로 이 시기는 대부분의 유아가 유아보육 및 보육기관에 취원하고 있으므로 교사와의 협력이 필요하다(김기상 · 허준영 외, 2007). 동시에 교육기관을 포함한 다양한 기관에서 제공하는 부모교육은 효과적이다.

글 · 그림 5-15 유아기 부모교육

Q&A "한 아이를 키우기 위해서는 온 마을이 필요하다"는 아프리카 속담이 있다.
유아기 부모역할을 효과적으로 수행하기 위해 활용할 수 있는 접근방법은 무엇일까?

2) 취학 후의 자녀발달 특성과 부모교육

취학 전과 취학 후의 자녀발달에서 두드러진 큰 변화는 크게 두 가지로 요약될 수 있다. 하나는 자녀의 생활환경이 부모와 가정에서 친구와 학교로 상당한 정도로 이동된다는 것이다. 다른 하나는 놀이중심에서 학습중심으로 상당히 이동된다는 것이다. 이러한 흐름은 장기적인 진로준비와 깊게 연루되어 있다.

또한 취학 후인 아동 및 청소년기에는 초고속정보화 및 4차 산업혁명의 발달에 따라 디지털 역량의 강화와 함께 융합인재로서의 성장이 요청되고 있다. 동시에 아동청소년의 인터넷 중독과 스마트폰 중독 및 게임 중독 등으로 표현되는 생활문제도 발생되고 있어서 부모-자녀관계에서의 긴장은 점점 높아지고 있다. 게다가 아동 · 청소년의 신체적 성숙이 빨라지고 있어서 자아정체성의 확립이라는 발달과업과도 맞물려 있다.

이에 따라 취학 전과는 다른 부모역할이 수행되어야 한다. 부모교육방법 또한 COVID-19 발생 이후에 온라인 교육이 증가추세에 있으므로 적극 활용하도록 한다.

(1) 아동의 문해력 발달과 부모역할

아동기(Childhood)는 만 7세부터 12세까지를 말한다. 우리나라의 학제상으로 초등학교 재학 중인 아동을 말한다. 이 시기 동안 아동의 발달편차가 크기 때문에 초등학교 3학년까지를 저학년 또는 아동 전기로 부르고, 4학년부터 6학년까지를 고학년 또는 아동 후기로 부른다. 이 시기의 발달특징은 유아보육 및 교육과정과 초등학교과정을 비교해 보면 확연히 드러난다.

전 인간발달과정에서 아동기에 강조되는 발달주제는 디지털 리터러시(Digital Literacy), 즉 디지털 문해력을 발달시키는 것이다.

① 아동의 문해력의 발달

문해력(文解力)은 문식성(文識性)이라고도 부르며(노명완 · 이차숙, 2002),[7] 영어로는 literacy로 표기된다. 문해력의 정의는 사회의 변화와 밀접하게 관련되므로 계속 진화하고 있다. 윤준채(2009)는 문해력을 "개인의 목적을 성취하기 위해 글을 비판적으로 읽고 창의적으로 생산할 수 있는 능력"으로 정의하고 있으며, 교육부에서도 별도로 정의하고 있다.

과거 우리나라의 사회경제수준과 인권사상이 매우 낮았을 때, '까막눈'이라는 말이 사용되었다. 이 말은 경제적 문제와 함께, 특히 여자라는 이유로 학교에 다니지 못한 사람들이 글자를 읽지 못한다는 이유로 붙여진 것이다.

오늘날에는 초등학교가 의무교육화되어 있기 때문에 '까막눈'은 없으며,

글 · 그림 5-16 문해력의 종류와 의미

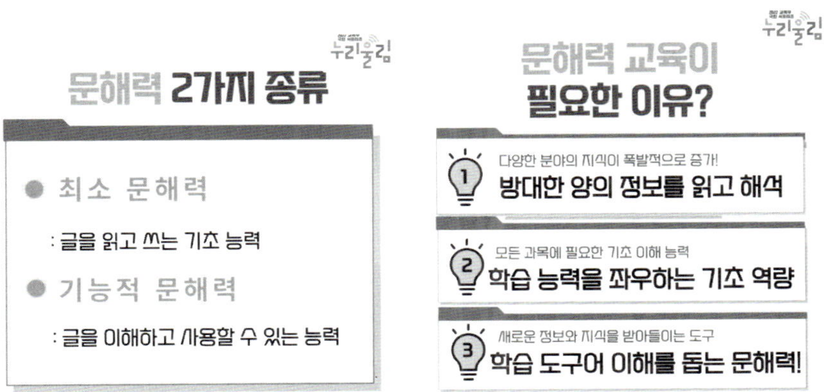

출처: 교육부, 국민서포터즈 누리울림

Q&A 인간만이 언어, 글을 사용한다.
글을 사용하지 못한다면 지식은 어떻게 후대에 전승될 수 있을까?

---

7) 글을 배워 알고 더 나아가 이를 활용하여 지식과 정보에 접근하고 이를 분석 · 평가 · 소통하며 개인과 사회의 문제나 과제를 해결하는 능력으로 정의하였다.

기본적으로 문해력을 발달시킬 수 있는 교육이 초등학교 차원에서 이루어지고 있다. 그것은 아동기의 발달특성상 그 사회에서 필요로 하는 문해력을 갖추는 데 적기라고 보고 있기 때문이다(글 · 그림 5-16 참조).

왜냐하면 아동기에 문해력을 발달시키지 못한다면 향후 사회생활을 영위하기가 거의 불가능하다고 볼 수 있다. 유아기의 기본생활습관처럼 아동기에 형성해야 할 기본적인 사회생활능력이라고 할 수 있을 것이다.

한편 초고속정보사회와 4차 산업혁명이 함께 가속화함에 따라 새로운 차원의 문해력을 필요로 하고 있다.

글 · 그림 5-17 디지털 리터러시의 종류와 의미

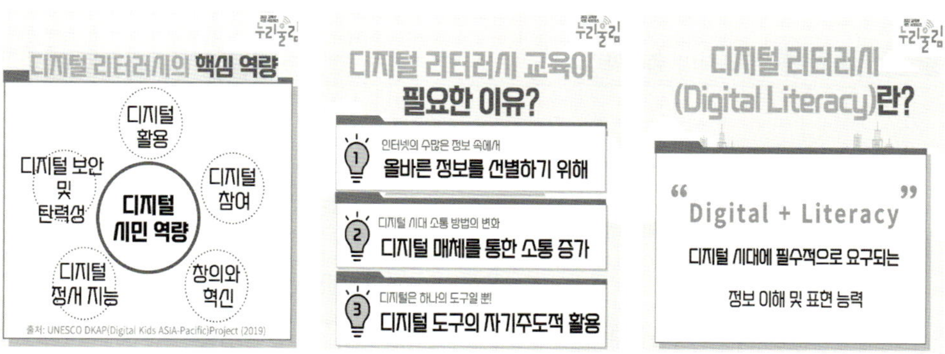

출처: 교육부, 국민서포터즈 누리울림

Q&A 리터러시는 필수 소양이다.
일반 리터러시와 디지털 리터러시의 차이는 무엇일까?

디지털은 손가락을 뜻하는 라틴어 낱말 digit에서 유래된 말로 숫자를 세는 데 쓰인다(위키백과). 구체적으로 디지털은 아날로그처럼 연속적 실수가 아니라 특정한 최소 단위를 갖는 이산적(離散的) 수치를 이용하여 처리하는 방법을 말한다. 디지털이 부상되는 것은 컴퓨터는 0과 1이라는 두 가지 숫자로 이

루어진 이진수를 바탕으로 구동되고 있기 때문이다. 이 디지털은 컴퓨터와 같은 디지털기기에서도 하드웨어와 소프트웨어의 공통된 골격으로 사용된다.

글 · 그림 5-18 초등학생과 디지털 독해

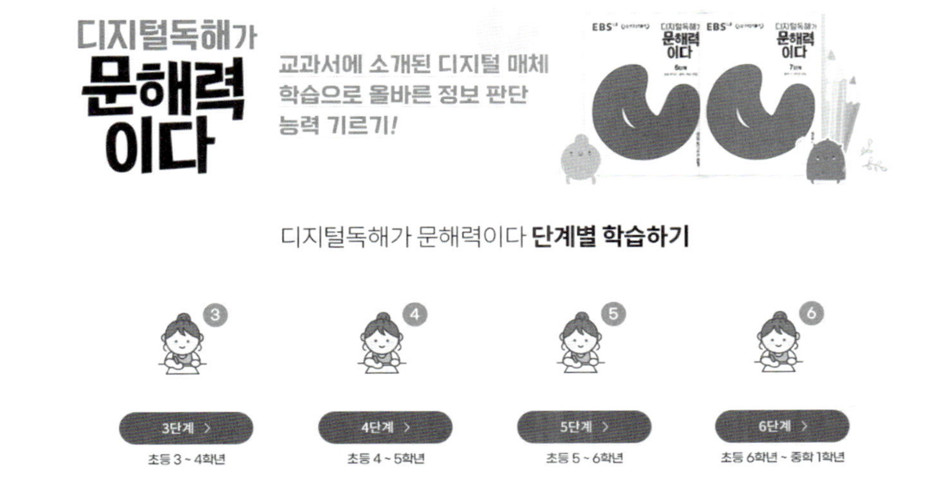

② 아동기 부모의 역할

4차 산업혁명시대와 앞으로 다가올 5차 혁명시대를 대비하기 위해 자녀가 디지털 리터러시 역량을 강화할 수 있도록 지지해야 한다.

그러나 머리로는 쉽게 생각하고 말할 수 있지만 현실적으로는 그리 쉽지 않다. 실제로 부모는 아동기의 디지털 문해력 향상을 '지지'하는 것보다 '제지'하는 편이라고 할 수 있기 때문이다. 초등학생 자녀의 미디어기기를 둘러싼 부모의 양육행동은 부모-자녀의 관계 및 행복감에 영향을 미치는 요인이기 때문에 학교와의 협력이 매우 필요하다(김형연 · 김민주, 2020; 박보경 · 노지운, 2019).

실제로 MIT 대학에 미디어랩을 설립하고 『디지털이다(Being Distal)』를 통해 디지털이 우리의 삶에 미치는 영향에 대해 이야기한 니콜라스 네그로폰테(1995)는 한국어판 서문에서 창조적이고 열린 교육의 필요성을 강조하면서, 한국의 교육제도에 근심 어린 관심을 보냈다는 사실은 사반세기가 지난 오늘날에도 매우 시사하는 바가 크다.

따라서 아동기 자녀를 둔 부모는 자녀가 디지털 리터러시의 내용에 상관없이 미디어 기기의 사용시간에 관심을 두는 차원에서 벗어나 그야말로 창조적인 열린교육이 될 수 있도록 사려 깊은 양육이 매우 필요하다. 최근에는 디지털 문해력에 대한 이해와 함께 실제적으로 도움을 줄 수 있는 다양한 부모교육의 기회가 제공되고 있으므로 적극적으로 활용하도록 한다.

글·그림 5-19 **연령에 따른 자녀의 발달단계와 부모교육**

출처: 굿네이버스, 한국언론진흥재단

Q&A '소통이 답이다'라고 말한다.
자녀의 디지털 문해력 향상을 위해 부모는 어떤 교육적 준비가 필요할까?

(2) 청소년의 진로준비를 위한 부모역할

청소년기(Youth)는 13세부터 18세까지를 말한다. 우리나라의 학제상으로는 중·고등학교에 재학 중인 청소년을 말한다. 이 시기는 발달편차 및 발달과제의 내용과 수준에서 차이가 크므로 중학교와 고등학교를 나눈다.

이 시기에는 영아기에 이어 급격한 신체적 발달을 이루므로 '2차적 신체급등기'라고 부른다. 또한 유 · 아동기에 비해 인지적으로 논리적인 사고가 점점 확장됨과 동시에 자기중심성에서 벗어나 타인중심의 사회성과 도덕성 등으로 이동해 간다. 또한 예전보다 빨라진 2차 성징의 출현으로 성(性)정체감을 포함한 자아정체감의 형성으로 자아발달에서 변곡점을 이루게 된다.

이러한 특성으로 발달심리학에서는 청소년기의 특징을 '제 2의 탄생'과 '질풍노도의 시기'로 압축하여 표현하고 있다(정익중 · 이소희 외, 2020). 무릇 모든 '탄생'은 창조에 따르는 강한 역동을 경험하지만 '재탄생'의 과정적 특성은 가히 격동이라고 할 수밖에 없다.

청소년기에 특별히 강조되는 발달주제는 성인기를 대비한 진로준비이다. 따라서 부모는 이 점에 주목하여 근시안적인 차원을 벗어나 장기적인 차원에서 청소년기의 양육에 심혈을 기울여야 한다.

① 청소년의 진로발달

진로(進路)의 의미는 앞으로 나아가는 길, 또는 나아가야 할 길을 말한다. 그러므로 진로발달이 이루어지기 위해서는 이전의 상태보다 긍정적인 결과를 산출하는 과정에서 출발하여야 한다.

인간은 사회적 동물이라는 말에서 알 수 있듯이 같이 살아가는 동안 사회적인 영향을 고려하지 않을 수 없다. 또 살아가기 위해서는 어떠한 형태이든 일을 하여야 하며, 수익을 창출할 수 있어야 한다. 그러므로 진로와 일과 직업은 동일선상에서 살펴볼 수 있는 것이다.

이러한 맥락에서 청소년의 진로발달에 관한 연구가 이루어지고 있으며, 일에 대한 가치추구와 직업생활에서의 성공요인에 대해서는 높은 수준을 보이고 있으나, 진로의사결정과 진로준비행동에서는 낮은 수준을 보이는 것으로 보고되고 있다(이송이 · 조혜진, 2018; 허원희 · 조정길, 2020). 그리고 진로에 대한 의사결정에서의 결정성과 확신성이 낮은 편이며, 또한 직업세계에 대한 이해도 낮은 편이다. 그러므로 이러한 청소년의 진로발달의 특성을 고려한 진로지도 내지 진로코칭이 필요하다(이소희 · 한국코치협회, 2021). 특히 청소년의 성격적 특성을 고려한 연구는 의미가 크다(김미화 · 김환영, 2018; 김경미, 2020).

주지하다시피 우리의 청소년들은 이제 2차 산업혁명에서 제 3의 물결을 거치고 초고속정보사회를 넘어서 이제 4차 산업혁명 속에서 살아가고 있다. 인류의 발달은 앞으로 더 심화될 것으로 예상하고 있다. 즉 웹 2.0에서 3.0으로, 5G에서 6G로 전환되고 있으며, 국가에서는 이에 대응하여 '2022년 디지털 뉴딜 실행계획'을 관계부처 합동으로 개최하고 있다. 이 계획에는 초 · 중 · 고등 디지털 교육 인프라 확충 및 교육 콘텐츠 확보가 포함되어 있다(교육부, 2022). 이러한 상황에서 초미의 관심사가 되고 있는 것은 '사라지는 일자리와 새로 생기는 일자리' 또는 '지는 직업과 뜨는 직업'에 대한 관심이다(과학기술정보통신부, 2019; 최정원, 2018).

글 · 그림 5-20 4차 산업혁명과 직업상황

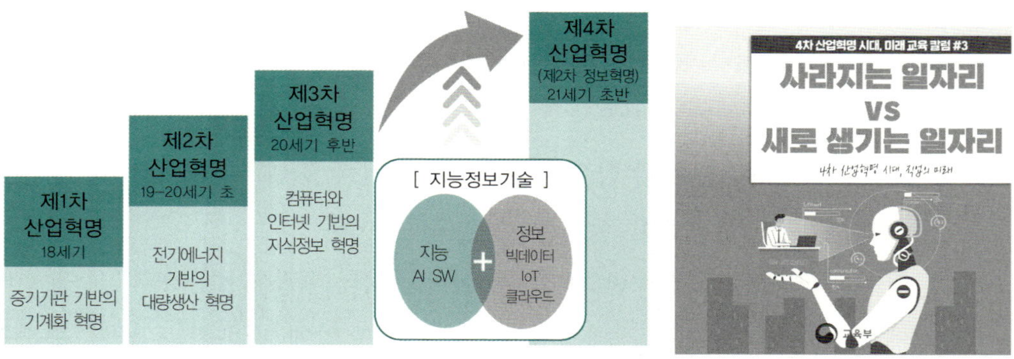

출처: 네이버 지식백과(2019). / 교육부(2020). 엄마아빠를 위한 교육 이야기.

Q&A '소통이 답이다'라고 말한다.
자녀의 디지털 문해력 향상을 위해 부모는 어떤 교육적 준비가 필요할까?

따라서 청소년으로 하여금 미래사회의 변화와 직업에 대한 정보를 제공하면서 조망능력을 가질 수 있도록 지원하는 것이 필요하다.

그러나 결코 간과하지 말아야 하는 것은 청소년의 성격, 적성, 욕구, 강점 등으로 표현되는 특성을 과학적으로 분석하여 청소년이 인식하도록 하는 것이다. 더 중요한 것은 청소년들 자신의 삶에 관한 것이므로 주도적으로 개척정신과 도전정신을 지니고 나아갈 수 있도록 해야 한다.

② 청소년기 부모의 역할

청소년기의 발달특성을 고려할 때 영유아기에 대한 생물학적 보호와 아동기에 대한 교육적 지원과는 다른 차원의 역할수행이 필요하다. 한마디로 요약하면 유아기의 목표였던 '혼자서도 잘해요'의 성인 버전을 준비할 수 있도록 양육하는 것이다. 즉, 가정이라는 학교에서 이루어지는 부모 차원의 진로지도기 필요한 것이다.

그러므로 부모가 고심해야 할 것은 청소년 자녀로 하여금 사회의 변화를 조망하여(김지영, 2017; Covy, 2002) 삶의 방향을 설정한 다음, 속도를 조절할 수 있도록 지원하는 것이다. 특히 자녀의 진로지도와 관련하여 유념해야 할 점은 '사라질 직업과 새로 부상할 직업'에 대한 통찰이다(교육부, 2020; 안택호, 2017).

따라서 대학입시를 준비하는 청소년기 자녀들에게 "일단 붙고 보자. 그 다음은 그 다음에 생각하고…"의 식이어서는 곤란하다. 강조하면 진로코칭에 있어서는 리더십에서 말하는 나침반과 시계가 지니는 의미를 생각해야 한다는 것이다.

글 · 그림 5-21 진로코칭의 내용과 방법

출처: 수성구청(2022).

Q&A 급변하는 사회이기 때문에 방향을 설정하기 어렵다고 한다.
그렇다면 부모로써 무엇에 대해 진로코칭하는 것이 효과적일까?

이때 기본적으로 고려하여야 할 것은 자녀의 적성이며(이소희 · 김일부, 2020), 최근에는 긍정심리학에 기반을 둔 강점으로 제시되고 있다(김광수, 2019; Martin Seligman, 2004).

따라서 청소년기 자녀를 둔 부모는 발달적으로 격동하는 청소년이 초가속과 초생산성 및 초가치로 대별되는 격변의 사회에서 미래를 조망하며 건강하게 성장할 수 있도록 최선의 지혜로운 양육을 할 필요가 있다.

지혜의 그루터기

부모의 삶

smallmotherlee
Seogwipo, Jeju Island, South Korae

smallmotherlee 저녁 산책겸, 우리 먹을겸, 골목 이웃집 어르신들 것까지 붕어빵을 사러갔다(붕세권!) 여섯집에 4개씩 24개를 19000원에 샀는데 (사장님이 200원을 깎아 주셨고) 붕어빵 기다리는 남매에게 이웃이 오뎅 3개를 사주셨고, 잠바에 품고간 붕어빵을 받으신 할머니 할아버지는, 울 이쁘니 아그들 넘넘 고맙다아아~ ㅠㅠ 시며.... 어쩌다 각집에서 용돈을 2만5천원이나 벌어온 이야기;;; 훈훈하다잉 서귀포 :)
수정됨 • 1주

0427e 동네다운 동네입니다 2
1주 답글 달기

○ 이 남매는 자라면서 이 동네 저 동네에서 붕어빵을 보게 될 때 무슨 생각을 할까?

Chapter 06

다양한 가정환경의 부모역할과 교육

가화만사성(家和萬事成)

가정이 화목하면 모든 것이 뜻대로 이루어진다.

_ 명심보감

사회의 기초단위는 가정이라고 말한다. 이 말은 작은 가정이라고 하더라도 큰 사회와 같은 역동이 끊임없이 일어난다는 것을 뜻한다. 그러므로 가정이 안정적이지 못하면 사회가 번영하기 어려우며, 이것은 곧 가정의 위기이자 사회의 위기와 직결된다. 실제로 오늘날의 가정은 그 어느 때보다도 격변의 과정에 놓여 있다고 말한다. 두 말할 나위 없이 가정의 핵심 구성원은 부부와 그 자녀이다. 따라서 부부이자 부모는 가정과 사회의 행복과 번영을 위해 자녀를 건강하게 양육하여야 한다.

따라서 6장에서는 다양한 가정환경, 특히 맞벌이가정과 한부모가정 및 다문화가정에서의 부모역할과 부모교육에 대해 학습하도록 한다.

1. 맞벌이가정의 양육환경과 부모역할

백짓장도 맞들면 낫다.

_ 우리나라 속담

1) 맞벌이가정의 개념과 형태

맞벌이가정은 맞벌이를 하는 부부와 그 자녀들인 가족이 함께 공동체를 이루는 공간이다. 부부가 함께 협력하면 좋은 부부는 물론 경제적으로 더 윤택한 환경에서 좋은 부모역할을 할 가능성이 크다.[1)]

그러므로 맞벌이가정의 양육환경과 부모역할을 고려한 부모교육을 적극적으로 활용하도록 한다.

(1) 맞벌이가정의 개념

맞벌이가정에서의 '맞벌이'는 복합용어이며, 그 의미는 너무 잘 알려져 있다. '맞'은 '마주 대하여'라는 뜻이며, '벌이'는 '일을 하여 돈이나 재물을 얻음'을 말한다.

가정이라는 관점에서 마주 대하는 당사자가 부모이자 부부일 때, 맞벌이가정은 부부 두 사람이 함께 가정의 유지와 번영을 위해 경제적 수단이 되

1) 맥락에 따라 가정 및 가족은 혼용되어 사용되고 있다. 가정(家庭)의 사전적 정의는 가까운 혈연관계에 있는 사람들의 생활공동체이며, 가족(家族)의 사전적 정의는 주로 부부를 중심으로 한, 친족관계에 있는 사람들의 집단을 말한다. 즉 가정은 공동체의 삶을 영위하는 공간의 개념이 강조된 것이며, 가족은 인연으로 묶어진 인간적 개념이 강조된 것이다. 그러므로 맞벌이가족의 아동 또는 자녀보다는 맞벌이가정의 아동 또는 자녀가 더 자연스럽다.

는 재화, 곧 돈을 버는 가정을 말한다.

'손뼉도 마주쳐야 소리가 난다'는 속담은 맞벌이가정의 가정적 및 사회적 의미를 잘 표현해 준다. "맞벌이를 하자"고 부부가 두 손을 힘껏 맞대며 "아자, 파이팅" 하는 모습을 연상할 수 있다.

(2) 맞벌이가정의 형태

맞벌이가정의 형태는 단순하다. 비맞벌이가정과 비교해 보면 더욱 분명해진다.

이러한 맞벌이가정의 형태는 독립적이라기보다는 서로 관련되며, 다만 그 비중에 차이가 있다고 볼 수 있다. 맞벌이가정의 형태는 맞벌이를 하는 배경에 따라 구분하고 있다(이소희 · 강기정 외, 2014). 이렇게 맞벌이가정의 형태를 구분하는 것은 맞벌이를 하는 다양한 이유와 그 정도에 대한 이해를 높이는 데 그 의미가 있다.

표 6-1 맞벌이가정의 형태의 구분

형태	특성
생계유지형	가족의 경제적 필요에 의해 자발 및 비자발적으로 직업을 가지는 형태
내 · 외조형	생계유지와 함께 풍부한 경제적 생활을 영위하기 위해 직업을 가짐
자아실현형	생계유지 및 경제적 풍요를 누리기 위해 직업을 가짐
	생계와 상관없이 자아실현을 위해 수입의 정도와 관계없이 직업을 가짐

2) 맞벌이가정 양육환경의 특징과 부모교육

동서고금을 통하여 자녀양육은 어머니의 주 역할이었다. 어머니가 임신과 출산을 담당하였으며, 신체구조와 기능에 따라 어머니가 더 적합한 양육자이기 때문이다. 대표적인 예로 수유기능을 들 수 있다.

전통적으로 집안의 가장은 남편이자 아버지(父)였으나, 점점 인권사상의 확장과 교육기회 증가, 사회구조 및 여러 이념적인 생태계 등의 변화에 따라 여성이자 아내이며, 어머니(母)의 비정기 및 정기적인 취업은 일반적인 현상이 되고 있다.

(1) 맞벌이가정 양육환경의 특징

맞벌이가정은 국내 · 외의 여러 정치 · 경제 · 사회 · 교육 · 문화와 환경 및 출산관과 결혼관에 따라 연도별 증감의 차이는 있으나, 거의 50%에 해당되는 가정이 맞벌이를 하고 있다. 그리고 이 경향은 향후에도 특별한 사회적 이변이 없는 한 더 증가될 전망이다(통계청, 2019; 고용노동부, 2022).

글 · 그림 6-1 맞벌이가정의 양육의 어려움

출처: 세계일보(2015.7.15.); 안수빈 외(2020).[2)]

Q&A 맞벌이가정에는 여러 가지 어려움과 유익이 공존한다.
'독박육아'의 의미는 무엇일까?

2) 의미 네트워크 분석은 소셜미디어와 같은 비정형 빅데이터 분석에 적합한 텍스트 마이닝(text mining)의 한 종류이다. 즉 텍스트를 구성하는 단어들 간의 관계 및 연결 구조의 특징을 살펴보는 방법이다(예: 맞벌이와 관련한 분석결과를 워드 클라우드로 시각화한 것).

그러나 주 양육자로서의 역할을 담당해야 하는 어머니의 취업은 자녀양육을 제대로 수행하는 데 매우 큰 영향을 미치며, 자녀의 연령과 어머니의 직업 유형과 특성은 특히 중요한 변수가 된다(송금란 · 정은정, 2019; 이예진 · 윤수정, 2018).

오늘날은 취업모의 양육부담을 경감시키기 위한 조치로서 어머니가 일하는 시간 동안 돌봐줄 어린이집이 활성화되어 있다. 그러나 자녀양육은 특정한 시간의 보호와 교육으로 끝나는 것이 아니라, 매일, 매주, 매달, 매년 감당해야 하는 일상의 책임과제라는 데 어려움이 있다(배은정 · 김효영 외, 2018). 이에 따라 맞벌이가정의 육아부담을 고려하여 어머니는 물론 아버지의 육아휴직제도가 도입되고, 그 수준도 맞춤형으로 점점 발달하고 있으나(고용노동부, 2019; 안희란, 2015), 아버지가 일상의 육아를 감당하는 데는 기본적인 제한점이 있다.

(2) 맞벌이가정 부모역할의 특성

'일하기 싫으면 먹지도 말라'(데살로니카후서 3: 10)는 성경말씀은 '일'의 중요성을 강조해 준다. 인간이 생명을 유지하려면 먹어야 하고, 먹기 위해서는 일을 해서 재화를 만들어야 한다. 특히 어린 자녀를 키우는 부모의 입장에서 볼 때, 일을 한다는 것은 자녀는 물론 온 가족의 생명줄을 붙들고 있는 것과 같다. 그렇기 때문에 취업환경이 열악해도 '목구멍이 포도청'이고, '목구멍에 풀칠'이라는 속담을 읊조리면서 직업전선에 뛰어들고 있는 것이기도 하다.

물론 일을 한다는 것이 부정적인 면만 있는 것은 결코 아니다. 소위 말하는 '자아실현'을 위한 핵심적인 통로이며, 일을 통해서 얻는 수익과 신분상승과 보람은 행복감을 만끽하게 해주며, 그를 통해 자녀들을 위해 질 높은 놀이환경과 교육여건을 마련해 줄 수 있다. 의미 있고, 신나는 일이 아닐 수 없다.

그럼에도 불구하고 맞벌이생활은 녹녹치 않다. 특히 어린 자녀를 양육해야 하는 경우는 더욱 그러하다. 그렇기 때문에 맞벌이가정과 구성원의 복지를 위해 지속적으로 연구가 이루어지고 있으며(이운경 · 김민주, 2018; 장윤옥 · 정서린, 2016; 정혜숙, 2020), 이 가운데 부모교육의 비중이 높은 편이다(김희진 · 박선미, 2016; 양미진 · 남은영 외, 2010).

실제로 오늘날은 쾌적하고 교육적인 어린이집에서 보호와 교육의 상당한 부분을 맡고 있다. 그럼에도 불구하고 전쟁 같다는 육아는 여전히 집안에 존재하고 있다. 그 기간은 취학 전을 넘어 취학 후에도 여전히 지속되기 때문이다.

맞벌이가정의 부모, 특히 어머니가 겪는 양육문제는 직업의 종류와 직위 및 사회계층에 따라 차이가 있으므로 한 마디로 요약하기는 어렵다. 그러나 공통적인 것은 자녀와 신체적 및 심리적으로 소통할 수 있는 시간의 절대적 부족이며(송금란 · 정은정, 2019), 이로 인해 높은 스트레스를 경험하게 된다(육아정책연구소, 2019). 심한 경우 소진상태에 들어가 총체적인 양육소홀로 이어지거나(한수희, 2022), 자녀학대로 비화할 수 있다(정선영, 2020).

(3) 맞벌이가정을 위한 부모교육과 프로그램

맞벌이가정의 증가에 따라 이들을 위한 자녀양육지원은 사회적인 관심사가 되었다. 특히 주무 관련부서인 보건복지부, 여성가족부, 교육부 등에서는 국가적인 정책 아젠다화하여 노력하고 있다. 즉, 맞벌이가정이 당면한 자녀양육의 과제를 해결하기 위한 목적적 연구가 지속적으로 이루어져 왔으며(문재선 · 이정윤, 2019; 조동혁, 2022). 결론적으로 이들 가족을 위한 체계적인 교육 프로그램의 개발과 보급의 필요성이 꾸준히 강조되어 왔다(김효정 · 김성숙 외, 육아정책연구소, 2018).

나아가 최근 들어서 출산율의 저하에 따른 인적자원 계발의 중요성 및 일과 삶의 균형에 대한 인식이 확산되면서 체계적인 프로그램 방식의 '맞춤형 부모교육'에 대한 요구가 확산되고 있다(근로복지공단, 한국건강가정진흥원, 2017; 육아정책연구소, 2017). 이에 따라 다양한 주제의 코칭–교육–상담기관 및 종교기관에서 가정상황과 시대상황을 고려하여 수시로 이루어지고 있다. 앞으로는 '코칭'접근이 활성화될 것으로 보인다. 실시되고 있는 사업의 예로 양육코칭(서울특별시 육아종합지원센터, 2020)과 성격코칭(용산구 육아종합지원센터, 2020), 감정코칭(감정코칭협회, 2022), 진로코칭(금천구 건강가정 다문화가족지원센터, 2021) 등을 들 수 있다. 맞벌이가정은 지금까지의 상례처럼 일반 부모교육 및 한부모가정의 부모를 위한 교육도 참조하는 것이 필요하다. 경제적인 관점 외에는 양육시간이 비맞벌이가정의 부모보다 절대적으로 부족하기 때문이다.

글 · 그림 6-2 맞벌이가정을 위한 부모교육: 온라인과 오프라인

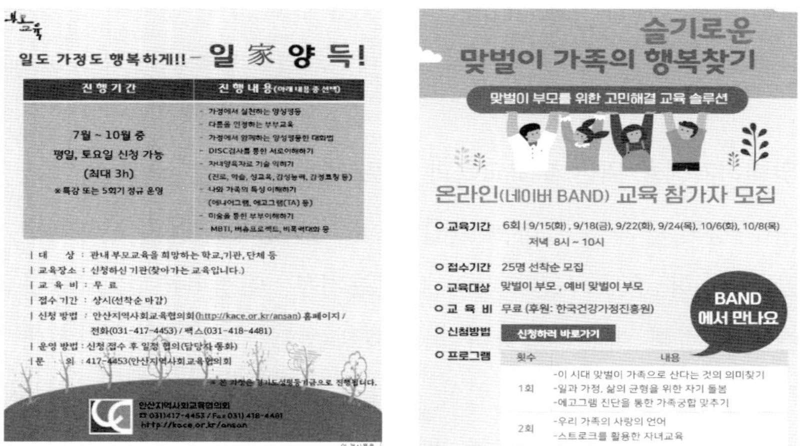

Q&A 맞벌이가정을 위한 교육방식은 크게 온라인과 오프라인으로 구분된다. 어떤 장단점이 있을까?

① 부모교육 사례

맞벌이가정의 부모를 위한 부모교육은 전국적으로 활발하게 이루어지고 있으며, 점점 그 깊이와 넓이가 더해지고 있다.

가장 빈번하게 이루어지는 주제는 부모-자녀 사이에서 대화가 잘 이루어지도록 하는 소통에 관한 교육이다. 또한 맞벌이가정의 취업상황을 고려하여 여러 교육과 함께 병행하여 이루어지기도 하는데, 예를 들어 부부관계, 성격이해, 노무교육 및 세금관련 교육과 정보제공을 들 수 있다.

글 · 그림 6-3 맞벌이가정을 위한 다양한 교육

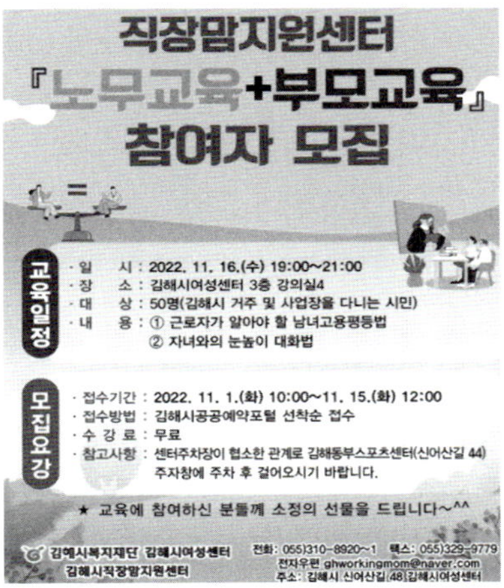

Q&A 맞벌이가정을 위한 부모교육의 범위에는 부모 자신에 대한 교육도 포함된다. 그 이유는 무엇일까?

대부분의 부모교육은 국가와 기업 또는 복지단체의 지원으로 거의 무료로 이루어지고 있다.

② 부모교육 프로그램 사례(1) - [건강하고 행복한 워킹맘 대디 지원 프로그램]

이 프로그램은 근로복지공단에서 일하는 부모의 일과 가정의 양립을 위해 생애주기별로 부모교육 프로그램을 개발하여 예비부모와 부모를 대상으로 직장어린이집과 신청 기업에 제공하고 있다. 모든 교육은 전문강사에 의해 진행되며, 무료로 이루어지고 있다.[3)]

각각의 프로그램은 회기별로 몇 개의 주제 및 소주제가 있으며, 활동자료(Tip)들을 활용하여 교육을 진행하고, 2~3가지의 '가족참여활동'이 제시되어 있다.

각 회기는 워크숍 형식으로 진행되며, 10~15명의 부모가 신청-참여하여 진행되며, 그동안 프로그램을 실시한 결과 부모교육의 효과성이 확인된 프로그램이다.

글 · 그림 6-4 행복한 워킹맘 대디 부모교육 프로그램

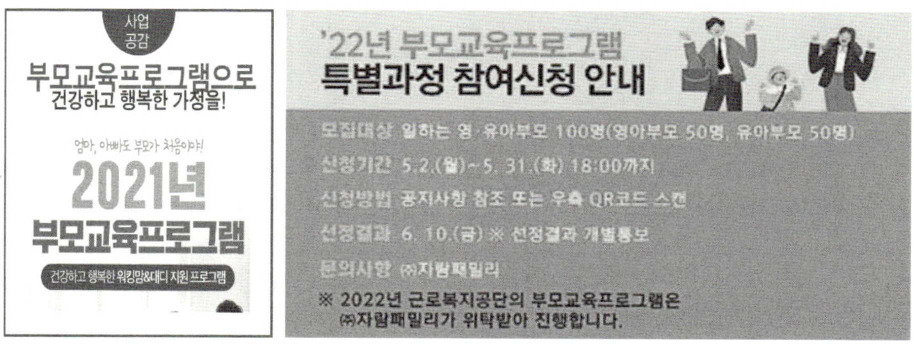

3) 예비부모와 태내기, 영아기, 유아기, 부모로 구분된 4종류의 '부모교육 프로그램'과 '활용 매뉴얼'로 구성되어 있다(김미정 · 신혜원 외, 2015).

❖ 영아부모

구분	일정	내용	비고
행복한 영아기	**6월 22일(수) 오후 8:30**	실시간 화상 워크숍	100분
	6월 4주 ~ 7월 4주	매주 영상 1편 제공, 수행과제 공개	
	7월 5주 ~ 8월 1주	미니 방학	
	8월 18일(목) 오후 8:30	실시간 화상 워크숍	100분
	~ 9월 1주	매주 영상 1편 제공, 수행과제 공개	

❖ 유아부모

구분	일정	내용	비고
행복한 유아기	**6월 29일(수) 오후 8:30**	실시간 화상 워크숍	100분
	7월 1주 ~ 7월 4주	매주 영상 1편 제공, 수행과제 공개	
	7월 5주 ~ 8월 1주	미니 방학	
	8월 25일(목) 오후 8:30	실시간 화상 워크숍	100분
	~ 9월 2주	매주 영상 1편 제공, 수행과제 공개	

※ 상기 일정 및 내용은 조정 될 수 있음

Q&A 영아와 유아를 둔 부모교육의 내용에 대한 주제가 동일하게 제시되어 있다. 주제처럼 구체적인 내용도 동일할까?

교육에서의 신청주의는 자신의 욕구와 필요에 따른 것일 뿐만 아니라, 그에 상응하는 자기책임을 전제로 하므로 높은 교육적 효과를 기대할 수 있다. 이 프로그램은 예비부부 및 부모로 대상을 확장하여 진행하며, 다양한 기업체의 직원 부모에게도 교육기회를 제공하는 데 그 특징이 있다.

표 6-2 생애주기별 부모교육 프로그램 주제

주제	내용	
행복한 부모	배우자 선택하기	교육대상: • 교제 중인 성인 • 예비부부 • 부부
	내 삶의 모든 것에 영향을 미치는 나의 어린 시절	
	나의 부모로부터 벗어나자	
	파트너십 가지기	
	좋은 관계 유지하기	
	의사소통하기	
	갈등해결하기	
	용서하기	

	부모되기	교육대상 : • 예비부부/부부
	양육행동 정립하기	
	서로 돕기	
	워킹맘/워킹대디	
	자녀의 양육방법 결정하기	
행복한 영아기	튼튼한 아이, 건강한 아이로 키우기	• 제대로 성장하고 있다는 의미 • 영양섭취와 식습관
	자의식이 발달하는 아이로 키우기	• 자율성의 획득 • 대소변 가리기 • 모방행동의 중요성
	아이를 이해하는 지름길, 인지발달 이해하기	• 감각과 운동으로 세상을 이해하는 감각운동기 • 언어적/비언어적 의사소통의 발달 • 두뇌발달의 놀라운 비밀 • 조기교육 대 적기교육
	세상으로 나아가는 첫걸음, 사회성발달 이해하기	• 신뢰감과 사랑의 확산, 애착형성하기 • 아이를 이해하는 키워드, 기질 • 새로운 관계, 또래관계 지원하기
행복한 유아기	튼튼한 아이로 키우기	• 식습관 영양과 아이성장의 관계 • 식문화와 유아의 사회적/정서적 발달 • 스포츠가 아니라 운동능력을 발달시켜야 할 시기 • 신체활동을 반드시 해야만 하는 3가지 이유
	스스로 공부하는 아이로 키우기	• 놀이가 곧 학습 • 아이의 생각하는 능력 알아보기 • 유아 스스로 깨닫는 지식
	긍정적이고 밝은 아이로 키우기	• 정서적으로 안정된 아이로 키우기 • 공감하는 아이로 키우기 • 선택하고 책임지는 아이로 키우기
	아이와 건강하게 대화하기	• 아이가 하는 말의 '속뜻' • 아이발달에 중요한 의사소통능력 • 솔직하고 정직하게 대화해야 하는 이유
	일하는 부모의 건강한 훈육	• 훈육이란? • 훈육해야 하는 행동 • 효과적인 훈육기술들
	학교입학 준비하기	• 초등학교 준비는 어떻게 해야 할까요? • 아이와 함께 책읽는 부모 • 즐겁게 공부하는 아이

③ 부모교육 프로그램 사례(2) - [맞벌이 부모교육]

이 부모교육 프로그램은 육아정책연구소의 〈사각지대에 놓인 영유아 부모를 위한 부모교육 시범사업〉의 1차 년도에 해당되는 내용 중, 맞벌이가정을 대상으로 한 공통부모교육에 해당하는 것이다.

구체적으로 이 프로그램은 육아정책연구소(2017)에서 문헌분석과 전문가 자문회의 및 부모교육 대상자의 집단면담을 통하여 여성가족부(2018)가 출간한 '부모교육 매뉴얼'을 기초로 하여 맞벌이 부모를 대상으로 한 부모교육 프로그램으로 구성한 것이다(박원순 · 이재희, 2018).

표 6-3 맞벌이 부모교육의 내용: 어린이집-유치원-종교기관 중심

	회차	부모교육 주제
지역 어린이집 기반 주중 (평일 야간) 맞벌이 부모교육	1	화성남자 금성여자
	2	통(通)하는 부모
	3	통(通)하는 부부 2 나도 내 아이 감정코칭 전문가
	4	똑똑한 아이로 키우고 싶다. 학원에 보내야 하는가?
	5	내 아이에게 사랑 전달방법
	회차	부모교육 주제
지역 유치원 기반 주중 (평일 야간) 맞벌이 부모교육	1	화성남자 금성여자
	2	통(通)하는 부모
	3	통(通)하는 부부 2 나도 내 아이 감정코칭 전문가
	4	똑똑한 아이로 키우고 싶다. 학원에 보내야 하는가?
	5	내 아이에게 사랑 전달방법
	회차	부모교육 주제
지역 종교기관 기반 주말 맞벌이 부모교육	1	부모의 영향력과 가정 정체성
	2	fun, fun 놀아보자!(자녀동반)
	3	신통방통한 의사소통
	4	자녀의 이해와 양육코칭(내 아이의 이력서)
	5	가족캠프

	회차	부모교육 주제
종교기관 평일 야간 맞벌이 부모교육	1	부모의 영향력과 가정 정체성
	2	fun, fun 놀아보자!(자녀동반)
	3	신통방통한 의사소통
	4	자녀의 이해와 양육코칭(내 아이의 이력서)
	5	가족캠프
	회차	부모교육 주제
지역 유치원 기반 주말 맞벌이 부모교육	1	부모의 영향력과 가정 정체성
	2	fun, fun 놀아보자!(자녀동반)
	3	신통방통한 의사소통
	4	자녀의 이해와 양육코칭(내 아이의 이력서)
	5	가족캠프

이와 같이 각각의 보육 및 교육기관인 어린이집과 유치원의 성격과 맞벌이부모의 시간대를 고려한 부모교육은 수요자중심의 욕구에 대응하는 매우 적극적인 방법이라고 할 수 있다.

2. 한부모가정의 양육환경과 부모역할

내가 성공을 했다면, 오직 천사와 같은 어머니의 덕이다.

_ A. 링컨

네가 죽으면 내가 못 살고, 내가 죽어도 네가 못 산다
날이 새면 젖을 얻어 배불리 먹여 주마

_ 심청이 아버지, 심봉사

1) 한부모가정의 개념과 형태

한부모가정에서 '한'은 하나, 일(one, 一)을 말한다. 우리의 삶에서 소통의 도구가 되는 언어는 사용되는 상황에 따라 다면적 특성을 지닌다. 다시 말하면 긍정적일 수도 있고 그렇지 않을 수도 있다. 중요한 것은 어떠한 인식틀, 곧 패러다임(paradigm)을 지니고 적응적이되, 또한 지혜롭게 도전적인 삶을 사느냐이다.

한편, 한자어에서 사람인 인간을 나타내는 인(人)은 서로 받쳐주고 지지하는 모습이다. 이러한 관점에서 본다면, 한부모가정이 풀어야 할 과제는 결코 간단치 않음을 알 수 있다. 그렇기 때문에 우리나라에서는 「한부모가족지원법」을 제정하여 가정적 안정을 유지함은 물론, 의미 있는 성장을 할 수 있도록 지원하고 있다. 이러한 배경으로 인해 한부모가정의 개념과 형태는 한부모가족과 함께 밀접하게 관련되어 있다.[4]

4) 맞벌이가정과 맞벌이가족의 설명을 참조함.

(1) 한부모가정의 개념

한부모가정은 부부이자 부모인 두 사람이 함께 자녀를 양육하는 가정에 비해 전반적인 생활환경이 취약하며, 따라서 자녀를 충분히 양육하기에는 제한점이 있다. 이러한 점을 고려하여 제정된 「한부모가족지원법」에서는 한부모가정을 이루는 그 구성원과 형태를 명시하고 있다.

- 배우자와 사별 또는 이혼하거나 배우자로부터 유기(遺棄)된 자
- 정신이나 신체의 장애로 장기간 노동능력을 상실한 배우자를 가진 자
- 교정시설 · 치료감호시설에 입소한 배우자 또는 병역복무 중인 배우자를 가진 자
- 사실혼 관계에 있지 아니한 미혼인 자

이와 같이 한부모가정은 입양부모를 포함한 모든 부모 중 어느 한 부(夫) 또는 모(母)가 가장이 되어 자녀와 함께 사는 가정을 말한다. 그렇다고 해서 기혼의 한부모가정만을 말하는 것이 아니다. 미혼의 상태에서 부모가 된 한부모가정도 포함한다. 또한 성인기에 들어서지 않은 청년기의 한 부모도 포함된다.[5)]

(2) 한부모가정의 형태

한부모가정은 한 명의 부, 모를 중심으로 형성되는 가정을 말하며, 자녀는 핵심 구성원이 된다. 왜냐하면 '부모'는 자녀를 둔 사람을 의미하기 때문이다.

---

5) 청소년 한부모는 소위 미혼으로 부모가 된 사람을 말하며, 거의 청소년기에 자녀를 낳아 어머니가 된 사람을 말한다.

이렇게 볼 때, 한부모가정의 형태는 기혼으로 한부모가정이 되었든, 미혼으로 한부모가정이 되었든 크게 두 가지 형태로 대별된다.

① 부자가족

부가 세대주이거나 세대주가 아니더라도 실질적으로 세대원을 사실상 부양하는 가족을 말한다. 이 가족의 범주에 자녀가 포함된다.

② 모자가족

모가 세대주이거나 세대주가 아니더라도 실질적으로 세대원을 부양하는 가족을 말한다. 이 가족의 범주에 자녀가 포함된다.

2) 한부모가정 양육환경의 특징과 부모교육

'애비 없는 후레자식'이라는 말이 있다. 또 '홀시어머니에 외아들'이라는 말도 있다. 이 말은 바람직한 부와 모의 역할에 대한 함의를 제시하고 있다. 동시에 한부모가정의 자녀로서도 어떠한 생활을 해야 하는지에 대해서도 강한 시사점을 주는 부정적 말이다. 이렇게 볼 때, 삶의 여정에서 경험하는 다양한 어려움을 한부모가정의 가족구성원이 지혜롭게 극복하고, 활기찬 삶을 영위하도록 지원하기 위해 부모교육은 중요한 기능을 담당한다.

(1) 한부모가정 양육환경의 특징

한부모가정을 지칭하는 말들이 오랫동안 전해 내려오고 있는 것은 예나 지금이나 한부모가정은 통상 부와 모가 함께 생활하는 양(兩)부모가정보다 전반적으로 정신적 · 경제적 및 사회적 어려움이 더 크기 때문이다(방소영 · 최선희 외, 2013; 최은영, 2020). 그리고 이러한 정황은 한부모가정의 자녀들도 양부모가정들의 자녀들에 비해 여러 생활영역에서 부담을 지니고 살아갈 가능성이 높음을 함축하고 있다.

일반적으로 '하나'는 '둘'보다 힘든 점이 많다. 물론 아무리 '여럿'이 있어도 '하나'만 못할 때도 적지는 않다. 이러한 실상은 역사가 증명하고 있으나, 다만 그 사례가 적을 뿐이지 결코 희소하지는 않다. 이러한 관점에서 볼 때, 한부모가족들은 행복한 가정을 이루기 위해 자녀와 함께 노력해야 하며, 더불어 함께 성장해야 한다. 다시 말하면 한 부와 한 모가 그 자녀와 함께 복수의 효과를 이루어야 하는 것이다. 이렇게 볼 때, 한부모가정에서 자녀는 중요한 삶의 의미를 지닌다.

더군다나 동서고금을 막론하고 자녀의 양육은 아버지보다도 배 아파 낳은 어머니에게 더 부과되어 있음을 볼 때, 한부모가정의 양육환경은 안정적인 생활을 하기에는 '역부족'인 상태이며, 따라서 친양육적이지 못한 편이다. 특별히 경제적인 측면에서 대부분 열악하며 이로 인한 파생적 영향은 생활 전반에 걸쳐 있다고 해도 과언이 아니다.

따라서 일반 맞벌이가정보다도 한부모가정의 경우는 더욱 더 자녀와 소통하는 시간이 부족하며, 보충 내지 대체해 줄 수 있는 아버지도 부재하기 때문에 자녀의 자아존중감은 낮아질 가능성이 매우 높다(허수연, 2017).

실제로 한부모가정은 아버지와 생활하는 부자가정보다 어머니와 함께 사는 모자가정이 더 많으며(통계청, 2020), 어머니가 가장의 역할을 담당하게 된다(김은지 외, 2020; 여성가족부, 2018). 특별히 청소년 한부모가정의 경우는 더욱 심각한 개인적 및 양육적 사각지대에 놓여 있다(김지연 · 황여정, 2013; 성미애, 2019; 이윤정, 2017).

글·그림 6-5 한 부와 한 모가 직면한 양육의 어려움

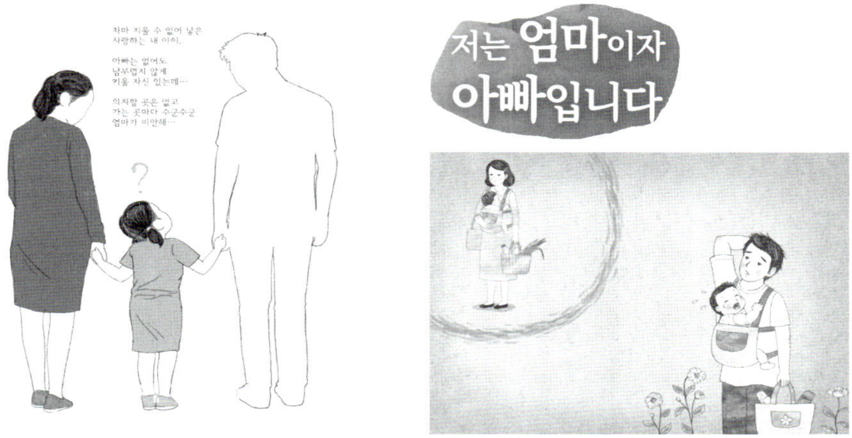

출처: 이데일리(2018.9.4.); 연합뉴스(2018.6.10.)

Q&A 한부모가정에서는 여러 가지 어려움이 항시 공존한다.
청소년 한부모가정의 한 어머니가 직면한 가장 큰 어려움은 무엇일까?

그렇기 때문에 국가에서는 청소년 한부모가정을 포함하여 한부모가족을 지원하는 「한부모가족지원법」을 제정하여 필요한 조치를 하고 있는 것이며, 기업과 민간아동-가족복지기관도 함께 하고 있다. 물론 이러한 지원의 수혜를 받는 가정은 부자가정에 비해 모자가정이 압도적이다(보건복지부, 2021).

(2) 한부모가정의 부모역할의 특성

'백년해로'와 '만수무강'은 결혼한 부부와 가족의 바람이며, 자녀가 출생하게 되면 더욱 강화된다. 실제적으로 결혼생활의 여정에서 행복과 어려움은 반복적으로 지속되지만, 사랑과 희망으로 극복하면서 살아가게 된다.

그러나 어려움의 무게가 너무 커서 이기지 못할 때 가족은 해체되는 것이다. 특히 최근 들어 아주 미약하지만 자녀양육의 책임감 인식 제고에 따른

부자가정의 점진적 증가와 이혼율 상승에 따른 모자가정의 대폭적인 증가(여성가족부, 통계청, 2022)는 부모교육의 필요성을 더한층 강조해 주고 있다(굿네이버스, 2020; 한국건강가정진흥원, 2016; 한국한부모사랑회, 2020).

한부모가정의 자녀들이 경험하는 성장문제는 서로 관련된 것으로(김현숙, 2016; 이소희 · 유서현 외, 2020), 그 배경적 원인은 4가지로 요약된다.

- 심리적 불안정 : 불안정한 가정환경에 따른 불안
- 돌봄의 손길 부족 : 취업한 어머니의 손길 및 주변의 보호 한계
- 경제적 욕구 미충족 : 저소득으로 인한 놀이와 교육적 욕구의 미해결
- 사회적 편견과 압박감 : 아버지 부재에 따른 발달상의 선입견과 한부모

이로 인해 한부모가정의 부모, 특히 어머니가 겪는 양육문제는 서로 연관된 것으로 그 배경적 원인은 3가지로 요약된다(방소영 · 최선희, 2014; 문성희 · 이대균, 2013).

- 경제적 어려움 : 외벌이, 저소득, 고용의 불안정
- 자녀양육에서의 역부족과 한계 : 가족의 지원 약화, 부모의 이중역할 수행
- 가장으로서의 신체적 · 심리적 부담 : 과중한 책임감, 가족지원의 한계, 사회적 편견

이러한 배경적 원인에서 차이가 나는 것은 부자가정의 경우 실제적인 양육시간과 양육기술의 한계가 모자가정보다 더 크다. 그리고 모자가정의 경우 부자가정보다는 경제적 어려움이 심한 편이다(방소영 · 최선희, 2014; 임혜정, 2017).

한부모가정의 부모는 심리적 · 신체적 · 경제적 부담감이 심함에도 불구하

고 삶의 의미를 재발견하고, 긍정의 희망으로 꿋꿋하게 생활하기를 바라는 긍정적 태도를 지니고 있다. 동시에 자녀도 최선을 다해 제대로 양육하여 삶의 보람을 느끼고자 한다. 그 결과 자녀도 주어진 환경 내에서 행복감을 느끼고 자라기를 바라고 있다(문성희 · 이대균, 2013; 양경해, 2022).

따라서 한부모가정에 압도적으로 비율이 높은 모자가정에 대한 실질적인 대응교육이 필요하다.[6]

(3) 한부모가정을 위한 부모교육과 프로그램

한부모가정의 증가는 맞벌이가정과는 다른 차원에서 사회적 관심사가 되고 있다. 더 구체적으로 말하면 부자가정의 선결과제는 자녀양육이며, 모자가정은 경제적 문제이다(이지원 · 최지은 외, 2020; 최해옥 · 김성길, 2019). 모자가정 역시 경제적 문제를 해결하기 위해 취업전선에 나서야 하므로 자녀양육은 한부모가정의 매우 중요한 과제임에 틀림이 없다. 즉 자녀양육은 사회보다도 일상 양육이 이루어지는 가정에서 한 모, 한 부가 담당해야 하기 때문이다.

따라서 한부모가정의 부모교육은 두 가지 방향, 곧 한부모가정으로서의 공통부모교육과 부자가정 및 모자가정의 환경적 특성 및 부와 모의 역할에 각각 초점을 맞춘 교육이 병행되어야 한다(김현숙, 2016; 방소영 · 최선희 외, 2013).

한부모가정을 위한 교육은 코칭-교육-상담기관 및 종교기관에서 가정상황과 시대상황을 고려하여 수시로 이루어지고 있으며, 향후 더 강화될 전망이다. 또한 초고속정보화사회 및 코로나 사태로 더욱 빈번해진 온라인 교육은 한부모가 가진 특성을 고려할 때 절대적인 양육시간의 부족으로 인해 더

6) 부자가정이 상대적으로 적은 것은 모자가정의 어머니에 비해 아버지 혼자 가정을 영위하면서 자녀를 키우기가 어려워 재혼하는 비율이 압도적으로 많기 때문이다.

욱 강화될 전망이다.

① 부모교육 사례

한부모가정을 위한 부모교육은 일차적으로 한부모가정 관련 센터나 기관에서 다양한 주제로 빈번하게 이루어지고 있다. 대표적으로 건강가정지원센터와 육아종합지원센터, 다문화가족지원센터 및 각 시 · 도의 한부모가정 지원센터 및 한부모관련 법인체 등에서 실시되고 있다.

가장 빈번하게 이루어지고 있는 보편적인 주제는 맞벌이가정과 유사하게 부모-자녀 사이에서 대화가 잘 이루어지도록 하는 소통에 관한 교육이다. 더구나 한 부, 한 모와 함께 생활하기 때문에 효과적인 소통의 필요성이 더욱 강조되고 있다.

대부분의 한부모가정을 위한 부모교육은 국가와 기업 또는 복지단체의 지원으로 거의 무료로 이루어지고 있다. 가장 빈번하게 이루어지고 있는 교육주제는 양부모 없이 한 부(父)와 한 모(母)로써 부딪히는 자녀양육에 관한 어려움을 해소하고 더 효과적으로 접근하는 방법에 관한 것이며, 구체적으로 대화법, 행동지도, 학습지도, 진로지도 등을 포괄하고 있다.

나아가 한부모가정도 자녀를 키우는 가정인 만큼 일반적인 양부모가정에서 이루어지고 있는 양육 사례나 어려움을 공유할 수 있다. 동시에 자녀들도 양부모가정의 자녀와 함께 어울리며 생활해야 하기 때문에 두 가지 형태의 부모교육을 받을 필요가 있다. 나아가 한 부와 자녀, 한 모와 자녀가 함께 참여하는 체험활동방식의 교육이 강조되고 있으므로 부모-자녀가 자연스럽게 활용할 필요가 크다.

글·그림 6-6 한부모가정의 어려움과 필요교육

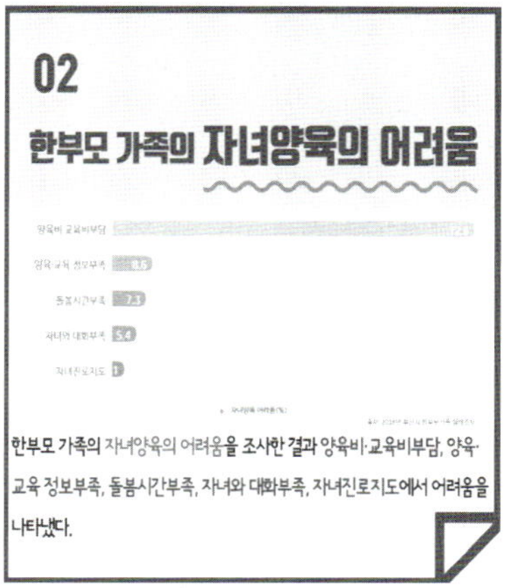

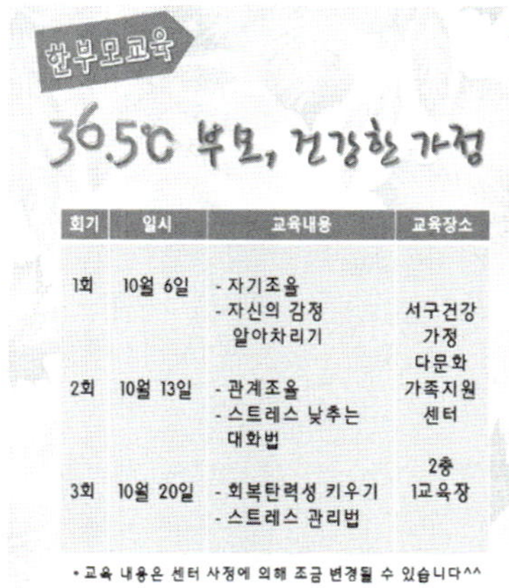

Q&A 수신제가치국평천하(修身齊家治國平天下)라는 고사성어가 있다.
한부모가정일수록 수신제가해야 더 이상의 어려움을 막을 수 있다.
얼마나 동의하는가? (　　) / 100

② 부모교육 프로그램 사례 - [한부모가정 부모교육]

이 부모교육 프로그램은 육아정책연구소의 〈사각지대에 놓인 영유아 부모를 위한 부모교육 시범사업〉의 2차 년도에 해당되는 내용 중 한부모가정에 해당하는 것이다.[7]

7) 교육내용의 양이 많으므로 개요를 다룸. 따라서 실제적인 내용은 여성가족부의 홈페이지에 제시된 내용도 참조함

표 6-4 한부모를 위한 부모교육 프로그램 구성

단계		교육 주제[8]	
집단형 부모교육	이론중심 교육	한부모가정의 건강한 아이 키우기	• 한부모가정의 자신만만 아이 키우기 • 한부모가정을 위한 복지서비스 안내서
		자녀와 관계맺기	• 우리는 어떤 사이?
	실제적 상호작용 교육	자녀학습 지도	• 즐겁게 공부하는 아이로 키우려면?
		놀이의 중요성 부모-자녀 함께하는 요리	• 발견! 아이 강점 • 키움! 가족놀이 • 창의인성 쑥쑥
개별화 교육	문제행동 지도	스마트폰 과의존	• 스마트폰에 마음을 뺏긴 아이들 • 건강한 미디어 사용으로 가족사랑을 키워요
		자위행동	• 영유아 문제행동 지도 프로그램 개발 • 온라인 양육상담사례집
		공격성 행동 조절	• 영유아 문제행동 지도 프로그램 개발 • 온라인 양육상담사례집

일반적으로 교육 프로그램에는 상담 또는 치료적 성격을 지니는 내용은 다루어지지 않는다. 그러나 이 프로그램에서는 개별화교육을 할 때, 문제행동에 대한 내용이 포함된다. 이러한 접근은 부모의 양육 걱정을 해소함과 동시에 해결할 수 있는 역량을 강화하기 위한 예방적 의미를 담고 있다고 볼 수 있다.

그리고 대부분의 한부모교육은 집단적인 형태로 이루어지고 있다. 왜냐하면 한부모로써 감당하기가 매우 어려운 상담과 치료는 개별적으로 이루어져야 효과적이기 때문이다.

8) 교육 주제에는 교육 자료가 포함되어 있음

표 6-5 집단형 부모교육의 회기별 교육 주제 및 내용

단계	회기	교육 주제	세부교육 내용
이론 중심 교육	1	한부모가정의 건강한 아이 키우기	• 한부모가정의 어려움 • 한부모가정의 자녀양육 고민 나누기 • EBS 동영상 시청 (부모: 대한민국에서 싱글맘 싱글대디로 산다는 것은) • 한부모가정 구성원으로서 자녀의 적응을 인도하기 • 자녀의 감정을 수용하기 • 자녀와 개방적으로 의사소통하기 • 자녀의 발달단계에 따른 지원하기 • 한부모가정의 사회적 지원 알아보기 • 한부모가정의 양육 생계 지원사업 • 한부모가정 복지시설 주거
	2	자녀와의 관계맺기	• 자녀와 의사소통은 연습이 필요함 • 부모-자녀관계가 발달에 미치는 영향 • 아이의 마음을 이해하기 • EBS 동영상 시청(부모: 청개구리 길들이기) • 문제행동의 원인 이해하기 • 효과적으로 지시하기
	3	즐겁게 공부하는 아이로 키우기	• 학습의 의미 • 학습은 언제 시작하는 것이 좋을까? • EBS 동영상 시청(다큐 프라임: 놀이의 반란-놀이, 아이의 본질) • 뇌발달과 학습의 관계 • 유아기의 적합한 학습은 무엇일까 • 놀이를 통해 적기교육을 하는 방법
실제적 상호 작용 교육	3	발견! 아이강점 키움! 가족놀이	• 내 아이 특성 이해하기 • 영유아기의 개별적 차이 이해하기 • 질문지(Goth, 2003)를 통한 내 아이 바로 알기 • 내 아이 특성을 이해하지 못한 경우와 이해한 경우(동영상 분석) • 내 아이 유형에 맞는 놀이방법 따라하기 실제 • 개구리버거 만들기

4	자녀와의 대화법	• 자녀의 행동 이해 • 현실요법 5가지 욕구 이해 • 소속욕구 사례나누기 • 성취욕구 사례나누기 • 재미욕구 사례나누기 • 자유욕구 사례나누기 • 올바른 대화기법의 이해 • 적극적 경청 따라해 보기 • 재진술 따라해 보기 • 공감 따라해 보기 • 문제를 해결하는 질문기법

또한 집단교육에서는 참여한 부모들이 서로서로 경험한 사례를 공유함으로써 양육 시야를 넓힐 수 있는 장점을 지니고 있다. 나아가 이러한 과정을 통해 양육에서의 지혜도 발견할 수 있다.

표 6-6 개별화 교육의 회기별 교육 및 내용

단계	회기	교육 주제	세부교육 내용
개별화 부모 교육	5	스마트폰 과의존	• 스마트폰 과의존이란 • EBS부모_육아를 부탁해_특명! 스마트폰에 빠진 늦둥이를 구하라! 영상시청 • 스마트폰 과의존의 중심과 영향 • 과의존에 대한 부모의 잘못된 대처법 • 유아자녀에 대한 올바른 대처법 • 과의존 아동에 대한 대화기술
	6	자위행동	• 영유아기 성교육이란 • 자위행동 영유아지도 시 하지 말아야 할 행동 • 유아기 자위행동에 대한 이해
	7	공격성 행동조절	• 공격적 행동의 유형 • SBS 우리 아이가 달라졌어요-화났다 하면 아무도 말릴 수 없는 여섯 살 '최강 악동의 등장' • 친구를 때리거나 싸우는 상황에서 지도방법 • 짜증을 자주 내는 상황에서의 지도법

또한 이 프로그램에서는 상당한 호응을 받고 있는 방송국의 동영상을 시청한 후 재해석하는 기회를 제공함으로써 상당한 호응을 받고 있다.

③ 부모교육 프로그램 사례 - [한부모가족의 부(父)를 위한 가족생활교육 프로그램]

이 부모교육 프로그램은 한부모가정 중에서 아버지에 초점을 맞춘 프로그램이다(서울특별시 · 송현애, 2008). 총 5회기로 구성되어 있으며, 그 중 자녀교육은 3~4회기에 해당한다. 3회기의 주제는 〈우리 아이 알아가기〉이며, 자녀의 신체적 및 정서적 변화를 이해하고 그에 따른 아버지로서의 역할을 익히도록 되어 있다. 그리고 4회기의 주제는 〈좋은 아버지 기틀 세우기〉이며, 자녀에 대한 감정표현방법을 습득하기 위해 자녀에게 사랑의 마음 전하기와 관심갖기에 대해 교육을 받는다.

표 6-7 한부모가정의 부(父)를 위한 교육 프로그램: 3회기 - 우리 아이 알아가기

진행	교육내용	준비물
도입 (10분)	전 시간의 과제를 검토한다. 부자가정에서 '자녀양육'이 가장 큰 어려움을 야기시키지만, 부모역할에 큰 보람을 느낄 수 있는 사례(예: 정읍 산골 쌍둥이 신동 파이팅!-조선일보, 2006.2.4.)를 소개하면서, 부자가정이라도 얼마든지 좋은 아버지가 될 수 있음을 제시한다.	이름표 필기도구
강의 및 활동 (75분)	**활동 3-1. '나는 어떤 유형의 부모인가?'** 좌표상에 자신의 위치를 체크하게 함으로써 자녀양육을 잘 해 나가기 위해서는 기본적으로 자신이 어떤 유형의 부모인지 자기 자신부터 파악하는 것이 필요함을 인식시킨다. **활동 3-2. '나의 부모로서의 유형을 감안할 때, 자녀를 기르면서 어느 점에 주의해야 할까?'** 자신의 부모로서의 유형을 감안할 때, 자녀를 기르면서 어떤 점에 주의해야 할지 발표시킨 후, 보충 설명한다. **강의 3-1. 부모의 유형** 부모됨의 4가지 유형과 그로 인한 자녀의 특성에 대해 설명하고, 바	

	람직한 부모의 유형(엄격하면서도 자애로운 부모)에 대해 강조하며 설명한다. **활동 3-3. '초경, 몽정은 언제쯤 시작되는 걸까?'** 특히 사춘기에 접어든 자녀에 대한 부모역할이 중요함을 강조하고, 이를 위해서는 자녀의 신체적인 발달에 이해가 선행되어야 함을 인식하도록 한다. **강의 3-2. 자녀의 신체적인 변화에 따른 부모역할** 사춘기의 시작과 남녀의 신체적 변화를 그림으로 제시한다. 자녀의 이러한 변화를 적극적으로 수용하고, 자녀를 성적인 욕구를 지닌 존재로 받아들여야 함을 설명한다. **활동 3-4. '미로찾기' 게임** '사춘기 아이들에게 있어서 주된 상담자대상자는 000이다.' '자녀가 아직 완전한 성인은 아니지만 자녀 스스로 결정하고, 실행하게 하면서 자녀에 대한 00를 가져야 한다.' 등 자녀의 정서적인 변화에서 부모가 알아야 할 내용을 문제로 제시하고 미로찾기 게임 등을 통해 그 답을 찾아내도록 한다. 즉 출발지에서 도착지로 가는 길에 자음과 모음을 적절히 배치, 도착지에 골인을 하면 그 답을 알 수 있도록 한다. **강의 3-3. 자녀의 정서적인 변화에 따른 부모역할** 사춘기 자녀에게 주요 개념인 자율권, 또래집단 등을 설명함으로써 자녀의 정서적인 변화에 따른 부모의 역할을 숙지하도록 한다.	
종결 (5분)	자녀의 신체적, 정서적 변화를 이해하려고 노력하고, 이를 바탕으로 좋은 아버지 역할을 행함으로써 자녀와 원만한 관계형성을 다짐한다. • 과제: 유인물('21세기가 추구하는 인간형, 21세기 도태형')을 나누어 주고 내 자녀는 어떤 유형인지 생각해 보고 오도록 한다.	

이 프로그램의 특징은 아버지로서 양육부담을 느끼는 자녀의 신체와 성에 관한 발달을 다루고 있다는 점이다.

표 6-8 한부모가정의 부(父)를 위한 교육 프로그램: 4회기 - 좋은 아버지 기틀 세우기

진행	교육내용	준비물
도입 (10분)	1. 전 시간의 과제를 검토한다. 2. 지난 회기의 내용을 간략히 언급하면서 이번 회기의 내용이 지난 회기의 내용과 연장선상에서 있음을 언급한다. 3. 우리나라 상황에서 특히 아버지들의 감정표현이 서툴러서 자녀와의 관계 향상에서 어려움이 있음을 밝히고, 쑥스럽고 어색하더라도 때로는 자신의 사랑의 감정을 언어적, 비언어적으로 표현하는 것이 필요하며 그 방법에 대해 알아둘 것임을 제시한다.	이름표 필기도구
강의 및 활동 (75분)	**활동 4-1. 성공을 위한 포인트(Tip to Sucess)** 자녀와의 관계 향상을 위하여 알아두어야 할 내용이 적힌 유인물(예: 대화는 자녀와 좋은 관계를 맺게 해 주는 열쇠이다 등)을 나누어 주고 읽어보게 한 후, 마음속의 감정이 겉으로 표현되어 자녀에게 전달되는 것이 필요함을 언급한다. **활동 4-2. '언어적 비언어적으로 표현해 보세요'** 아침에 잠자리에서 일어났을 때, 학교에서 돌아왔을 때, 칭찬해 줄만한 일을 했을 때, 위로가 필요할 때 등 몇 가지 상황을 제시하고(예: 자녀가 먹은 간식 그릇을 깨끗이 씻어 설거지를 해 놓았다), 언어적 및 비언어적으로 표현해 보도록 한다. 각자 발표한 후, 다른 참가자들로부터 피드백을 받도록 한다. 잘된 응답을 뽑아 큰소리로 함께 연습해 보도록 한다. **활동 4-3. '내 자녀의 장점 best 10'** 발표를 시킨 후, 부모들이 자녀를 칭찬하거나 사랑하는 마음을 전하기 어려워하는 가장 큰 이유는 자녀에게 사랑하는 마음을 전하지 못하도록 방해하는 요인(자녀의 고칠 점, 단점 등)이 부모의 눈에 더 잘 보이기 때문이므로 일상생활에서 부모들이 자신의 감정표현을 원활히 하기 위해서는 자녀의 긍정적인 면을 찾아보려는 자세가 필요함을 강조한다. **강의 4-1. 자녀에 대한 사랑의 마음 전하기** 자녀에게 사랑하는 마음을 전해야 하는 이유와 그 방법 및 장애요인 등에 대해 설명한다. **활동 4-4. '좋은 아버지 20계명: 나는 좋은 아버지인가요?'** 유인물을 나누어 주고 들어가면서 한 가지씩 읽게 한 후 간단히 부연 설명을 해 주고, 각자 어느 정도 실천하고 있는지 이야기 나눈다. 이 중 '자녀의 사소한 것을 기억하라'는 항목과 관련하여 '우리 아이에 대해 최소한 이 정도는 알아야 하지 않을까요?'(학교에서 몇 반, 몇 번	

	인지, 담임 선생님의 성함, 가장 친한 친구의 이름 등)를 작성해 보도록 하고 발표시킴으로써, 이것이 사소한 것이지만 자녀와의 관계 향상을 위한 대화의 끈이 될 수 있음을 강조한다. **강의 4-2. 부모의 유형** 자녀와 함께 보내는 시간을 많이 가질 수 있도록 노력하고, 특히 자녀의 나이가 어릴수록 학교생활에도 관심을 보여 담임 선생님을 만나 솔직히 '부자가정'이라는 것을 말하고 도움과 조언을 구하는 것이 필요한 것임을 강조한다.	
종결 (5분)	사랑하는 마음을 전하기 어려워하는 아버지들의 망설임을 충분히 공감하되 표현하는 것의 중요성을 다시 한 번 강조한다. • 과제: '우리 아이에 대해 최소한 이 정도는 알아야 하지 않을까요?' (활동 4-4)에서 한 문제 이상을 틀린 아버지는 자녀와의 대화를 통해 알아오도록 함으로써 자녀와의 관계맺음을 잘 할 수 있는 계기가 되도록 한다.	

이 프로그램의 또 다른 특징은 아버지가 양육 사례를 발표하고 공유함으로써 보다 실질적으로 다가갈 수 있다는 점이다.

3. 다문화가정의 부모역할과 교육

여러 가지 아름다운 꽃이 아름다운 부케를 만든다.

_ 미상

1) 다문화가정의 개념과 형태

기러기들이 새로운 서식지를 찾아 긴 거리를 날아가는 동영상이 있다.[9] 이 영상에서 던진 두 가지 질문은 "왜 기러기들이 그 먼 거리를 이동하는

가?" 및 "왜 V자형으로 날아가는가?"였다. 그 답은 간단명료하다. 살기 위해서 이동할 수밖에 없으며, 목적지에 성공적으로 도착하기 위해 V자형을 그리면서 함께 멀리 날아가야 한다는 것이다. 즉, 공기저항을 줄여야 에너지를 축적할 수 있기 때문이다. 생사를 건 여정인 것이다. 다문화가족도 이러한 기러기의 여행이 지니는 의미를 닮고 있다고 볼 수 있다.

그러므로 무엇보다도 다문화가정의 구성원들은 문화적 차이를 인정하고 새로운 창조를 위해 노력해야 멋진 가정으로 거듭날 수 있다. 그를 위해 우리나라에서는 「다문화가족지원법」을 제정하여 가정적 안정을 유지함은 물론, 행복한 삶을 이룰 수 있도록 지원하고 있다.

다문화가정의 개념과 형태는 다문화가족과 밀접하게 관련되어 있다.[10)]다문화가족을 이룬 부부-부모-자녀들은 도전적으로 지혜롭게 생활해야 하며, 이 과정에서 다문화가정의 양육환경을 고려한 세밀한 부모교육을 적극적으로 활용하도록 한다.

(1) 다문화가정의 개념

다문화가정(Multi Cultural Family)의 사전적 정의는 다양한 문화가 공존하는 가정을 말한다. 여기에서 문화란 '국가'가 다른 '두 남녀'의 배경이 되었던 문화를 말한다. 즉 다문화가정은 국가와 국적이 다른 두 명의 남녀가 따로 살아오다가 어느 한 명의 나라가 정한 결혼관련법에 근거하여 부부가 되고, 자녀를 낳아 가족이 확대되는 과정을 통해 다문화가정이자 다문화가족이 되는 것을 말한다(이소희, 2022).

실제로 많다는 뜻의 다(多)로 이루어진 다문화와 한(一) 문화를 서로 비교하면 각각 장단점이 있다. 따라서 각각의 문화는 나름대로의 적응과 도전이

9) 기러기의 비행(https://www.youtube.com/watch?v=vGO8GTqFqgY)
10) 맞벌이가정과 맞벌이가족의 설명을 참조함.

필요함과 동시에 주위의 크고 작은 협조와 지원도 필요하다.[11] 이러한 점을 고려하여 우리나라의 「다문화가족지원법」에 규정된 다문화가족의 정의는 다음과 같다.

- 「재한외국인 처우 기본법」에 의한 결혼이민자와 「국적법」의 규정에 따라 대한민국 국적을 취득한 자로 이루어진 가족
- 「국적법」에 따라 대한민국 국적을 취득한 자로 이루어진 가족
- 다문화가족의 구성원으로서 '결혼이민자 등'에 해당되는 가족으로 「재한외국인 처우 기본법」에 의한 결혼이민자와 국적법에 따라 귀화허가를 받은 자

이렇듯 다문화가정과 가족의 개념은 이민, 귀화 및 국제결혼 등에 의한 법적 국적취득과도 당연히 관련된다.[12]

(2) 다문화가정의 형태

국적을 중심으로 한 다문화가정의 개념으로부터 도출할 수 있는 가정의 형태는 다양하며, 중복되는 부분도 있지만 분명한 것은 두 가지 이상의 문화가 공존하고 있다는 것이며, 이는 2개국 이상 관련된다는 것이다.

- 국제결혼가족: 국경을 넘나든 결혼으로 이룬 가정을 말한다.
- 이주민가정: 이주노동자와 유학생으로 이루어진 가정을 말한다.

---

11) 우리나라는 5천년 이상의 역사를 지닌 단일민족이지만, 최근 결혼이민자와 국제결혼의 증가로 새 시대의 새 패러다임이 필요한 시점이다.

12) 다문화가족의 구성원으로서 '아동·청소년'은 청소년 관계법의 규정에 의해 24세 이하인 사람을 말한다.

• 이주여성가정: 한국인 남성과 결혼하여 이룬 가정을 말한다.
• 이주남성가정: 한국인 여성과 결혼하여 이룬 가정을 말한다.
• 혼혈인가정: 다른 인종 사이에서 태어난 자녀가 포함되는 가정을 말한다.

그리고 우리나라의 입장에서 보았을 때는 한국인 남자나 여자와 법적으로 부부관계를 맺는 다문화가정이 주를 이룬다. 이렇듯 다문화가정과 가족을 세분하여 이해하는 것은 한부모가정에서 부자가족과 모자가족을 구분하여 이해하고, 부모교육의 입장에서 접근하는 것과 유사하다. 즉 개개의 다문화가정이 당면한 자녀양육의 어려움에 최대한 초점을 맞출 수 있기 때문이다.

2) 다문화가정 양육환경의 특징과 부모교육

'각양각색(各樣各色)'이라는 말이 있다. 모양과 색이 각각 다르다는 말이다. 한 마디로 다양성을 뜻하며, 모든 삼라만상이 이에 해당된다. 그러므로 인종과 국적의 다양성도 물론 포함된다. 한편 이 여러 가지를 나타내는 말 중에 '다다익선(多多益善)'이라는 말도 있다. 많으면 많을수록 유익하다는 뜻이다. 이렇게 보면, 다문화가정은 '익선'을 이루어 내어야 하는 과제에 직면해 있다.

그렇지만 더 잘 살기 위해서 낯설고 물선 땅으로 이동한 삶은 결코 간단하고 쉬운 비행이 아니다. 그럼에도 불구하고 '세계는 하나'라는 인식이 높아지고 있는 오늘날의 정황을 고려한다면 다문화가정은 의지와 협력이 매우 필요한 환경이되, 도전의 가치가 있는 가정임에는 분명하다.

기러기처럼 새로운 도전의 땅에서 새로운 가정을 이룬 다문화가족들은 서로 함께 지지하며 V자형을 유지하는 마음가짐으로 살아가야 한다.

(1) 다문화가정 양육환경의 특징

보다 풍요로운 삶을 살기 위해서 이동하여 자리잡은 새로운 환경은 한마디로 '다른' 환경이다. 지금까지 살아온, 그리고 앞으로 살아가야 할 생태환경과 생활환경이 다른 것이다. 구체적으로 언어와 기후, 먹거리를 중심으로 한 거의 모든 생활문화의 차이를 들 수 있다. 심지어 자녀를 출산한 후 산후조리를 하는 방식도 다르다(배경미 · 조혜숙 외, 2009).

그럼에도 불구하고 새로운 생태계가 조성되고 있기 때문에 다문화가족들은 자신들이 지닌 강점을 최대한 발휘할 필요가 크다(오지훈 · 김현수, 2017; 우현경 · 정현심, 2009).

다문화가정에서 자녀를 양육하기가 결코 쉽지 않으므로 최대한 다음과 같은 점을 고려하여야 한다(김재훈 · 김민선, 2021; 김인옥 · 황미애, 2017).

① 자녀환경

- 발달 지연: 부모의 양육능력 부족에 의한 전반적인 발달영역
- 차별과 소외: 가족배경, 외모와 말씨 등에 의한 주변의 접근 제한과 배제
- 정체성 혼란과 부적응: 인종, 국적, 부모와 가족 상황에 따른 정체성 혼미
- 낮은 학업 성취도: 언어 미발달, 자존감과 자신감 저하, 학습동기 저하

② 부모환경

- 의사소통의 한계와 정체성 혼미: 한국어의 사용과 문화적 차이의 갈등
- 부부 및 가족관계의 부적응: 전통적인 한국인의 가족관계 유지에 따른 과한 스트레스
- 자녀교육지원의 역부족: 부실한 한국어의 사용과 교육정보 공유의 한계로 인한 부담감
- 취업활동의 제약: 서툰 한국어와 외모 및 전문성의 부재 등으로 인한 경

제적 활동의 제한

이러한 환경적 특징은 다문화가족들이 함께 극복하여 바라는 행복한 성공을 이루어 내어야 하는 도전적 환경이다.

(2) 다문화가정의 부모역할의 특징

"부부관계가 좋으면 거의 부모-자녀관계는 좋다"는 말은 모든 가정에 적용되지만, 특히 언어적 소통과 문화적 적응에 제한이 있는 다문화가정에는 더욱 중요한 행복 요소가 된다. 따라서 먼저 부부가 건강하게 소통할 수 있도록 노력할 필요가 크다. 나아가 자녀와도 상호작용이 원활히 이루어질 수 있도록 한국어 습득 및 한국문화에 대한 적응력을 높일 수 있게 노력하여야 한다(박찬옥 · 이은경, 2012).

특히 우리나라의 다문화가정은 한국인 남성과 결혼하여 이룬 가정, 곧 이주여성가정이 대다수이다(윤지호 · 한국노동사회연구소, 2022). 이는 다문화가정이 '농촌총각 장가보내기'의 일환으로 시도되었던 배경의 영향이 크다(이소희, 2022).

이러한 배경에서 특히 이주한 여성인 어머니의 입장에서는 문화적응과 발생한 가족관계에 대한 스트레스가 높으며, 이러한 것들이 자녀양육과 교육에 연결되면서 스트레스가 가중된다(이지영, 2018; 최정혜, 2017). 그러므로 다문화가정의 어머니에 대한 격려와 지지는 매우 필요하며(이성순, 2018; 이수진 · 박영신, 2020), 부모교육은 자존감과 자신감을 높여줄 수 있는 효과적인 방안이 된다. 실제적으로 다문화가정의 어머니의 역할이라고 해도 일반어머니와 다를 바 없다(박서영 · 하수정 외, 2009; 박찬옥 · 이은경, 2012). 다만 그 강조점과 비중이 다를 뿐이다. 이러한 관점에서 다음 3가지 역할에 대해 주목할 필요가 크다.

- 한국인으로서의 정체성과 자존감과 자신감을 정립하고 높여주는 역할
- 각 발달단계에 따라 성취해야 할 발달과제를 성취하도록 지원하는 역할: 특히 언어발달과 이의 바탕이 되는 학습 지원 및 친구관계와 대인관계 역량의 강화
- 창의인성을 겸비한 리더십을 함양하도록 하는 역할: 다문화 배경이 지닌 강점과 자신의 강점을 통합하여 시너지를 발휘할 수 있는 역량의 강화

(3) 다문화가정을 위한 부모교육과 프로그램

다문화가정은 점점 증가일로에 있으며, 이 현상은 맞벌이가정 및 한부모가정과 다른 차원에서 사회적 관심사가 되고 있다. 그것은 다문화로 이루어진 가족임과 동시에 맞벌이가정과 한부모가정이 지닌 양육 및 부모역할의 특징을 공유하는 비중이 더 크기 때문이다(이수진 · 박영신, 2020; 조은영 · 이신동, 2020).

따라서 다문화가정을 대상으로 한 부모교육에서 중시해야 할 것은 모든 형태의 부모교육에서와 마찬가지로 자녀의 발달단계와 발달영역이다(민성혜 · 김경은 외, 2011; 정민자 · 윤선아, 2014). 이와 같은 접근은 어떠한 가정과 생태환경에 있든지 자녀양육과 부모역할에서 원론이며, 이러한 교육과 프로그램은 일찍 시작할수록 효과를 제고할 수 있다(이소희 · 원종순 외, 2021).

① 부모교육 사례

다문화가정을 위한 부모교육은 맞벌이가정처럼 유치원이나 어린이집 및 초등학교에서 집단교육으로 이루어지기보다는 건강가정지원센터와 다문화가정지원센터를 중심으로 소그룹으로 이루어지는 편이며, 코로나 사태 이후에는 가가호호 방문교육보다는 온라인 교육도 강화되고 있다.

다문화가정의 부모를 위해 가장 빈번하게 이루어지고 있는 보편적인 주

제는 이중언어로 인한 소통의 어려움을 극복하기 위한 교육이며, 이 교육에는 특히 어머니를 중심으로 한 교육이 포함되고 있다. 그리고 언어가 원활하지 않을 때 발생하는 학습지도와 진로지도에 관한 교육의 강도가 높은 편이다.

② 부모교육 프로그램 분석과 제언

여성가족부(2016)의 연구용역에 따라 울산대학교 산학협력단(송혜림 · 전숙영 · 김경은)에 의해 그동안 이루어진 〈다문화가족 부모교육 프로그램 개발〉의 분석연구결과는 다음과 같이 요약된다. ㅇ 결과를 참조하여 향후, 보다 체계적인 부모교육 프로그램이 개발 보급될 필요가 있다.[13)]

〈제언〉

첫째, 보편적인 부모교육의 목표가 균형 있게 반영된 다문화가족 부모교육 프로그램이 개발되어야 함

둘째, 다문화가족의 건강성 증진과 한국 사회 적응을 위해 다문화 수용성, 아버지 역할 강조, 개인과 부모로서의 정체감 균형과 같은 내용을 보완한 프로그램이 요구됨

셋째, 다문화가족의 부모역할이라는 한정된 내용에서 벗어나, 결혼 이주민 여성 개인으로서의 정체감 확립과 다문화가족 내 아버지의 민주적 역할에 대한 내용 보강이 필요함

넷째, 생애주기별 균형성 차원에서 부모교육 프로그램 개발이 필요함

13) 현재까지 개발된 다문화가정을 위한 부모교육에 관한 구체적인 내용에 대해서는 여성가족부(2016)의 〈다문화가족 부모교육 프로그램 개발〉-발간번호: 11-1383000-000752-01을 참조함

③ 부모교육 프로그램 사례(1) - 다문화가족 부모의 효능감 증진 프로그램

이 부모교육 프로그램은 한국청소년상담원(2008)에서 결혼이민자가족들을 대상으로 한 요구분석의 결과를 토대로 개발하였다. 그 목적은 다문화가족의 부모효능감 증진을 통해 부모자녀관계의 향상과 건강한 관계를 형성하는 것으로 1박 2일로 진행된다.

표 6-9 다문화가족 부모의 효능감 증진 프로그램의 구성

회기	제목	목표	내용
1	오리엔테이션 및 자기소개	• 프로그램에 대한 이해와 도모 • 참여자의 동기부여 • 참여자 간 친밀감 형성	• 오리엔테이션 및 프로그램 소개 • 자기 가족 소개 활동1: 나를 소개합니다 • 가족 소개 활동2: 우리 가족 이야기
2	나와 자녀의 관계 이해하기	• 자녀관계에 대한 파악 • 현재 자녀관계에 대한 이해	• 지난 회기 점검 및 이번 회기 소개 • 자녀 소개 활동1: 우리 아이는 –나와 자녀의 관계 점검하기 활동2: 나와 자녀의 관계 –내가 자녀에게 원하는 것 –자녀에 대한 꿈이 있어요
3	나와 자녀의 관계 증진하기(1)	• 나와 자녀의 이해 증진 • 한국의 교육제도 이해	• 지난 회기 점검 및 이번 회기 소개 • 자녀를 학교에 보내면서 가장 어려운 점 활동1: 우리 아이, 잘 키우고 싶어요 • 한국의 교육제도 이해 활동2: 강의
4	나와 자녀의 관계 증진하기(2)	• 나와 자녀의 관계 증진 • 발달연령별 차이 이해	• 지난 회기 점검 및 이번 회기 소개 • 자녀의 성장 곡선 그리기 활동1: 우리 아이 성장기

5	어머니로서의 자신 모습 찾기	• 자신의 모습 이해하기 • 자신의 긍정적 부분 인정	• 지난 회기 점검 및 이번 회기 소개 • 장점 찾기 활동1: 장점을 살려라 자신의 모습 찾기-입국 후부터 미래까지 • 한국의 교육제도 이해 활동2: 마음으로 통하는 우리
6	어머니로서의 출발	• 자신이 바라는 모습 정리 • 자녀에게 하고 싶은 말 • 수료식	• 지난 회기 점검 및 이번 회기 소개 • 자녀에게 영상 편지 쓰기 활동1: 사랑을 외치다

④ 부모교육 프로그램 사례(2) - 경북 다문화가족 부모교육 프로그램

이 부모교육 프로그램은 대구경북연구원(2011)의 주관으로 이미란의 연구에 의해 개발되었다. 추구하는 목표는 5가지이다.

- 유아기 자녀를 위한 부모역할에 대한 이해를 높인다.
- 부모의 자녀양육 역량을 개발하여 양육효능감을 높인다.
- 일상생활에서 자녀들에게 적용할 수 있는 자녀양육과 관련된 기술과 방법 및 지식을 습득한다.
- 부모역할을 효과적으로 수행할 수 있도록 교육하여 부모와 자녀의 긍정적인 관계 형성을 돕는다.
- 부모의 자녀양육에서의 변화를 통해 궁극적으로 자녀의 건강한 발달을 도모한다.

표 6-10 다문화가족 부모의 역할 증진 프로그램의 구성

회기	주제	목표	내용	시간
1	우리 함께 해요	• 프로그램에 대한 이해와 도모 • 참여자의 참여동기 높임 • 참여자 친밀감 가짐	• 오리엔테이션 • 자기소개	60분
2	나는 어떤 부모인가?	• 부모역할에 대한 이해 • 아버지 역할의 중요성 인식	• 부모역할 유형 이해 • 자신의 부모역할 유형 파악하기	각 90분
3	우리 아이 안전하고 건강하게	• 유아의 건강과 안전의 도모 • 자녀의 건강생활자도에 대해 자신감을 갖도록 함	• 유아기 자녀의 건강 및 안전 • 자녀의 식습관지도 • 응급처치법 실습	
4	자라나는 우리 아이	• 유아의 발달 특성 이해 증진 • 자녀의 발달단계에 따른 부모역할 행동을 이해 • 자녀와 부모와 같이 성장함을 인식	• 인간발달과정 이해 • 자녀의 발달단계에 따른 부모역할의 변화 • 유아기 자녀의 발달 특성	
5	즐거운 이야기 나누기	• 상황에 적절한 대화기술 선택 가능하도록 함 • 적극적 듣기 기술 습득 • 나-메시지 기술 습득	• 문제의 소유자 파악하기 • 적극적 듣기 실습 • 나-메시지 실습	
6	재미있는 엄마나라 말 그림책	• 자녀의 언어학습 지도방법을 익힘 • 어머니의 모국어를 자녀가 사용할 수 있도록 방법 가르치기 • 모국어 사용으로 어머니의 자존감 높임	• 어머니 모국어를 사용한 그림책 활동 • 유아의 언어학습 지도방법	

각 내용을 다루는 회기마다 좀더 친숙하고 쉬운 제목을 제시하여 참여자의 동기유발을 돕고자 하였다.

이밖에 다문화가족의 유아기 부모-자녀관계 증진 부모교육 프로그램은 민성혜, 김경은, 김리진(2012)이 공동 개발한 것으로 그 효과성이 확인되었다.

부모의 삶

"나의 3종 세트,

얼른

빨리

바빠,

나는 엄마가 아니라, '원수'였다는 생각이 들었어요."

_「엄마 반성문」 저자 이유남

○ 엄마가 자녀로부터 정말 들어서는 안 될 것 같은 말은?

PART 03

부모의 육아역량 강화

Parent Education

자식을 기르는 부모야말로 미래를 돌보는 사람임을 깊이 새겨야 한다. 자식들이 매일 성장함으로써 인류와 세계의 미래는 진보하기 때문이다.

_ M. 칸트

PART 3에서 학습할 주요 내용과 태도

아이들은 모방의 천재라고 한다. 가장 가까운 모방의 대상은 부모이다. 그러므로 부모는 본을 보일 수 있는 대상자여야 한다. 그러나 격변하고 격동하는 오늘의 삶은 결코 녹록치가 않아서 부모로 하여금 긴장과 스트레스를 유발시킨다. 따라서 부모-자녀의 성격적 특성과 자녀방임 및 학대에 대한 이해를 높여 건강하고 안전한 육아를 할 필요가 있다.

'창의와 인성을 겸비한 글로벌 인재 육성'은 국가가 설정한 교육의 목표이다. 그리고 4차 산업혁명의 도래와 심화에 따라 디지털 역량강화를 추가하여 교육과정을 개편하였다.

PART 3에서는 이러한 관점에서 부모의 육아역량의 강화를 위한 여러 방법에 대한 내용을 다루게 된다.

Chapter 07

건강한 성격의 부모-자녀되기

자녀교육의 핵심은 지식을 넓히는 것이 아니라,
자존감을 높이는 데 있다.

_ 톨스토이

자녀는 소중한 선물이자, 멋진 선택에 따라 책임을 져야 하는 가치로운 존재이다.
따라서 존재가 아름답게 성장할 수 있도록 정성을 다할 필요가 아주 크다.
연구된 바와 같이 성격은 선천적 매우 특성이 강하지만, 자신의 노력과 가족과 이웃의 협력에 의해 건강한 상태로 유지할 수 있다. 그리고 이를 바탕으로 좋은 인성을 함양시켜서 멋진 리더십을 발휘하게 할 수 있다.
따라서 7장에서는 건강한 성격의 부모-자녀가 될 수 있도록 이론과 실제적 방법론에 대해 핵심적인 내용을 학습하도록 한다.

1. 부모-자녀관계와 성격의 의미

긍정적인 인간관계는 스트레스 유전자의 활성화를 막는 보호인자이다.

_ 요하임 바우어

1) 성격의 의미

성격에 대한 사람들의 관심은 매우 오래되었고, 또 높은 편이다. 그것은 남녀노소－지위고하－빈부귀천－인종 · 종교를 막론하고 어떤 성격의 사람들과 상호작용하는가에 따라 자신의 안녕과 함께 여러 인간관계에서의 질을 결정하다시피 할 정도로 영향력이 큰 요인이기 때문이다.

성격을 일컬어 천성(天性)이라고도 부른다. 이것은 성격이 타고난 특성이 강하다는 것을 뜻한다. 동시에 특별한 상황이 아니라면 잘 변하지 않는다는 의미이기도 하다. 그러므로 '성격'을 제대로 알고 대처하기 매우 힘이 든다.

이러한 점에서 성격에 대한 연구결과로 다양한 성격이론이 제시되고 있으며, 여러 종류의 성격검사가 개발되어 관련 연구소를 중심으로 보급 · 활용되고 있다.

(1) 성격의 정의

성격(personality)은 어원적으로 '탈' 또는 '가면'의 뜻을 지닌 라틴어의 페르소나(persona)에서 비롯된 말이다. 가면극에서 자신의 역할에 따라 가면을 썼다 벗었다 하므로 이 '가면'이라는 용어에서 성격에 내재된 여러 가지 특성을 살펴볼 수 있다.

성격을 내향성과 외향성으로 분류한 융(Jung, 1921)도 성격을 일컬어 '사회적 역할'과 같은 것이며, 또한 사회인으로서 행동할 때 착용하는 '가면'과도 같다고 하였다. 성격의 특성을 이해하는 데 도움이 되는 말이다.

성격의 정의에서 공통된 점은 개인에게서 나타나는 생각 및 행동의 독특성이라는 점이다.

- 권석만(2017): 성격은 다양한 상황에서 인지, 동기, 행동에 독특하게 영향을 미치는 역동적이고 조직화된 개인적 특징들의 조합이다.
- Allport(1961): 성격은 개인의 특유한 행동과 사고를 결정하는 심리적 및 신체적 체계로서의 개인 내의 역동적 조직이다.
- Mischel(1976): 성격은 보통 개인이 접하는 생활 상황에 대해 적응의 특성을 기술하는 사고와 감정을 포함하는 구별된 행동패턴을 의미한다.
- Burger(2000): 성격은 일관된 행동패턴 및 개인 내부에서 일어나는 정신내적 과정이다.

특히 성격유형론인 에니어그램과 MBTI에서는 성격을 각각 여러 가지로 구분하고 각 유형에 따른 특징을 제시하고 있다.[1]

(2) 성격의 특성

"사랑이 어떻더니 둥글더냐 모나더냐 길더냐 자르더냐 밟고 남아 자힐러냐 하 그리 긴 줄은 모르되 끝 간 데를 몰라라"라는 사랑가가 있다.[2] 이미 오래전부터 그렇게도 알고 싶은 사랑의 진면목을 모르겠다고 읊은 것이다.

성격도 마찬가지이다. 그래서 "열 길 물속은 알아도 한 길 사람 속은 모른

1) 혈액형도 유형론의 특성을 지니지만, 최근에는 선호하지 않는 편이다.
2) 작자 미상이다.

다"는 말이 있는 것이다. 성격을 빙산의 일각에 비유하기도 한다. 그런데 그나마 아는 일각도 코끼리 코를 만져놓고서 코끼리를 다 아는 것처럼 말하고 행동하는 경우가 상당하다. 그 이유 중 하나는 사람들이 자신을 있는 그대로 드러내 놓지 않고 가면을 쓰고 있는 듯한 언행을 하는 경우가 적지 않기 때문이다.

따라서 '생얼'이라는 말을 하는 배경처럼 자신을 있는 그대로 볼 수 있어야 한다. 다시 말하면 껴입고 있는 듯한 두꺼운 옷을 다 벗어놓고 자신의 성격을 들여다보는 용기가 필요하다. 부모-자녀관계에 있어서는 단연코 부모가 먼저 부모의 성격을 제대로 파악하는 것이 필요하다.

또한 성격은 환경과 상호작용하는 특성을 지닌다. 따라서 성격적 고착과 성격적 퇴행이 이루어지지 않도록 사전에 대응할 수 있다(노안영 · 강영신, 2018). 이 또한 부모들이 제대로 인식할 수 있도록 교육하는 것이 필요하다.

글 · 그림 7-1 그림으로 본 성격의 이해

빙산에 비유된 성격

코끼리 만지기에 비유된 성격

두꺼운 옷과 몸에 비유된 성격

출처: 이소희(2012). 비전 에니어그램교육 / 진저 래피드 보그다(2012).

Q&A 성격의 본질에 대해서는 다양한 관점이 존재한다.
내가 성격을 정의한다면?

성격의 이해와 활용에서 유의해야 할 점이 있다. 이는 당연히 부모의 자녀에 대한 교육에서도 의미 있게 적용된다. 한마디로 말하면 성격은 인격과 다르다는 점이다. 즉 인격은 도덕성의 수준을 내포하므로 '옳다', '나쁘다'라고 말할 수는 있다. 그러나 성격은 건강한 성격이나 건강하지 않은 성격이라는 차원에서 말할 수 있을 뿐이라는 점이다. 그래서 "저 엄마는 성격이 아주 나빠"라든지, "저 아이는 성격아 참 좋아"라는 식으로 말하는 것은 부적절하다.

최근 들어 주목받는 성격의 형태는 성격유형론이다. 성격유형론으로써 오랜 역사를 지니고 구전으로 전승되어 오다가 과학적으로 체계화된 에니어그램(enneagram)과 심리학적 이론에 바탕을 두고 체계화한 MBTI(Myers-Briggs Type Indicator)를 들 수 있다. 이 두 가지 성격유형은 개발 · 타당화된 성격검사로 파악할 수 있으며 자기 이해와 자기계발에 활용할 수 있다. 뿐만 아니라 자녀양육과 부부생활 및 다른 사람의 관계 향상 및 개선에도 유용하게 사용할 수 있다.

성격을 유형화한 것은 특정한 성격적 특성을 선호하거나 기피하기 위해서가 아니다. 서로의 성격적 특성을 제대로 이해하고, 지지하여 함께 행복하기 위해서이다(도미향 · 정미현 외, 2012; 조성연 · 이미란 외, 2018).

이렇듯 성격은 다양한 특성을 지니고 있으므로 한 마디로 그 특징을 규정하기는 어렵다. 다만 성격이 똑같은 사람은 없으며 다소의 유사점이 있거나 큰 차이점이 있을 뿐이다.

연구결과, 성격은 다음과 같은 특징을 지닌다고 보고 있다(권석만, 2017; Walter Mischel, 2006).

- 비교적 일관되고 안정적인 행동패턴이다.
- 보편적으로 공유되는 공통적인 특성을 내포한다.
- 개인 내부에서의 역동적이고 구조화된 특성을 반영한다.

- 사람들을 구별할 수 있는 개인의 독특성 또는 개인차를 반영한다.
- 인간의 사고, 감정, 행위를 포함한 일련의 행동과 관련하여 이해할 수 있는 바탕을 제공한다.
- 삶은 적응의 과정이며, 사람들은 자신이 처한 상황에서 생존하고 성장하기 위해 자신의 성격을 발달시키고 형성한다.

이렇게 볼 때 성격은 대체로 일관성 있게 반복적 · 지속적으로 나타나는 것으로, 한 개인이 지닌 독특한 심리 · 행동적 특성을 말한다고 정리할 수 있다.

2) 부모-자녀관계와 성격교육

성격은 모든 사람에게 매우 높은 관심주제이다. 학교와 직장 등의 조직사회에서 성격적 특성으로 인해 자신은 물론, 다양한 사람들과의 관계에 직간접적인 영향을 미치기 때문이다. 오늘날 급증하고 있는 이혼의 대표적인 사유가 '성격 차이'라는 것도 이러한 점을 잘 대변해 준다.

그러므로 부모교육은 물론 자녀교육에서도 성격이 지니는 의미를 고려한 접근이 매우 필요하다.

(1) 부모-자녀관계의 특성

부모와 자녀는 특별한 인간관계이다. 그렇지만 자녀는 부모에게 종속된 존재가 아니다. 부모와 자녀는 모두 '인간'이라는 차원에서의 평등한 관계이다. 그렇다고 해서 부모와 자녀는 대등한 관계라고 말하기에는 어려운 점이 있다. 왜냐하면 부모와 자녀는 상황과 발달특성 및 역할이 다르기 때문에 독특한 관계적 특징을 지닌다.

표 7-1 부모-자녀관계의 특성

김종운 (2017)	• 가장 혈연적이고 가장 수직적인 관계 • 인격 형성에 가장 중요한 영향을 미치는 관계 • 자녀에 대해 중요한 교육과 사회화가 이뤄지는 관계 • 자녀의 성장에 따라 다양한 형태로 변화하며 상호작용하는 관계 • 자녀에 대해 바른 성장을 도모하기 위해 부모교육이 필요한 관계
황경애 (2016)	• 태아기 때부터 시작되는 관계 • 가장 오랫동안 지속되는 인간관계 • 상당한 상호작용이 이루어지며, 많은 경험을 공유하는 관계 • 자녀에게 발생되는 문제와 그 해결에 중요한 영향을 미치는 관계 • 자녀의 성장발달에 책임을 지고 노력하는 관계

특히 자녀가 성장하여 사회적으로 독립적 지위를 획득하기까지는 부모의 사회경제적 신분과 지위에 의하여 자녀의 객관적 신분이 규정된다. 따라서 자녀의 인성도 부모의 영향을 많이 받게 되는데(황경애, 2016), 이러한 요인들 중에서 성격의 비중이 매우 크다(신수경, 2008; 한수희, 2022).

(2) 성격코칭과 교육의 의미

부모-자녀관계에서 성격이 지니는 의미의 중요성에 따라 많은 곳에서 다양한 형태의 성격교육이 점점 더 강화되어 이루어지고 있다. 특히 에니어그램과 MBTI를 중심으로 한 교육에서는 개발된 성격검사도구와 프로그램에 준해 이루어지고 있어서 상당한 호응을 얻고 있다(비전에니어그램교육연구소, 한국에니어그램교육연구소, 한국MBTI연구소). 그것은 이러한 교육 내지는 수강 이후에 상당수의 참가자들이 "쪽집게같다"고 한 표현에서 알 수 있다.[3)]

최근에 들어서는 이러한 성격을 주제로 한 워크숍과 교육 및 훈련 과정에서 코칭접근도 이루어지고 있어서 더욱 주목받고 있으며(도미향 · 정미현 외,

3) 비전에니어그램교육연구소 참가자의 말이다.

2012; 비전에니어그램교육연구소, 2015~2022; 평택복지재단, 2011), 나아가 정확성이 높아서 전 세계적으로 활용도가 높다. 특히 성격검사의 경우, 부모-자녀의 상황과 환경에 따라 특별히 지혜롭게 활용할 필요가 크다. 다시 말하면 "선 무당이 사람 잡는다"는 속담처럼 오히려 어설프게 아는 것이 관계를 악화시킬 가능성이 높기 때문이다. 예를 들어, 특히 성격유형론으로 분류되는 에니어그램과 MBTI 검사를 1번 실시한 후, 부모 자신은 물론, 자녀의 성격유형을 확정해 버리고 매사에 그 성격유형적 특성에 매몰되어 단정적으로 대하는 태도를 들 수 있다. 심하면 꼬리표를 달기도 한다. 물론 특정한 성격특성을 선호하는 것도 포함된다.

욕구 5단계설을 제시한 에이브러햄 매슬로는 "인간은 매 순간 자기 자신에게 귀 기울일 용기 없이는 현명한 선택을 하며 살기 어렵다"고 하였듯이, 부모로서 자신과 자녀의 성격에 대해 긍정적인 관심을 지니면서 살아야 할 것이다.

2. 에니어그램 성격유형의 이해와 활용

에니어그램은 그 정확성과 깊이로 인해 우리들에게 큰 놀라움을 안겨 주지만,
우리 모두는 에니어그램 성격유형이 묘사하는 그 사람보다도
더 훌륭한 사람이라는 것을 항상 기억하세요.
_ 진저 래피드 보그다

1) 에니어그램 성격유형의 특성

에니어그램은 그리이스어로 9를 나타내는 'ennea'와 이미지를 나타내는 도형의 'gram'을 합성한 용어로써 성격적 특성을 설명해 주는 틀이다. 에니어그램은 약 2500여년의 긴 역사 동안 여러 지역을 통해 구전되어 오다가 1970~1980년경 미국의 심리학자와 가톨릭 사제들에 의해 과학적 구조로 체계화되기 시작하였다.

현재 국제에니어그램협회와 학회가 조직될 정도로 확충되었다. 그 결과 개발 · 타당화된 성격검사는 자기계발에 활용할 뿐만 아니라, 다른 사람과의 관계 향상과 치유를 도모하는 도구로 범용성이 높다.

전승된 고대의 지혜를 발전시킨 성격연구자들의 노력은 오늘에 이르기까지 부모-자녀관계를 포함한 후세대에게 귀한 영향력을 제공하고 있다.

(1) 에니어그램 성격유형론의 관점

인간의 성격(perisonality)을 9가지 유형으로 구분하고 있는 에니어그램은 원과 삼각형 및 헥사드로 구성된 원형의 형태를 지니고 있다. 이를 에니어그램 상징이라고 한다. 이 에니어그램 상징에는 개인의 성격유형을 말하는

1~9의 숫자가 제시되어 있다. 따라서 에니어그램 유형론에 의하면 각 사람은 9가지의 유형 중에서 한 가지 유형에 해당하는 사람으로 간주된다.

그렇지만 1~9로 표현한다고 해서 학업성적이나 시험 및 운동경기처럼 우열을 나타내는 순서적인 의미는 없다. 이렇게 번호를 붙인 의도는 유형의 특성에 따른 이름을 붙였을 때 발생되는 선입견을 다소 지양하기 위한 것이다.

글·그림 7-2 에니어그램 상징

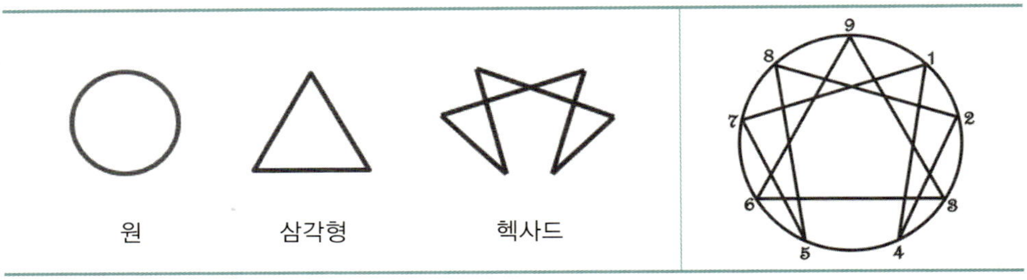

그렇지만 에니어그램전문가들은 9가지 각 성격적 특성과 관련된 이론적 배경을 고려하여 더 잘 숙지할 수 있도록 별칭을 붙이고 있다(윤운성·이소희외, 2013; 이소희, 2012, 2018). 물론 별칭이므로 명명을 한 연구자가 강조하는 점에 따라 차이가 있으나, 그 성격적 속성은 거의 동일하다.

이러한 별칭은 남녀노소에게 동일하게 적용되므로 동일한 시각에서 서로의 성격을 이해하고 대응할 수 있는 이점이 있다(유서현, 2017; 제경자, 2020; 진정아, 2020).

글 · 그림 7-3 에니어그램 성격유형과 별칭

유형	별칭	유형	별칭	유형	별칭
5	현명한 사람	2	베푸는 사람	8	강인한 사람
6	충실한 사람	3	유능한 사람	9	평온한 사람
7	즐거운 사람	4	특별한 사람	1	올바른 사람

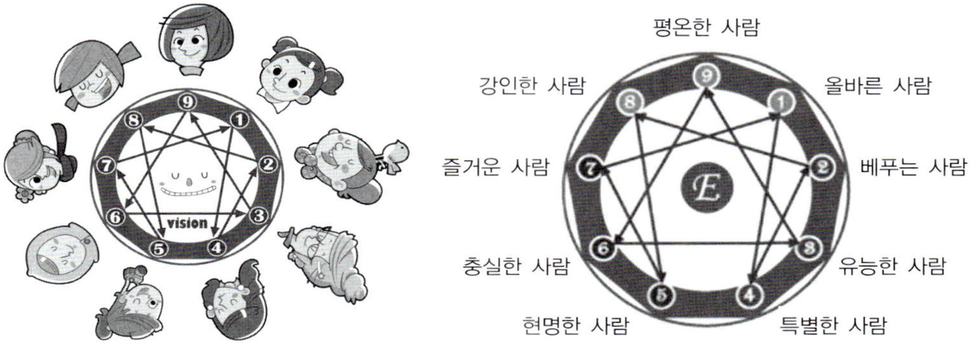

출처: 비전에니어그램교육연구소(2012). BASIC 과정 매뉴얼(이소희 개발)

Q&A 모든 사람은 나름대로 성격적 특성을 지니고 있다.
나는 어떤 사람의 성격적 특성을 가지고 있는가?

(2) 에니어그램 3가지 중심에너지와 9가지 성격유형

에니어그램에서는 한 인간이 어떠한 상황과 사건에 전형적으로 반응하는 에너지가 있는데 이를 중심에너지라고 한다. 그리고 이 중심에너지는 중심유형과 밀접한 관련을 지니는 생각에너지(머리), 감정에너지(가슴), 행동에너지(배)로 세분된다.

글·그림 7-4 에니어그램 성격체계 - 중심에너지

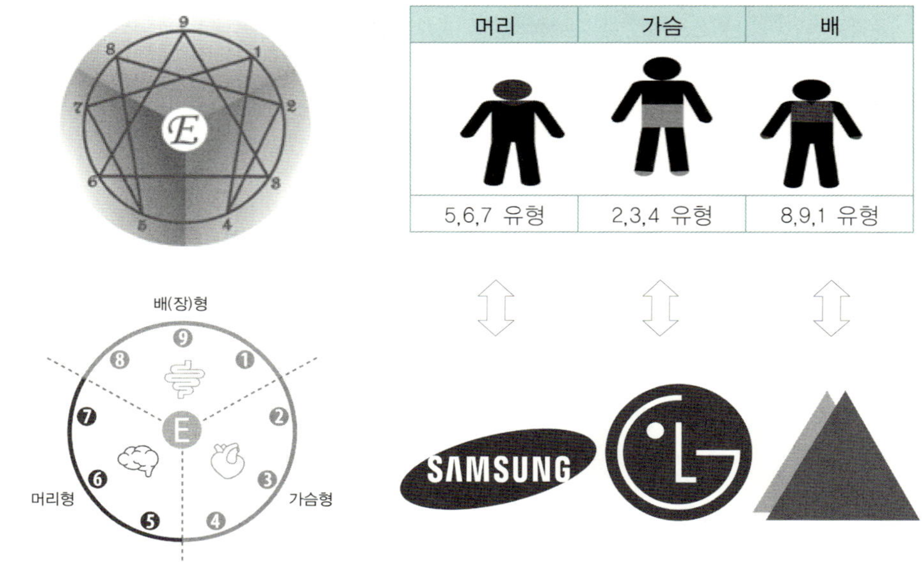

출처: 비전에니어그램교육연구소(2012). 감정놀이연구소

Q&A 기업은 모두 사명과 비전이 있으며, 문화가 있다.
위 3기업의 로고를 보면, 어떤 느낌이 드는가?

또한 에니어그램의 9가지 성격에 별칭을 붙이듯이 이 세 가지 중심에너지에 내재된 성격적 속성을 고려하여 머리형은 푸른 계열, 가슴형은 빨간 계열, 행동형은 갈색 계열로 표현하고 있다(진저 래피드 보그다, 2012; 이소희, 2015).[4]

4) 우리나라의 대기업의 로고는 그 기업의 성격을 대변하고 있으며, 이는 에니어그램 중심에너지의 성격과 맥을 같이하는 것으로 해석하고 있다.

표 7-2 에니어그램의 3가지 중심에너지와 9가지 성격유형의 특성

<table>
<tr><td rowspan="4">생
각
형
(머리)</td><td colspan="2">미래의 계획을 위해 생각을 많이 하고 의미 있는 삶을 중요하게 여기며, 살면서 부딪히는 문제를 논리적이고 합리적으로 해결하려고 노력한다.</td></tr>
<tr><td>5유형 현명한 사람</td><td>자신의 내면으로 파고 들어가 따져보고 대응하는 것으로 불안에 반응한다.</td></tr>
<tr><td>6유형 충실한 사람</td><td>부정적인 상태를 미리 예측하고 대비하는 것으로 걱정을 줄이고 불안에 반응한다.</td></tr>
<tr><td>7유형 즐거운 사람</td><td>재빨리 즐거운 가능성으로 전환함으로써 고통을 피하고 불안에 반응한다.</td></tr>
<tr><td rowspan="4">감
정
형
(가슴)</td><td colspan="2">다른 사람이 나를 어떻게 보고, 반응하는지에 관심이 많으며, 내가 원하는 삶의 의미와 방식을 존중받으면서, 다른 사람이 인정해 주는 관계 속에서 살기를 원한다.</td></tr>
<tr><td>2유형 베푸는 사람</td><td>자신이 필요하고 좋은 사람이라는 이미지를 만들어서 수치심을 느끼지 않으려고 다른 사람에게 베푼다.</td></tr>
<tr><td>3유형 유능한 사람</td><td>자신이 성공한 사람이라는 이미지를 보여줌으로써 수치심을 느끼지 않으며 존경받기 위해 노력한다.</td></tr>
<tr><td>4유형 특별한 사람</td><td>결코 평범하지 않는 사람이라는 이미지를 보여줌으로써 수치심을 느끼지 않으려고 민감하게 대처한다.</td></tr>
<tr><td rowspan="4">행
동
형
(배)</td><td colspan="2">본능과 직관에 의해 행동하고, 진행 중인 일을 파악하는데 신속하며, 현실 속에서 질서를 유지하려 하고, 자신에게 주어진 의무를 이행하려고 애쓴다.</td></tr>
<tr><td>8유형 강인한 사람</td><td>거짓, 반발, 불신, 거부당할 때, 직접적으로 분노를 표현하며 통제하려 든다.</td></tr>
<tr><td>9유형 평온한 사람</td><td>무시, 강요를 받을 때, 분노하며, 자기주장을 관철시킨다.</td></tr>
<tr><td>1유형 올바른 사람</td><td>자신이 원하는 방향으로 일이 되지 않을 때, 자신을 비판하며 분노한다.</td></tr>
</table>

(3) 에니어그램 성격강점과 약점

에니어그램 성격유형론에서는 좋은 성격과 나쁜 성격은 없다고 본다. 그럼에도 불구하고 성격의 특성은 반복성, 지속성, 일관성을 지니므로 성격적 약점을 자주 드러내는 경우도 있고 강점이 강하게 부각되는 경우가 있다. 이에 따라 어떤 사람의 성격적 특성은 수용되기도 하고 거부되기도 한다. 그래서 성격은 대상과 상황에 따라 동전의 양면과 같은 특성을 지니게 된다.

에니어그램 성격유형론에서는 일상의 삶에서 성격적 강점을 많이 드러낼 때는 행복한 상태에 있을 때이며, 성격적 약점을 더 많이 표출할 때는 스트레스를 많이 받고 있을 때라고 본다.

이렇게 보면, 부모는 자신의 마음을 잘 다스릴 수 있어야 건강한 양육을 할 수 있으므로 성격적 약점보다 강점 특성을 더 많이 드러내야 하고 더욱 강화시켜야 한다. 동시에 자녀를 키울 때도 동일한 태도를 취할 수 있어야 한다. 그렇지 않으면 과도한 스트레스를 경험하게 되고 마침내 소진하게 된다(한수희, 2022).

표 7-3 에니어그램 9가지 성격적 강점과 약점

<table>
<tr><th colspan="2">성격유형</th><th>성격적 강점</th><th>성격적 약점</th></tr>
<tr><td rowspan="3">머리형</td><td>5유형
현명한 사람</td><td>지적이다
관대하다
분석적이다
호기심이 많다
통찰력이 있다</td><td>인색하다
평가한다
소극적이다
냉소적이다
감정표현이 적다</td></tr>
<tr><td>6유형
충실한 사람</td><td>신중하다
성실하다
헌신적이다
믿을 수 있다
미리 준비한다</td><td>겁이 많다
방어적이다
걱정을 한다
의심이 많다
권위에 의존한다</td></tr>
<tr><td>7유형
즐거운 사람</td><td>낙천적이다
활동적이다
긍정적이다
재능이 많다
모험심이 있다</td><td>산만하다
자제력이 없다
고통을 피한다
쉽게 중독된다
공감력이 약하다</td></tr>
<tr><td rowspan="2">가슴형</td><td>2유형
베푸는 사람</td><td>자비롭다
봉사적이다
협력적이다
이타적이다
배려심이 많다</td><td>친절이 지나치다
소유욕이 강하다
희생했다고 느낀다
사랑받고 싶어한다
거절을 하지 못한다</td></tr>
<tr><td>3유형
유능한 사람</td><td>효율적이다
성취적이다</td><td>술책을 쓴다
일중독에 빠진다</td></tr>
</table>

		능력이 있다 인기가 많다 목표지향적이다	결과에 집착한다 지나치게 경쟁한다 관계를 수단화한다
	4유형 특별한 사람	창조적이다 예술적이다 낭만적이다 심미감을 느낀다 감성이 풍부하다	자기중심적이다 자주 우울해한다 평가에 예민하다 감정기복이 심하다 독특함에 집착한다
배형	8유형 강인한 사람	정열적이다 가식이 없다 에너지가 많다 자신감이 있다 추진력이 있다	거칠다 지배적이다 직설적이다 권위적이다 통제하려 한다
	9유형 평온한 사람	평화적이다 포용적이다 인내심이 많다 이해심이 넓다 중재를 잘 한다	나태하다 무기력하다 고집이 세다 우유부단하다 반응이 느리다
	1유형 올바른 사람	세심하다 합리적이다 도덕적이다 원칙이 있다 책임감이 있다	엄격하다 독단적이다 비판적이다 잔소리가 많다 융통성이 없다

출처: 이소희(2009). 비전에니어그램 Basic 과정, 비전에니어그램 교육연구소.

(4) 에니어그램 성격에서의 스트레스와 해피상황

거의 모든 사람들에게 "어떻게 살고 싶으세요?"라고 물으면 하나같이 "행복하게 살고 싶다"고 말한다. 이만큼 '행복'은 영원한 꿈이다. 그러므로 '스트레스'는 피하고 싶은 기피대상에서 우선순위를 차지하고 있다. 에니어그램에서 이 강점과 약점에 해당하는 성격적 특성은 스트레스(stress) 상황과 편안하고 행복(happy)한 상태와도 관련이 매우 깊다.

다시 말하면 에니어그램 성격을 통해 자신과 상대방의 심리정서적 상태를 예견할 수 있다는 것을 의미한다. 물론 당연히 부모-자녀관계에도 적용된다. 이는 스트레스를 '왕창'받아 '무너지지' 않도록 미리 '손'을 쓸 수 있다는 것을 말해준다, 따라서 에니어그램 성격특성을 잘 이해하고 활용하면 성격적으로 안정되고 성숙한 상태로 나아가는 지혜를 얻을 수 있다. 나아가 이를 통해 부모-자녀는 더욱 행복한 관계를 맺을 수 있다. 그래서 자녀방임과 학대를 방지할 수 있다.

최근 불편한 진실인 스트레스를 재조명하는 연구가 주목받고 있는데, 스트레스도 동전의 양면처럼 '생각하기 나름'이라는 것이다. '스트레스'에도 어떻게 대처하느냐에 따라 오히려 반전의 효과를 거둘 수가 있으며, 극적인 성장의 계기를 마련할 수 있다(겔코 맥고니걸, 2015). 에니어그램 성격 분야에서도 그러하다. 따라서 에니어그램의 성격적 구조를 볼 때 매우 효과적인 접근 방법이다(김응자, 2016; 제경자, 2020; 한수희, 2021).

2) 부모-자녀의 에니어그램 성격특성

부모와 자녀를 일컬어 천륜이라고 한다. 하늘이 맺어준 인연이라는 의미이다. 특별한 일이 없는 한 헤어질 수 없다. 그러므로 부모-자녀는 서로를 알기 위해 매우 노력해야 한다. 그 중에서 첫 번째는 서로의 성격이라고 할 수 있다.

밥 파이크(1998)는 "어머니와 아버지가 알고 있다고 해서 아이도 알고 있는 것은 아니다"라고 하였다. 이 말을 성격의 차원에서 보면, 부모는 자녀들이 부모의 성격을 제대로 알 수 있도록 지속적으로 노력해야 할 필요가 있다.

(1) 부모의 에니어그램 유형별 양육특성

에니어그램의 체계에 따라 부모와 자녀의 성격을 파악하는 연구들이 이루어져 왔다. 주목되는 것은 부모의 에니어그램 성격 파악을 위한 검사의 개발이다(이송이, 2007; 유서현, 2017; 정희정, 2008). 왜냐하면 과학적인 방법을 사용하여 부모 자신이 '어떤 성격'인지를 확인하여야 부모로서 대응할 수 있기 때문이다. 그리고 이어서 부부(안현정, 2018)와 자녀의 발달단계를 고려한 척도가 개발되었으며(김응자, 2008), 학습에 관한 척도도 개발되었다(김경미, 2020). 따라서 부모는 자신의 성격유형에 따른 양육특성을 연구자료를 통해 파악할 수 있다.[5)]

에디 피츠거랠드는 "우리를 움직이게 하는 것을 잘 모를수록 우리는 그것에 의해 조종될 가능성이 높다."고 말했다는 것은 성격이론의 활용과 이해에서 의미심장한 통찰을 준다. 다시 말하면, 성격을 잘 알면 얼마든지 조율이 가능하다. 그러나 모르면 아예 접근하기조차 어려울 뿐만 아니라 제멋대로 판단하고 행동할 가능성이 높아지기 때문이다. 이에 따라 부모-자녀관계는 매우 불안정한 상태에서 정상적인 발달을 기대하기 어렵다. 따라서 부모는 끊임없이 자신과 자녀의 성격을 알기 위해 노력해야 한다.

표 7-4 에니어그램 성격유형별 부모의 양육특성

유형	양육특성
5	• 자녀의 지적인 활동을 기대하며, 검소하고 또 도덕적인 생활상을 지니고 있다. • 종종 혼자 보내는 시간을 좋아한다.
6	• 안전이 우선이라 걱정이 많아 보이고, 꾸물거리는 것처럼 보이기도 한다. • 그래서 양육의 과정 중에 의사결정에 어려움을 보이기도 한다.
7	• 아이가 기뻐하면 부모도 덩달아 기뻐한다. • 하지만 참을성이 부족할 때도 있다.
2	• 체벌하기 어려우며, 자녀를 위해 희생의 각오가 크다. • 감정이입이 심한 경우도 많으며, 때로는 지나치게 칭찬하며 환심을 사려 하기도 한다.

5) 온라인 자료를 얻기 쉬운 시대에 살고 있으며, 학위논문은 학회지 논문보다 이용하기가 쉽다. 따라서 알고자 하는 의지만 있으면, 입수와 활용의 가능성은 매우 높다.

3	• 자녀의 장점을 개발하는데 관심과 노력이 크다고 볼 수 있으며, 양육의 의미를 중요하게 생각한다. • 자녀의 강점을 알아차리고 성공 가능하다고 생각되면 일찍부터 투자하는 양육태도를 볼 수 있다.
4	• 아이 때문에 마음의 상처를 받기도 한다. • 때로는 자기연민과 감정기복이 심하기 때문에 자녀양육에 일관된 모습을 보여주는 것이 중요하다. • 심미안이 뛰어나며 우아하고 세련된 외모를 볼 수 있다.
8	• 대체로 솔직하고 직설적인 편이다. • 때로는 자녀에 대한 보호본능이 가하여 자녀를 부담스럽게 하기도 한다.
9	• 차분하고 편안하며 자녀를 안심시켜 주는 특성이 있다. • 관계에서 충돌과 갈등을 원하지 않는 평화주의자라고 볼 수 있다.
1	• 도덕적인 삶을 중요하게 생각하며, 책임감 있고 진지한 행동을 기대한다. • 때로는 아이 대신 해결책을 주려고 하거나 나와 공동체에 피해를 끼칠 때 분노하기도 한다.

출처: 이경언(2022). 에니어그램으로 보는 그림 속에 숨겨진 아이의 성격. 감정놀이연구소.

(2) 자녀의 에니어그램 성격유형별 특성

성격유형론의 특성은 동일한 유형이라면 남녀노소, 인종종교, 지위고하, 빈부귀천을 막론하고 동일한 특성을 지닌다. 따라서 부모가 자신의 성격유형을 알면 자녀의 성격유형을 알기가 쉽다. 예를 들어 부모가 5유형이라면 5유형인 자녀의 성격과 거의 유사하기 때문이다.

부모와 자녀의 에니어그램 성격유형이 동일할 수도 있고 다를 수도 있다. 따라서 에니어그램 성격의 전반적인 이해와 함께 성격공부가 필요하다. 그런데 이 성격공부는 짐이나 부담이 되기보다는 앎과 깨우침이 수반하는 아름답고 멋진 과정이다. 보람의 과정이다. 부모-자녀가 진정 행복해지는 여정인 것이다.

부모-자녀의 성격연구에서 특징적인 것은 그림의 활용이다. 그것은 그림이 지닌 가시성으로 인해 성격의 이해과 적용의 효과를 크게 제고하기 때문이다(이경언, 2023). 특히 유아기 자녀의 경우는 언어적 표현력이 부족하기 때문에 그림을 통해 성격의 진면목을 더 잘 알 수 있다(이경언, 2008; 생명보험사회공헌재단, 숙명여자대학교, 2015).

표 7-5 머리형 자녀의 성격특성과 그림

중심 에너지	중심 유형	특성	그림
머리형	5유형 현명한 아동	관찰하기를 좋아하고 알아보고 싶은 생각이 강하다. 혼자 책을 읽거나 자신의 관심분야에 몰두해서 시간을 보내는 경우가 많다. 새로 시작할 때는 여러 가지로 생각하고 이해가 되어야 행동하기 때문에 행동이 느리다. 친구는 한두 명과 깊게 사귀는 아동이다.	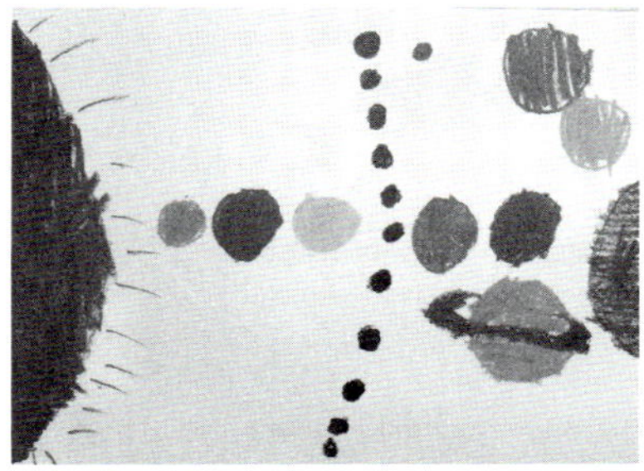
	6유형 충실한 아동	학교나 가정에서 바르게 생활하며 책임감이 강하다. 어떤 일이 있으면 예방책을 세워야 안심을 한다. 신중하고 안전한 계획을 세우려고 노력한다. 미리 걱정을 많이 하고 상대방을 쉽게 믿지 못한다. 의지할 수 있는 사람과 함께 했을 때 편안해하는 신중한 아동이다.	
	7유형 즐거운 아동	호기심이 많고 상상력이 풍부하며 에너지가 넘친다. 친구들과 어울려 재미있는 일을 벌이는 것을 좋아한다. 상상력이 풍부하고 긍정적인 생각을 잘한다. 친구의 고민을 가볍게 생각하고 분위기를 바꾸려고 노력한다. 표정이 밝으며 유머가 있는 아동이다.	

표 7-6 가슴형 자녀의 성격특성과 그림

중심 에너지	중심 유형	특성	그림
	2유형 베푸는 아동	또래 친구들이나 동생들을 잘 돌봐준다. 사람의 마음을 잘 읽으며 호감을 얻으려고 노력한다. 무슨 일이든 친구와 함께 하는 것을 좋아한다. 친구를 더 배려하다가 자신의 일을 못한다. 친구 사이에서 착한 아이라고 인정받는 상냥한 아동이다.	
가슴형	3유형 유능한 아동	재주가 많고 적응력이 있으며 자신감이 넘친다. 남에게 주목 받고 인정받기 위해 노력한다. 목표를 세우고 이루기 위해 최선을 다한다. 친구들과 경쟁심이 강하고 나에게 필요한 친구를 골라 사귄다. 말솜씨가 있으며 친구들에게 인기가 있는 아동이다.	
	4유형 특별한 아동	자신은 특별한 존재이며 친구들과 다르다고 여긴다. 지난 일을 잘 기억하고 사소한 것까지 소중하게 간직한다. 사물을 창의적인 관점에서 바라본다. 감정의 기복이 심하고 질투심과 슬픈 감정에 빠지기도 한다. 예술적 감각이 남다른 감성이 풍부한 아동이다.	

표 7-7 배형 자녀의 성격특성과 그림

중심 에너지	중심 유형	특성	그림
	8유형 강인한 아동	꾸밈없이 솔직하며 용감하고 적극적이다. 어려운 일도 밀어붙이는 용기가 있고 책임감도 강하다. 친구들을 거느리기를 좋아하고 자기보다 약한 사람들은 살펴준다. 불공평한 대우를 받으면 즉시 공격한다. 독립적이고 정직한 아동이다.	
배형	9유형 평온한 아동	여유 있게 규칙적으로 생활하는 것을 좋아한다. 마음씨 좋고 친절하며 편견 없이 친구의 고민을 들어줄 줄 안다. 화를 잘 내지는 않지만 고집이 세고 나서기보다는 뒤에서 일하기를 좋아한다. 인내심과 안정감이 있어 성실한 아동이다.	
	1유형 올바른 아동	정리정돈을 잘하고 시간이나 규칙을 잘 지킨다. 어른들의 기대에 맞추기 위해 최선을 다한다. 시키지 않아도 자신의 일을 알아서 한다. 자기 생각과 다르면 잘 따지고 이해하지 못한다. 예의 바른 사람이 되려고 노력하며 정직하게 행동하는 아동이다.	

물론 부모가 자녀가 그린 그림을 보고 성격특성을 파악하기는 어려울 수 있다. 전문가가 아니기 때문이다. 그러나 자녀에 대한 사랑과 관심은 부모가 성격공부를 하는 강한 동인으로 작용한다. 자녀의 성격 파악을 위해 지

혜롭게 접근할 수 있는 여건을 부모가 만들도록 이끈다. 이는 역사가 증명하고 있다.

3. MBTI 성격유형의 이해와 활용

> 교육의 목적은 아동이 모두 똑같이 발달하도록 돕는 것이 아니라,
> 아동 자신만의 고유한 성향을 지닌 잠재력의 개발을 돕는 것이다.
> _ 칼 구스타프 융

1) MBTI 성격유형의 특성 이해

MBTI(Myers-Briggs Type Indicator)는 인간의 성격을 내향성과 외향성으로 이분한 융(Jung)의 심리유형이론을 바탕으로 어머니와 딸 사이인 캐서린 브릭스(Katharine Briggs)와 이사벨 마이어스(Isabel Myers)가 개발한 자기보고식 성격유형론이다.

MBTI는 현대 성격심리학의 한 성과로써 성격유형론으로 분류된다. 그리고 4가지로 구분된 유형에 따른 선호경향의 파악을 통해 자신과 타인의 일상생활을 이해하고 반응할 수 있도록 돕는다. 에니어그램처럼 정확도가 높아서 전 세계적으로 활용도가 높다.

에니어그램보다 역사는 짧지만 MBTI 관련 연구소에서 소정의 자격을 취득하고, 해당 자료를 바탕으로 코칭-교육-상담치료에 활용하고 있다. 그리고 MBTI를 활용한 자녀양육에 대해서도 연구되고 있다.

(1) MBTI의 이론적 기초

MBTI는 성격유형론은 융(1962, 1977)의 심리유형론에 기반하였으므로, 이 이론에 대한 이해가 필요하다.

융의 심리유형론은 인간의 행동이 다양하므로 얼핏 보기에는 변동성이 클 수 있다고 생각할 수 있다. 그러나 실제로는 일관성이 존재한다고 보고 있는데 그것은 사람들이 인식(perception)하고 판단(judgement)할 때 거의 유사한 반응을 보인다는 것에 기반하고 있기 때문이다.

이렇듯 선각자들에 의한 연구결과는 오늘에 이르기까지 부모-자녀관계를 포함한 후세대에게 귀한 영향력을 미치고 있다.

(2) MBTI 성격유형의 선호경향

MBTI는 자기보고식 문항을 바탕으로 자신이 선호하는 경향을 찾아서 자신의 성격적 특성을 확인하는 심리검사이다. 특히 인식과 판단을 바탕으로 각자 선호경향(different function) 또는 선호지표를 찾고, 이러한 선호경향들이 하나 또는 여러 개가 합쳐져서 인간의 행동에 어떠한 영향을 미치는가를 파악하여 실생활에 응용할 수 있도록 구성되었다.

글·그림 7-5 MBTI 선호경향

외향(Extroversion)	E	◀ 에너지방향, 주의초점 ▶	I	내향(Introversion)
감각(Sensing)	S	◀ 인식기능(정보수집) ▶	N	직관(iNtuition)
사고(Thinking)	T	◀ 판단기능(판단, 결정) ▶	F	감정(Feeling)
판단(Judging)	J	◀ 이행양식/생활양식 ▶	P	인식(Perceiving)

ISTJ	ISTP	ISFJ	ISFP
INTJ	INTP	INFJ	INFP
ESTJ	ESTP	ESFJ	ESFP
ENTJ	ENTP	ENFJ	ENFP

출처: 한국MBTI연구소(www.mbti.co.kr)[6]

Q&A MBTI는 Jung의 내향성과 외향성에 기초하고 있다.
이 관점에서, 내가 인식한 나의 성격 특징을 10을 기준으로 판단해 보면?
- 내향성 (   ) / 10
- 외향성 (   ) / 10

표 7-8 MBTI 선호지표의 특성

선호지표	외향형(Extroversion)	내향형(Introversion)
설명	폭넓은 대인관계를 유지하며 사교적이며 정열적이고 활동적이다.	깊이 있는 대인관계를 유지하고 조용하고 신중하며 이해한 다음에 경험한다.
대표적 표현	자기 외부에 주의집중 외부 활동과 적극성 정열적, 활동적 말로 표현 경험한 다음에 이해 쉽게 알려짐	자기 내부에 주의집중 내부 활동과 집중력 조용하고 신중 글로 표현 이해한 다음에 경험 서서히 알려짐
선호지표	감각형(Sensing)	직관형(iNtuition)
설명	오감에 의존하여 실제 경험을 중시하며 지금, 현재에 초점을 맞추고 정확, 철저히 일처리를 한다.	육감 내지 영감에 의존하며 미래지향적이고 가능성과 의미를 추구하며 신속, 비약적으로 일처리를 한다.
대표적 표현	지금, 현재에 초점 실제 경험 정확, 철저한 일처리 사실적 사건 묘사 나무를 보려는 경향 가꾸고 추수함	미래 가능성에 초점 아이디어 신속 비약적인 일처리 비유적, 암시적 묘사 숲을 보려는 경향

6) 이 사이트에서 MBTI에 대한 자료를 부분적으로 볼 수 있음

선호지표	사고형(Thinking)	감정형(Feeling)
설명	진실과 사실에 주 관심을 갖고 논리적이고 분석적이며 객관적으로 판단한다.	사람과 관계에 주 관심을 갖고 상황적이며 정상을 참작한 설명을 한다.
대표적 표현	진실, 사실에 주 관심 원리와 원칙 논거, 분석적 맞다, 틀리다 규범, 기준 중시 지적 논평	사람, 관계에 주 관심 의미와 영향 상황적, 포괄적 좋다, 나쁘다 나에게 주는 의미 중시 우호적 협조
선호지표	판단형(Judging)	인식형(Perceiving)
설명	분명한 목적과 방향이 있으며 기한을 엄수하고 철저히 계획하고 체계적이다.	목적과 방향은 변화 가능하고 상황에 따라 일정이 달라지며 자율적이고 융통성이 있다.
대표적 표현	정리정돈과 계획 의지적 추진 신속한 결론 통제와 조정 분명한 목적의식과 방향감각 뚜렷한 기준과 자기의사	상황에 맞추는 개방성 이해로 수용 유유자적한 과정 융통과 적응 목적과 방향은 변화할 수 있다는 개방성 재량에 따라 처리될 수 있는 포용성

그리고 어린이와 청소년을 위해서는 MMTIC(Murphy-Meisgeier Type Indicator for Children) 버전도 있다. 성인용과는 다르게 'U'부호가 등장한다. 이는 '결정되지 않은(undetermined)'이라는 의미이기도 하다. 예를 들어 'IUFP'라면, 내향성, 감성형, 인식형이고, S와 N은 발달 중이기 때문에 미결정영역에 포함되어 있다.

2) MBTI로 본 부모-자녀의 성격특성

MBTI 성격론도 유형론이기 때문에 에니어그램과 동일한 구조적 특성을 지닌다. 그리고 동시에 천성(天性)의 특성도 지닌다. 다시 말하면 성격은 선천적인 요인과 후천적인 환경의 영향을 모두 받는다. 그렇다고 유전이 되는 것은 아니다. 부모도 자녀도 태어날 때 지니고 출생한 독특한 성격적 특성은 후천적인 영향을 매우 적게 받는다는 것이다.

앤드류 하비(1998)는 "우리가 회피하고, 무시하고, 도망치고 싶어하는 것이 바로 우리를 진정으로 성장시켜 주는 것이다"라고 하였다. 이 말을 성격의 차원에서 해석해 보면 지혜를 얻을 수 있다. 부모 자신이 원하지 않는 어떤 성격적 특성이나 자녀의 성격적 특성이 부모의 마음에 들지 않는 성격적 특징이라면, 바로 이러한 특성에 크게 관심을 기울여서 노력해야 함을 시사한다.

이러한 성격적 특성은 부모-자녀의 발달수준과 상황에 따라 다르지만, 앞서 살펴본 MBTI의 구조와 특성을 파악하면 이해하고 적용하기가 쉽다.

(1) 부모의 MBTI 성격유형별 양육특성

MBTI의 체계에 따라 부모의 성격을 파악하는 연구들이 에니어그램처럼 지속적으로 이루어져 왔으며(김정택 · 심혜숙, 2007; 정경연 외, 2010) 발달단계 및 발달영역에서 다양한 연구가 이루어졌다(김희숙 · 김판희, 2017; 조수연, 2020).

그러므로 부모는 이러한 연구자료를 참조하면 에니어그램처럼 자신의 성격유형과 그 특성을 양육의 관점에서 조망할 수 있다.[7)]

(2) 자녀의 MBTI 성격유형별 특성

연구소를 중심으로 자녀를 위한 MBTI의 버전이 따로 개발되어 보급되고 있으며, 마찬가지로 동물그림을 활용한 접근이 시도되고 있다.

그리고 발달특성상 초등학교 고학년 이상의 아동청소년을 그 대상으로 한 교육이 이루어지고 있어서 자신의 성격 이해에 도움을 주고 있다(김정

---

7) 온라인 자료를 얻기 쉬운 시대에 살고 있으며, 학위논문은 학회지논문보다 이용하기가 쉽다. 따라서 알고자 하는 의지만 있으면, 입수와 활용의 가능성이 열려 있다.

택 · 심혜숙, 1993; 한국MBTI연구소, 2020).

존 맥스웰드(2000)은 "다른 사람이 나를 잠깐 동안 방해할 수는 있다. 그러나 영원히 아무것도 못하도록 방해할 수 있는 사람은 오직 자기 자신뿐이다."라고 하였다. 이 방해는 성격적인 약점과 단점으로 부르는 것이다. 따라서 자녀를 기르는 부모는 그 누구보다도 자신의 생각과 마음을 지켜낼 수 있어야 한다.

이러한 부모-자녀의 MBTI 성격특성은 선호경향별로 다음과 같이 정리된다(조수연, 2020). 한국MBTI연구소(www.mbti.co.kr)는 4개의 지표의 특징을 설명하고, 각각 4가지로 구분되므로 총 16가지 특성을 지닌다. 대표적인 표현은 〈표 7-9〉와 같다.

표 7-9 MBTI 성격특성

ISTJ	ISFJ	ISTP	ISFP
• 부모: 책임감과 근면성실함의 아이콘 • 자녀: 차분하고 성실한 모범생	• 부모: 부드럽고 세심한 보살핌의 귀재 • 자녀: 꼼꼼하고 배려심 많은 완벽주의자	• 부모: 조용하면서도 든든한 관찰자 • 자녀: 개성 강한 혼자 놀기의 달인	• 부모: 아낌없이 주는 나무 • 자녀: 조용하면서도 끼가 많은 순둥이
INFJ	**INTJ**	**INFP**	**INTP**
• 부모: 성장의 길잡이 • 자녀: 섬세한 상상력 대장	• 부모: 논리와 성실함에 대한 최고의 선생님 • 자녀: 진지한 꼬마 사색가	• 부모: 민감하고 참을성 있는 경청자 • 자녀: 다정하면서도 주관이 확고한 몽상가	• 부모: 끊임없이 배우는 탐구자 • 자녀: 호불호 뚜렷한 호기심 천국
ESTP	**ESFP**	**ESTJ**	**ESFJ**
• 부모: 게임하듯이 삶을 즐기는 모험가 • 자녀: 재치 있고 시원시원한 행동대장	• 부모: 세상과의 다리를 놓아 주는 헌신적 안내자 • 자녀: 명랑 쾌활하고 적응력 갑 마당발	• 부모: 행동으로 모범을 보이는 우리집 관리자 • 자녀: 추진력 강하고 든든한 버팀목	• 부모: 가족이 최우선인 자녀바라기 • 자녀: 명랑하고 협조적인 분위기 메이커
ENFP	**ENTP**	**ENFJ**	**ENTJ**
• 부모: 자녀와 친구 같은 자유로운 영혼 • 자녀: 순수와 천진난만의 결정체	• 부모: 도전을 격려해 주는 탐험가 • 자녀: 독창성 넘치는 골목대장	• 부모: 마음을 나누는 이야기꾼 • 자녀: 사람에게 관심 많은 감성쟁이	• 부모: 리더십과 문제해결의 대명사 • 자녀: 원칙에 충실한 리더

출처: 조수연(2020). 성격대로 키우는 부모학교. 경향 BP.

부모의 시

노근이 엄마

정호승

내 가장 친한 친구
노근이 엄마가
지하철역 남자 화장실
청소 일을 하신다는 것을 알고부터
나는 화장실에 갈 때마다
오줌을 깨끗하게 눈다
단 한 방울의 오줌도
변기 밖으로 흘리지 않는다
그럴 때마다 노근이 엄마가
원래 변기는 더러운 게 아니다
사람이 변기를 더럽게 하는 거다
사람의 더러운 오줌을
모조리 다 받아주는
변기가 오히려 착하다
니는 변기처럼 그런 착한 사람이 되거라
하고 말씀하시는 것 같다

Chapter 08

디지털 역량의 창의·인성 리더로 키우기

공부해서 남 주자

- 한동대학교 슬로건

세상을 바꾸는 부드러운 힘

- 숙명여자대학교 슬로건

최근 우리나라에서 추구하고 있는 중요한 교육의 목적은 사회 변화에 주도적으로 대응하는 디지털 역량을 갖춘 창의·인성의 리더로 육성하는 것이며, 2015년과 2022년의 연이은 교육과정 개정을 통하여 적극 추진하고 있다. 이렇듯 강한 국가적 의지는 4차 산업혁명의 진행에 따른 적극적인 정책적 대응인 것이다. 즉, 격변하고 격동하고 있는 오늘날의 상황을 고려할 때 성장기에 있는 우리의 자녀들이 개인을 넘어 가족의 일원이자, 사회구성원으로서의 지속적인 동반성장을 이루도록 하기 위해서이다.

따라서 8장에서는 창의성, 인성, 리더십 및 디지털 역량 등에 대한 유기적인 이해와 함께 자녀에게 이러한 특성과 능력을 계발하고, 지원할 수 있는 부모역할에 대해 학습하도록 한다.

1. 디지털시대의 아동양육과 교육의 의미

부모의 의무는 언덕너머까지 멀리 볼 수 있는 사람이 되는 것이다.
_ 수잔 포워드

1) 디지털의 의미와 환경의 특징

인간은 더 나은 삶을 살기 위해 부단히 노력하면서 주변의 상황을 더 나은 환경으로 발전시켜 나간다. 그 목적은 두 말할 나위 없이 자신과 가족 및 사회적 성공과 번영을 통한 궁극적인 행복을 위해서이다.

오늘날을 일컬어 4차 산업혁명시대 및 디지털시대라고 한다. '디지털'로 통칭되는 과학기술이 시대를 관통하면서 사람들의 생활에 직간접적인 영향을 미치고 있기 때문이다.

따라서 부모도 이러한 사회적 흐름에 주목하여 우리의 자녀가 창의와 인성을 겸비한 글로벌 리더로 자랄 수 있도록 책임감을 가지고 몇 배의 노력을 경주해야 한다.

(1) 디지털의 정의

디지털은 손가락을 뜻하는 라틴어 낱말 digit에서 나온 것으로 숫자를 세는 데 쓰인다. 똑똑 떨어지듯 분절되었다는 의미로 사용된 것이다. 즉 디지털은 1-2-3-4-5-6-7-8-9와 같이 연속적 실수(實數)가 아닌 특정한 최소 단위를 갖는 이산적(離散的)인 수치를 이용하여 처리하는 방법을 말한다. 손가락장갑과 벙어리장갑을 연상하면 된다.

글·그림 8-1 아날로그와 디지털의 특성 비교

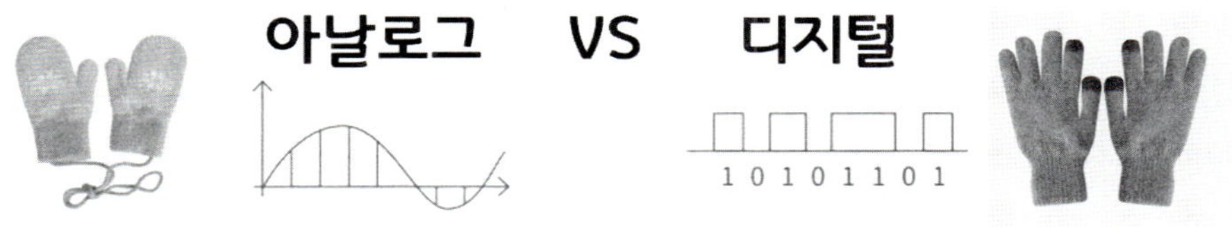

- 연속적으로 변화하는 값, 수치
- 미세한 차이를 나타낼 수 있는 값, 수치
- 명확한 차이가 아닌 불명료한 값, 수치

- 일정한 간격으로 끊어서 수치로 표현한 값
- 순간의 값을 명료하게 표현할 수 있는 값

Q&A 아날로그와 디지털의 큰 차이가 있다.
벙어리장갑과 손가락장갑의 장단점은 무엇인가?

(2) 디지털 환경의 특징

우리 사회에서 이제 '디지털'이라는 용어는 인터넷, 휴대폰, 유튜브, 인스타그램, 틱톡 등을 아우르는 용어임에도 불구하고 일상생활에서 이들 용어만큼은 자주 사용되고 있지는 않다. 그것은 디지털이 일상생활적인 용어라기보다는 이론 및 학문적 용어에 가깝게 느껴졌기 때문일 것이다.

최근 우리나라를 포함하여 전 세계적으로 애용하는 디지털 도구의 대명사는 휴대폰이다. 특히 Apple사가 '아이폰'을 출시한 것을 계기로 스마트폰은 디지털 기술의 집합체로 여겨지게 되었다. 빌게이츠는 "모든 정보는 디지털로 유통된다. 사이버공간에서는 정보의 흐름을 얼마나 극대화하느냐가 번영의 관건이다"라고 하였다. 그래서 최근 들어 디지털이라는 용어는 점점 부각되고 있으며, 이러한 특성은 실제적으로 디지털 인구를 폭증시키고 있다. 대표적인 예로 대부분의 초등학생들도 사용하고 있는 휴대폰과 괄목할 만한 유튜브 시청률을 꼽을 수 있다. 장래희망으로 유튜버가 되고 싶다고 하는 초등학생 아동이 증가하고 있는 것은 결코 놀랄 일이 아니다(웅진싱크빅, 2022).

온 세상이 이러한 속성을 가진 디지털에 주목하는 이유는 우리의 일상용품이 되어버린 데스크톱 컴퓨터, 노트북, 태블릿PC 및 프린터 등에서 모든 자료를 디지털 방식으로 처리하고 있기 때문이다. 나아가 문서와 통계자료뿐만 아니라 음성자료와 영상자료 등 모두가 이산적인 값으로 처리되기 때문이다. 나아가 이러한 디지털 자료는 복제와 삭제, 편집 등을 간편하고 편리하게 처리할 수 있을 뿐만 아니라, 복사물까지도 원본과 거의 차이가 없는 특징도 지닌다. 최근 들어서는 ChatGPT까지 등장하여 그야말로 디지털 혁명을 놀라운 속도로 견인하고 있다(박정일, 2023; 정재영 · 조현명 외, 2023).

물론 아날로그는 아날로그가 지닌 특성으로 인해 여전히 존재하고 있는 과학이자 일생생활의 방식이다. 이제는 전통의 미가 느껴지는 멋스런 방식이라는 느낌도 난다.

2) 디지털 환경에서의 양육과 교육

디지털이 오늘과 내일의 삶에 미치는 영향은 양가적이다. 즉 긍정 및 부정적인 영향이 공존하고 있으며, 특히 현재 성장과정 중에 있으며 앞으로 더 많은 시간을 살아가야 할 우리의 자녀들은 디지털 생활환경에서 벗어나기 어렵다. 따라서 오히려 주도적이며 긍정적인 방향으로 발달시켜야 한다.

디지털시대의 전도자인 네그로폰테(1995)는 디지털시대의 주요 특징으로 4가지를 들었다. 바로 탈중심화(Decentralizing), 세계화(Globalizing), 조화력(Harmonizing), 분권화(Empowering)이다. 이는 디지털시대의 막이 올랐음을 선언한 이후 거의 20년이 지났음에도 불구하고 더욱 가속화될 것이며, 인공지능의 기능적 역할은 세상의 흐름을 크게 바꾸어 놓을 것이다(조민호, 2022; 백진희 · 김동호, 2023).

〈표 8-1〉에서 보는 바와 같이 초 · 중 · 고등 공통으로 2022년 개정교육과정에서 '디지털'이라는 용어 사용의 빈도와 강도가 높아지고 있으며, 디지털 소양을 강조하고 있다. 이러한 교육정책적 조치는 우리 학생들이 디지털 활용이 지나쳐 중독에 빠지거나 남에게 해를 입히는 데 사용해서는 곤란하다. 오히려 남용이나 오용이 없이 공동체 정신에 의해 자신과 다른 사람에게 이롭게 사용할 수 있도록 하기 위해서는 디지털의 시용에 바람직한 인성이 바탕이 되어야 한다. 궁극적으로는 리더십을 발휘할 수 있도록 교육하는 것을 말한다.

표 8-1 2022년 개정 교육과정의 특징

구 분	세부 특징
미래사회 및 환경변화에 대응하는 교육내용 강화	• 학습 기반이 되는 언어, 수리, **디지털 소양** 등을 기초 소양으로 강조, 교과 교육과정에 반영 • (초 · 중 · 고 공통) 모든 교과 교육을 통한 **디지털 기초 소양** 함양 기반을 마련하고 정보교육 과정과 연계 • AI 등 신기술 분야 기초 · 심화 학습 내실화
디지털 기반 교수 · 학습 혁신	• 획일적인 교실 수업에서 벗어나 온 · 오프라인 연계가 자유로운 교수 · 학습 및 평가 모형(학교 내, 학교 간 수업 등) 개발 적용 • 원격수업 등 교실수업 개방성 증대와 첨단 **디지털 인프라**를 활용한 다양한 교육방식의 현장 안착을 위한 교육과정 개선 및 지원 • 최적화한 교육과정 편성과 운영이 가능하도록 총론과 교과 교육과정 근거 마련 및 맞춤형 원격수업 활성화

더구나 4차 산업혁명이 도래와 함께 디지털화는 더욱 가속화될 것으로 전망하면서 우리나라에서도 디지털을 기반으로 한 교육과정으로 개정하여 학생들의 디지털 역량을 강화하고 있다. 시의적절한 조치임에 틀림이 없다.

2. 창의성과 인성리더십의 의미와 체계

새로운 것의 창조는 지능이 아니라 내적 필요에 의한 놀이 본능을 통해 달성된다.
창의적인 사람은 자신이 사랑하는 것을 가지고 놀기 좋아한다.

_ 칼 융

1) 창의성의 의미와 구성체계

역사적으로 볼 때, 진정한 행복한 삶을 누리기 위해 '창의성'은 매우 강조되어 왔다. 그 결과 창의성을 구성하는 여러 요인과 창의성을 함양할 수 있는 다양한 기법들이 개발되어 왔다. 또한 개인이 지닌 창의성의 특성과 수준을 확인할 수 있는 검사도구도 개발되었다. 나아가 이러한 여러 연구를 바탕으로 창의성을 계발할 수 있는 프로그램도 개발되어 보급되고 있다.

(1) 창의성의 정의

창의성(創意性, creativity)은 창조성(創造性)이라고도 한다. 창의성은 본질적 속성이라고 할 수 있는 다양한 요인 특성을 고려하여 정의되고 있다.

- 전경원(2000): 기존의 관념에 사로잡히지 않고, 새로운 것을 만들어내는 능력.
- 박영주(2015): 새롭고, 질적으로 수준이 높으며, 그가 속한 사회에서 인정할 수 있는, 가치 있는 결과를 생산해 내는 능력
- 한국교육심리학회: 모든 사고의 유형이 총체적으로 결합되어 나타내는 가장 고차원적인 능력

- 한국창의성학회: 기존에 존재하지 않던, 독창적이고, 실용적인 산출물 혹은 프로세스를 비교집단보다도 먼저 낼 수 있는 능력
- Guliford(1952): 새롭고 신기한 것을 만드는 힘
- Torrence(1957): 새롭고 독특한 아이디어로 문제를 새로운 시각으로 보는 힘

이러한 창의성의 정의에서 내재된 공통적인 속성은 '새로움'이다. 확언하면, 너무 익숙하고 이미 널리 알려져 있거나 너무 쉽게 구할 수 있는 것을 두고 창의적 산출물이라고는 하지 않는다는 점이다. 그렇다고 해서 창의성은 반드시 무(無)에서 창조되는 것만은 아니다. 일차적으로는 관찰과 모방에서 싹트기 시작하여 점점 깊고 넓은 생각과 다양한 시도를 통해 점점 새로움을 더해 간다. 이 과정을 통하여 이전에 볼 수 없었던 획기적인 성과를 내게 되는 것이다. 즉, 전형적인 창의적 사고 형태는 확산적 사고에 중심을 두었으나, 최근에는 수렴적 사고까지 포함되고 있다(조연순 · 성진숙 외, 2006).[1]

이 책에서는 이소희(2012)의 새로운 생각과 방법으로 더 좋은 결과를 내는 멋진 힘으로 정의한다.

(2) 창의성의 구성요인

모든 존재와 자연과 물질은 단일요인으로 구성되는 것이 아니다. 여러 가지 요인을 포함하여 서로 직간접적으로 연계되어 있다. 창의성 또한 그러하다. 그렇지만 창의성을 구성하는 각각의 구성요인은 상당히 독립적이어서

1) 확산적 사고기법은 아이디어를 많이 다양하게, 그리고 독특하게 생성해 내기 위한 기법을 말하며, 수렴적 사고 기법은 찾아낸 여러 아이디어를 분류하고 평가하여 최선의 것을 택하는 기법을 말한다.

거의 중복되지 않는다. 그렇기 때문에 창의성의 구성요인이 될 수 있다고 할 것이다. 예를 들어 독창성과 융통성은 서로 구분이 잘된다. 유창성과 정교성도 그러하다.

이러한 맥락에서 창의성을 구성하는 요인에 대한 학자와 전문가들의 견해는 거의 대동소이하지만 약간의 차이는 있다. 그것은 창의성을 보는 시각과 비중의 차이에 따른 것이다.

- 문용린, 최인수(2010): 인지적 요인, 성향적 요인, 동기적 요인
- 박숙희, 유병훈(2011): 유창성, 독창성, 융통성, 정교성, 상상력
- Guildford(1983): 민감성, 유창성, 융통성, 독창성, 정교성
- Torrance(1957): 유창성, 융통성, 독창성, 정교성

이 책에서는 창의성의 구성요인을 7가지로 제시한다.

글 · 그림 8-2 창의성의 구성요인

구성요인	설명
개방성	열린 생각으로 더 좋게 변화시킬 수 있는 잠재된 힘을 말합니다. ➲ 개방성이 지니는 교육적 의의는 창의성 계발에서 전제조건이 됩니다.
민감성	주의깊은 관찰과 경험으로 새로운 아이디어를 찾는 힘을 말합니다. ➲ 민감성이 지니는 교육적 의의는 창의성 계발에서 출발점이 됩니다.
상상력	새로운 욕구충족을 위해 새로운 세상을 그려보는 힘을 말합니다. ➲ 상상력이 지니는 교육적 의의는 창의성 계발에서 원동력이 됩니다.
유창성	제한된 상황에서 많은 양의 아이디어를 산출해 내는 힘을 말합니다. ➲ 유창성이 지니는 교육적 의의는 창의성 계발에서 촉매작용을 합니다.
융통성	열린 생각으로 생각을 키우고 문제해결의 가능성을 높이는 힘을 말합니다. ➲ 융통성이 지니는 교육적 의의는 창의성 계발에서 확산성을 높여 줍니다.
독창성	고유한 생각과 방법으로 가치 있는 성과를 만들어 내는 힘을 말합니다. ➲ 독창성이 지니는 교육적 의미는 창의성 계발에서 궁극적 목표가 됩니다.
정교성	새로운 생각과 방법을 구체화시켜서 완성도를 높이는 힘을 말합니다. ➲ 정교성이 지니는 교육적 의의는 창의성 계발에서 마무리 과정이 됩니다.

출처: 한국영리더십센터(2014). 매일멋진부모.

Q&A 창의성 요인은 다양하다.
나의 경우, 어느 요인을 가장 잘 활용할 수 있을 것 같은가?

자녀로 하여금 창의성을 효과적으로 계발하도록 양육하고 교육하기 위해서는 각각의 창의성 구성요인의 특성을 잘 파악하는 것이 필요한데, 그것은 각각의 구성요인이 지닌 교육적 의의가 다르기 때문이다.

(3) 창의성의 기법

인간이 지닌 속성을 효과적으로 계발하기 위해 다양한 방법과 기법들이 연구되어 왔다. 기법은 방법을 더 정교화시킨 것이다.

널리 활용되는 창의성 기법으로 마인드맵, 브레인스토밍, 희망열거법, 결점열거법, 색다른 용도법, 강제결합법, 스캠퍼, 연꽃기법, 여섯 색깔 발상법[2] 등을 들 수 있다. 이러한 창의성 기법은 유아 · 아동 · 청소년을 대상으로 한 양육과 교육에서는 물론, 기업에서의 경영성과의 제고를 위한 직원교육에서도 적극적으로 활용되고 있다. 이렇듯 창의성 기법이 지닌 교육적 성과 때문에 특히 유아동을 위한 교육은 부모코칭과 교육에 연계되어 이루어지고 있다(김경숙 · 이소희, 2023; 김응자 · 도미향 외, 2018; 한국영리더십센터, 2014).

2) 연꽃기법은 마치 연꽃처럼 아이디어를 펼쳐나가는 기법을 말하고(이경화, 2010), 여섯 색깔 발상법은 여섯 색깔 모자와 신발을 사용하여 다른 각도에서 보는 기법을 말한다.

글·그림 8-3 창의성 기법

기법	내용
마인드맵	특정한 주제나 그림을 중심으로 자유롭게 연상해 나가는 기법 **예:** 시계는 언제 보지? 시계는 무엇을 하지? 시계는 어떻게 만들지?
브레인스토밍	특정한 주제에 대해 머리에서 마치 폭풍이 몰아치듯이 아이디어를 쏟아내는 기법 • 의미와 교육효과: 기본적인 창의성 기법으로 특히 유창성과 융통성을 증진시키며 개인과 집단에서 모두 활용 가능 **예:** 창의적인 부모가 되려면 어떻게 해야 하지?
희망열거법	바라는 것을 하나하나 찾아보도록 하는 기법 • 의미와 교육효과: 긍정적인 태도와 상상력을 증진시킴. 코칭할 때 그것이 이루어진 상태의 표현과 방법까지 유도할 필요성이 있음 **예:** 방을 멋지게 꾸미면 누가 좋아할까?
결점열거법	어떤 물건이나 상태가 지닌 단점을 찾아내는 기법 • 의미와 교육효과: 적극적인 태도를 함양시키며 상상력을 증진시킴. 코칭할 때 문제해결까지 유도할 필요성이 있음 **예:** 우리집 화장실– 아이들이 사용하려면 무엇이 불편할까?
색다른 용도법	일반적인 원래의 용도 외에 다른 용도로 사용할 수 있는 방법을 찾는 기법 • 의미와 교육효과: 창의성 계발을 촉진하는 기법. 특히 유창성과 독창성을 증진시킴. 일상생활용품으로부터 시작하는 것이 좋으며 개방적인 환경조성 필요 **예:** 꽃신을 다른 용도로 사용한다면? 머리핀, 반지, 시계를 담는 도구가 됨
강제결합법	일반적으로 관련성이 낮은 어떤 아이디어나 사물을 색다르게 볼 수 있도록 그야말로 강제적으로 관련성을 지니게 하는 기법. 개방적인 환경조성 필요 〈목록표 작성법의 예〉 친구와 싸우지 않고 사이 좋게 놀게 하려면? 목록표 작성법 (준비물: 왕(王)색종이, 코) • 싸우지 않고 잘 놀면 왕이라고 불러준다. • 싸우지 않고 잘 놀면 색종이로 카드색션을 해준다. • 싸우지 않고 잘 놀면 코코코를 해준다. 〈카탈로그 기법의 예〉 부모님 말씀을 경청하려면? 카탈로그 기법 (준비물: 지우개, 고무줄, 스티커) • 한 손으로는 지우개를 쥐고 부모님 말씀을 듣는다. • 고무줄로 손가락을 감고 부모님 말씀을 듣는다. • 스티커 각각 두 손등에 붙여 놓고 부모님 말씀을 듣는다. **예:** 주머니에 4개의 클립카드가 담겨 있는데, 그 중에서 시계와 수박 클립카드를 뽑았다면? 그래서 시계와 수박을 결합시키면?

출처: 한국영리더십센터(2014). 매일멋진부모.

Q&A 창의성 기법은 다양하다.
어떤 기법을 활용해 보고 싶은가?

그러므로 창의성 기법들은 생활 속에서 자연스럽게 접근하여 활용할 때 더욱 효과적이다. 따라서 부모-자녀와 교사-아동 사이에서 지속적인 양방향 접근이 필요하다. 이때, 발문 또는 질문의 효과가 크므로 최근에는 코칭 접근이 주목받고 있다(김경숙 박사의 창의코칭Lab, 2022).

글·그림 8-4 창의성 종합 기법(스캠퍼)

스캠퍼 Scamper		7단어의 첫 글자로 구성되어 있는 종합적인 기법으로, 특정한 대상이나 문제로부터 시작하여 변화를 만들어 냅니다. 브레인스토밍보다 수준 높은 창의성 기법입니다. ■ 영리더 양말 
S	Substitute (대체하기)	영리더 양말을 무엇으로 대체할 수 있을까? 예: 영리더 목걸이 / 영리더 티셔츠
C	Combine (결합하기)	영리더 양말에 무엇을 결합하면 좋을까? 예: 영리더 순종신발
A	Adapt (순응하기)	영리더 양말을 신었을 때, 디끄러지지 않도록 순응하려면 어떻게 조절할 수 있을까? 예: 영리더 양말 바닥에 〈영리더 미안반창고〉를 붙임
M	Modify(수정하기) Magnify(확대하기) Minify(축소하기)	영리더 양말을 어떻게 수정할 수 있을까? 예: 영리더 양말을 영리더 긴스타킹으로 만듦 영리더 양말을 크게 확대하면 어떻게 될까? / 영리더 양말을 작게 축소하면 어떻게 될까? 예: 어른용 리더 양말이 됨 예: 영아용 리더 양말이 됨
P	Put to other uses (다른 용도로 사용하기)	영리더 양말을 어떤 용도로 다르게 사용할 수 있을까? - 색다른 용도법과 동일하다. 예: 영리더 양말을 〈영리더 구슬주머니〉로 사용함
E	Eliminate (제거하기)	영리더 양말에서 로고를 제거하면 어떻게 될까? 예: 보통 아이들의 흰 양말이 될 수 있음
R	Reverse (전환하기)	영리더 양말을 반대로 하거나, 순서를 바꾸면 어떻게 될까? 예: 벙어리장갑이 될 수 있음

출처: 한국영리더십센터(2014). 매일멋진부모

Q&A 스캠퍼 기법은 매우 다양하게 활용될 수 있다.
위 질문에 대해 예비부모로써 나는 어떤 답을 할 수 있을까?

특히 "창조적 작업은 놀이와 같다"라고 한 스티븐 나흐마노비치(Stephen Nachmanovitch)의 말대로 유·아동기에는 창의성 함양을 위한 모든 활동은 놀이접근이 가능하고 또한 매우 효과적이므로 적극 활용할 필요가 크다(이소희·원종순 외, 2020; 이윤옥, 2020). 구체적인 방법으로 동화와 챈트 등의 활용을 들 수 있다(김일부, 2017).

실제로 창의적인 사람은 '차이'가 주는 의미로 인해 자신의 존재감을 높일 뿐만 아니라, 창의성 계발의 결과로 인하여 여러 사람들과 함께 심리적·사회적·경제적으로 풍요로운 삶을 누릴 수 있게 된다. 따라서 창의적인 사람은 멋진 사람이다.

2) 인성과 인성리더십의 의미와 구성체계

2차 산업혁명, 제 3의 물결, 초고속정보화사회 등으로 표현되는 사회적 변화를 거치면서 우리의 삶은 더욱 편리해졌다. 또한 그만큼 복잡 다양해져 그야말로 격동의 삶을 살고 있다. 이에 따라 개인–가족–집단이기주의가 심화되고 있다. 그래서 피폐된 삶으로 이어질 가능성이 더욱 커지고 있으므로 진정한 사람됨은 더욱 소중해지고 있다. 그러므로 날이 갈수록 창의성과 인성을 겸비한 인재의 육성은 절체절명의 교육과제가 되고 있다. 또한 부모 역시 본보기로써 자신의 인성을 도야해야 할 필요성이 더욱 커지고 있다. 아인슈타인의 평범한 것 같으나 만고불변의 진리인 "부모의 역할은 첫째도 본을 보이는 것이요, 둘째도 본을 보이는 것이요, 셋째도 본을 보이는 것이다"라는 말은 부모가 꼭 명심해야 할 지혜의 명언이다.

(1) 인성의 정의와 특성

'인성(人性, Character)'은 인간=사람의 성질을 말한다. 그리고 유사한 관점에서 성품과 품성, 인품으로 표기되기도 하며, 사전적으로는 각 개인이 가지는 사고와 태도 및 행동 특성을 말한다(지식백과, 2018). 그리고 최근에는 인성의 중요성과 함께 특정한 관점에서 벗어나 현대사회에서 요구하는 '바람직한 성향'으로 포괄적으로 보기도 한다(엄은나 · 전우경 외, 2016). 동시에 이 '바람직한 성향'이 지닌 인성의 정의가 다소 모호하기 때문에 실질적인 인성의 함양과 계발을 위해 인성의 개념과 구성요소를 구조-기능화하는 연구가 지속적으로 이루어지고 있다(구미향, 2017; 박영례 · 이소희, 2017; 손정원, 2016).

- 김경령, 서은화(2014): 인간의 가치성향과 도덕적 행동
- 변미옥, 도미향(2016): 스스로를 인식하고 수용함으로써 인간관계에서 배려하고 공감하는 능력
- 손경원(2016): 인간의 마음에 구현해야 할 가치나 규범

이 책에서는 인성을 '사람이 사람답게 살 수 있도록 하는 특성'(이소희 · 원종순 외, 2021)이라고 정의한다.

이러한 인성은 태어나면서 고정되어 불변하는 것이 아니라 전 생애에 걸쳐 발달한다. 그러나 세파에 시달려 바람직하지 못한 성향으로 굳어질 수 있으므로 부단히 성찰하여 바람직하고 건강한 인성을 지니도록 노력해야 한다.

인성이 지닌 특성은 다음과 같이 정리된다.

- 언행으로 표출된다.
- 다양한 측면이 있다.
- 문화적 보편성이 있다.
- 도덕적이고 윤리적이다.

- 타고난 성격에 영향을 받는다.
- 교육과 훈련에 의해 변화한다.
- 빠르게, 쉽게 변화되지 않는다.
- 생활연령에 적합한 수준이 있다.
- 다양한 요인으로부터 영향을 받는다.

(2) 인성덕목의 정의와 종류

이 세상은 정말 다양하다. 한 마디로 각양각색(各樣各色)이다. 동시에 '천의 얼굴을 가진 사람'이라는 표현에서 보듯이 각각의 인간은 모두 다르다. 그야말로 각인각색(各人各色)이다.

이렇듯 인성이 지닌 다면적 특성 및 이 다면성을 보는 관점에 따라 유사한 몇 가지 속성으로 구분할 수 있으며, 이를 인성의 덕목(德目)이라고 부른다. 덕(德)은 어진 행위, 곧 좋은 행동을 말한다. 즉 '덕'은 본질적으로 인간이 지향해야 하는 것은 선(善)하고 긍정적인 것이기 때문에 '인성'이 추구하는 것과 합당하다고 본다. 역으로 '덕'의 반대말을 악덕(惡德)이라고 부르는 것에서도 덕의 의미를 재확인할 수 있다. 그리고 '목(目)'은 덕과 같은 개념들을 분류(classification)하는 단위를 말한다.

이러한 맥락에서 연구자와 기관 및 국가에서는 문화적 전통과 미래조망을 바탕으로 나름대로 몇 가지 준거에 의해 인성의 덕목을 제시하고 있다. 그리고 오늘날은 리더십의 관점에서도 분류하고 있다.[3)]

① 벤자민 프랭클린의 13가지 덕목

일찍이 미국의 벤자민 프랭클린은 한 개인으로써 인성의 함양을 위해 13

3) 황금원 모델에서 제시되고 있는 리더십 외에도 리더십의 유형은 다양하게 제시되고 있으며, 그 예로 변혁적 리더십과 참여적 리더십, 거래적 리더십 등이 있다.

가지 덕목(virtues)을 설정하고, 지키려고 노력함으로써 후세에 이르기까지 모본이 되었다.[4]

1. **절제**: 배부르도록 먹지 마라. 취하도록 마시지 마라.
2. **침묵**: 자타에 이익을 주는 말만을 하고, 하찮은 대화는 피하라.
3. **질서**: 모든 물건은 제자리에 두고, 일은 모두 때를 정해서 하라.
4. **결단**: 해야 할 일을 결심하며, 게으르지 말고 꼭 실행하라.
5. **절약**: 자타에 이익을 주는 일에 돈을 사용하고, 낭비하지 마라.
6. **근면**: 시간을 낭비하지 말고, 유익한 일에 종사하고 무용한 행위는 끊어 버려라.
7. **진실**: 사람을 속여 헤치지 말고, 모든 언행은 공정하게 하라.
8. **정의**: 남에게 피해를 주지 말고, 해로운 일을 하지 마라.
9. **중용**: 극단을 피하고, 나에게 잘못이 있으면, 다른 사람의 비난을 참아라.
10. **청결**: 신체, 의복, 주택을 깨끗이 하라.
11. **침착**: 사소한 일, 보통 있는 일, 피할 수 없는 일에 침착함을 잃지 마라.
12. **순결**: 건강과 자손을 위해서만 성생활을 하라. 둔하거나 허약해지지 마라.
13. **겸손**: 예수와 소크라테스를 본받으라.

글 · 그림 8-5 덕목의 사회적 의미

Q&A 대부분의 나라가 화폐에 중요 인물을 제시하고 있다.
왜 그럴까?

4) 벤자민 프랭클린은 미국 건국의 아버지라고 불리며 정치 및 과학분야에서도 두각을 나타내었으며, 100달러 지폐에 사진이 실려 있는 사람이다. 그는 13가지 덕목을 정하고 노트를 만든 다음, 매일은 못하지만 가능한 한 규칙적으로 실천하려고 노력하였다.

② 마틴 셀리그만(Martin Seligman, 2004)의 24가지 강점 덕목

긍정심리학(Postive Psychology)을 창시한 마틴 셀리그만은 6가지 미덕(virtue)과 24가지 강점(strength)으로 개념-구조화한 VIA(Values-In-Action)를 개발하였다. VIA에서의 'V'는 value의 첫 글자를 말하는데, 이는 미덕과 강점이 가치로운 인간특성이라고 본 것이다. 나아가 이러한 미덕과 강점은 생각만 하면 되는 것이 아니라, 행동화해야 함을 시사하고 있다는 점에 주목해야 한다.5)

표 8-2 VIA의 구성체계

미덕	강점	
지혜와 지식	지식을 획득하고 기술을 사용하는 데 수반되는 인지적 미덕	
	호기심	다양한 경험에 대해 관심을 가짐
	학구열	새로운 지식과 기술을 습득하는 것을 좋아함
	판단력	자신과 타인에게 도움이 될 만한 정보를 객관적이고 이성적으로 선별함
	창의성	어떤 것을 하기 위해 새로운 사고와 생산적 방법을 활용함
	예견력	미래를 조망하고 지혜롭게 접근함. 도움을 제공함
용기	내·외부의 장애물에도 불구하고 목표를 달성하려는 의지와 관련된 정서적 미덕	
	호연지기	위험, 어려움, 고통을 감수하고 도전하며 당당하게 나아감
	끈기	어려움이 발생해도 시작한 것을 끝까지 마무리함
	진정성	타인과 자기 자신에게 진실함
	열정	활기 있게 정열적으로 살아감
사랑과 인간애	다른 사람을 보살피고 친밀해지는 것과 관련된 대인관계적 미덕	
	친절	다른 사람을 배려하고 편안하게 함
	사랑	다른 사람과의 친밀한 관계를 소중히 여김
	정서적 지능	자신과 타인의 동기와 감정에 대해 잘 지각하고 활용함

5) 미덕은 인성 및 인성리더십과 유사한 개념으로 볼 수 있으며, 덕목은 강점과 유사한 개념으로서 모두 행동화가 이루어져야 하는 것으로 보았다(이소희, 2018).

정의감	건강한 공동체의 생활을 추구하는 사회적 미덕	
	공동체 의식	집단과 조직의 사람들과 협력적으로 일함
	공정성	정의로운 생각과 태도로 다른 사람을 대함
	리더십	조직 내의 일을 살피고 지도함
절제력	과도함과 무리수를 두지 않는 개인내적 미덕	
	자기통제력	자신의 감정과 행동을 효과적으로 조절함
	신중함	주의 깊게 생각하고 선택함
	겸손	자신을 돋보이게 하거나 내세우지 않고 평정을 지킴
	용서	잘못한 사람을 이해하고 포용함
영성과 초월성	의미 있고 영원한 것을 추구하는 영적인 미덕	
	감상	미학적 감수성을 지님
	감사	자신에게 발생한 일을 기쁘고 고맙게 생각함
	희망	미래 바라는 것을 성취하기 위해 부단히 노력함
	영성	인생의 목적과 의미에 관한 일관된 믿음을 가짐
	유머	특이한 언행으로 다른 사람에게 즐거움을 줌

또한 VIA의 구조에서 파악할 수 있는 것은 다양한 인성덕목이 '강점'이 될 수 있다는 것이다. 이는 인성분야에서의 학문적 통찰이라고 할 수 있다. 따라서 인성의 함양과 증진은 강점계발의 차원에서 출발할 수 있다(서은정, 2023).

③ 인성교육진흥법의 6가지 핵심 덕목

인성은 그 속성상 도덕적이고, 윤리적이며 동시에 사회적이다. 인성이 좋은 사람을 '도덕군자(道德君子)'라고 표현하는 예가 그것이다. 또한 실제로 '법이 없어도 사는 사람'이라는 말이 있는 것을 들 수 있다. 이것은 결코 사람은 혼자 살 수 없다는 것이다. 사회적 신의를 지키며 살아야 하는 것이 기본이 된다는 점이다.

우리나라의 인성교육진흥법(2007)에서는 '핵심 가치 · 덕목'이라는 관점 및 인성교육의 목표라는 차원에서 예(禮), 효(孝), 정직, 책임, 존중, 배려, 소통, 협동을 제시하고 있다. 이는 전통적으로 내려오고 지키려고 노력한 우리나라의 사회문회적 배경을 반영한 것이다.[6)]

이와 같이 국가가 법이라는 강제성을 동원하면서까지 인성의 도야와 함양을 추구하려고 한 것을 고려하면 인성의 중요성은 이루 말할 수 없을 만큼 크다. 그리고 그 효과적인 방법은 법의 이름에서 알 수 있듯이 바로 교육이다.

(3) 인성리더십의 정의와 구성

인성은 삶의 유지와 발달에서 본질적인 요소임과 동시에 원동력이다. 따라서 동서고금을 막론하고 인성의 도야와 함양을 중요한 발달과제로 삼아왔으며 인성교육이 그 사회적 기능을 담당해 왔다.

그런데 최근 들어 '인성리더십'이라는 용어를 자주 사용하기 시작하였으며 각종 교육 프로그램 및 코칭프로그램으로 개발되어 보다 적극적인 자기계발 및 인간관계 실천기술로 활용도가 높아지고 있다(박원순, 2019; 스티븐 코비, 1997). 그것은 교육자-피교육자라는 맥락에서의 인성교육을 넘어 자신이 처한 상황에서 보다 주도적으로 상호협력의 삶을 살고자 하는 의도에서 비롯되었다고 볼 수 있다.

실제로 2022년 교육과정의 개정에서 추구하는 인간상은 '포용적이고 주도적인 사람'이므로 인성리더십이 강조되는 배경을 능히 파악할 수 있다. 왜냐하면 수신(修身)만을 위한다면 굳이 포용력을 거론할 필요가 없기 때문이다.

---

6) 그 예로 '책임'이라는 덕목은 개인의 내적 차원에서 볼 수도 있고 외적인 사회적 차원으로 볼 수도 있다. 또한 절제도 자신의 자원에 관한 것이라면 내적인 개인적 절제가 되지만, 사회 공공의 유익을 위하여 각종 자원을 아끼면 외적인 절제가 되는 것을 들 수 있다. 그래서 책임은 인성의 한 덕목이지만, 리더십의 요소도 되는 것이다(이소희, 2014b).

① 인성리더십의 정의

인성리더십은 인성과 리더십의 복합어이다. 따라서 이 두 용어를 통합하여 성인용 및 유·아동용 인성리더십의 정의를 내리게 된다.[7]

- 김성숙(2009): 다른 사람의 사고, 감정, 행동을 변화시키는 과정 속에 나타나는 다양한 형태의 영향력
- 서기남(2009): 자기를 관리하는 기술과 원만한 인간관계를 습득하고 집단이 처해 있는 상황에서 적절한 상호작용이 일어나도록 영향력을 행사하며, 자신과 세상을 변화시키는 능력
- 이창호(2018): 리더로서 구성원의 목표를 제시하고 공동체가 목표에 도달할 수 있도록 하는 됨됨이 능력

이 책에서는 부모인성리더십의 관점에서 부모가 자신과 자녀의 마음을 모으고 움직이는 멋진 힘이라고 정의한다.

② 인성리더십의 구성과 연구

인성리더십의 체계는 인성리더십의 정의를 고려하여 체계화되고 있다.[8]

이소희(2012)는 인성리더십의 출발점이 되는 영유아기의 인성리더십의 중요성을 고려하여 세 가지 관점에서 구조화하였다. 첫째는 서로 소통할 수 있는 용어를 사용해야 하며, 둘째는 매일매일 시작하고 기억하도록 습관화해야 한다는 것, 셋째는 구성한 체계를 가시적으로 표현이 되어야 한다는 것이었다. 그 결과, 〈황금원 모델〉이 체계화되어 개발되었다.

7) 리더십에 대해서는 〈표 1-4〉 리더십의 종류와 정의를 참조한다.

8) 리더십의 체계에 대해서는 〈표 8-6〉 리더십의 체계를 참조한다.

이 책에서는 인성리더십의 체계는 [글 · 그림 8-6]에 제시되어 있다.

글 · 그림 8-6 **인성리더십 체계-황금원 모델 개발과 배경**

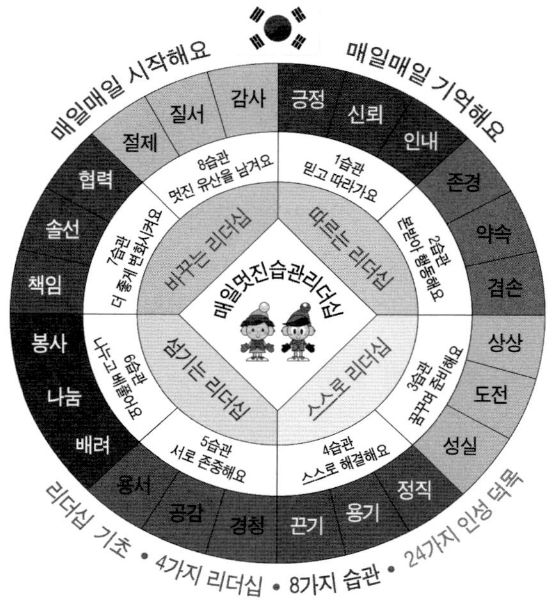

출처: 이소희, 한국영리더십센터(2012). 매일멋진영리더 매뉴얼.

Q&A 소파 방정환 선생님은 "아이들을 부탁합니다"라는 유언을 남겼다.
인성리더십의 차원에서 방정환 선생님께서 부탁을 하셨다면 무엇을 부탁하셨을까?

그리고 이러한 연구동향에 따라 유아의 인성리더십에 관한 연구 및 이를 위한 교사리더십에 관한 연구가 이루어지고 있다(강경자 · 김일부, 2017).

3. 디지털 역량의 창의 · 인성 리더로 키우는 부모역할

창의적 역량은 사람들을 정상에 오르도록 하며,
인성은 올라간 그 정상에 오래도록 머물게 한다.
_ 지그 지글러

1) 창의와 인성을 겸비한 리더 육성의 의미

일반적으로 발달단계에 따라 미성년을 부르는 호칭은 다르다. 그것은 발달특성이 다르기 때문이다. 그런데 최근 이러한 관점과 다르게 통합하여 부르기도 한다. 바로 디지털시대의 원주민이다. 그러므로 디지털 원주민이라고 불리는 우리의 유 · 아동 · 청소년(Schoroth, 2019)을 어떻게 양육하고 교육해야 할지에 대해 숙고해야 한다. 한 예로 유튜브 채널에서는 성인만이 강자가 아니다. 또한 특정한 지역에 국한되어 있지 않으며, 전 세계가 플랫폼이다. 유튜브에서는 이제 막 글을 읽고 쓰기 시작한 유아들로부터 시작하여 청소년들이 총망라하여 참여하고 있음이 그 단적인 예이다.

(1) 창의 · 인성의 정의

우리나라에서는 '창의 · 인성'을 복합 용어로서 자주 강도 높게 사용하고 있다. 이것은 우리 자녀의 일상의 사회화와 격변하는 삶을 전망할 때, '양손의 검'과 '쌍두마차'의 기능을 한다고 보았기 때문이다.

대표적인 사례로 교육부(2015)가 교육목표로 제시한 '창의와 인성을 겸비한 글로벌 인재육성'을 들 수 있다. 특히 2022년 교육과정이 개편되면서 포용성과 주도성을 지닌 인간 육성으로 인성이 더 강조되고 있으며 디지털 소양으로 창의성 발휘를 지향하고 있다. 창의성 없이는 높은 성과를 기대하기 어렵다고 보기 때문이다.

창의 · 인성은 복합용어이다. 그러므로 창의와 인성의 내재적 특성과 지향점을 고려하여 정의내리고 있다(김경은, 2019; 김왕동, 2010).[9]

- 박청남, 이승철(2013): 사고와 탐구가 마음과 행위의 영역으로 확장해 나아가는 연속적이고 계속적인 과정
- 서현정, 최연철 외(2017): 자기 자신과 타인, 또한 관계에 대한 이해를 바탕으로 창의적으로 사고하여 문제를 해결하는 실천적 지혜를 만들어 가는 것
- 최연주, 최현철(2017): 사회적 관계 속에서 발생하는 다양한 문제를 인식하고 나와 공동체를 위해 새롭고 유용한 아이디어를 생산하여 실천할 수 있는 성품

이러한 용어에 내재한 의미는 교육부(2009)가 내린 창의 · 인성 교육의 정의, 곧 '새로운 가치를 창출하고 동시에 더불어 살 줄 아는 인재를 양성하는 교육'에서 잘 파악할 수 있다.

이 책에서는 창의 · 인성을 새롭고 독창적인 생각이라고 정의한 창의성과 사람이 사람답게 살 수 있도록 하는 생각과 마음과 행동특성이라고 정의한 인성을 통합하여 '사람다운 생각과 언행을 하면서 새로움을 창출해 내는 특성'으로 정의한다.

---

9) 발달적 차원에서 볼 때, 창의 → 인성의 순서는 인성보다 창의성이 우선적인 것인가 하는 생각을 가지게 할 수도 있다. 이를 확정하기 위해서는 상당한 연구가 필요하다. 이 책에서는 교육부의 국가정책에서 제시한 대로 기술한다. 발음상의 용이성도 고려된 것이다.

(2) 창의 · 인성의 특성

창의 · 인성의 정의를 바탕으로 그 특성이 제시되고 있다.

- 한순미, 김선 외(2005): 모호함을 견디며, 끈기가 있으며, 새로운 경험에 대해 개방적이며, 위험을 기꺼이 감수하며, 자신에 대한 확신을 가지며, 믿음과 용기가 있는 특성
- Davis(1983): 자신을 창의적으로 인식하고, 자발적이며, 독립적이며, 위험을 감수하며, 영정적인 에너지가 있으며, 열심히 하며, 모험적이며, 철저하며, 호기심이 많으며, 폭넓은 관심을 지니고 있으며, 뛰어나며, 유머감각이 있으며, 천진난만하고 놀기를 좋아하며, 예술적인 흥미가 있으며, 심미적인 흥미를 지니고 있으며, 이상주의적이며, 반성적이며, 혼자만의 시간을 필요로 하며, 새로운, 복잡하고 신비로운 것에 매혹되는 특성을 지님

이렇게 볼 때, 우리나라의 지속적인 번영을 위해서는 부모를 포함한 사회 전반에 걸친 교육열과 행동에서의 방향전환이 필요하다. 다시 말하면 전통 사회에서의 '맹모삼천지교(孟母三遷之敎)'나 오늘날 '교육강남특구'를 찾아 '스카이 캐슬' 부모가 되려는 마음에서 벗어나 시공을 초월하여 진정한 글로벌 리더로 육성시키는 방향으로 나아가야 하는 것이다.

더구나 포스트 코로나 전후의 세계적 변화와 이에 따른 양육과 교육의 흐름을 주시하면서 디지털의 세계에 부합되는 신교육사조(新敎育思潮)를 적극적으로 수용하여 창의와 인성을 겸비한 리더로써 리더십을 발휘하는 멋진 자녀로 양육하고 교육할 수 있도록 지혜를 모아야 한다. 왜냐하면 시대의 변화에 따라 아동의 꿈과 희망도 변화하고 있기 때문이다. 이미 한국인의 우수성과 높은 교육열은 세계적으로 공인받고 있으므로 자신감을 가지고

육성할 필요가 있다.

글·그림 8-7 디지털시대의 어린이의 장래희망

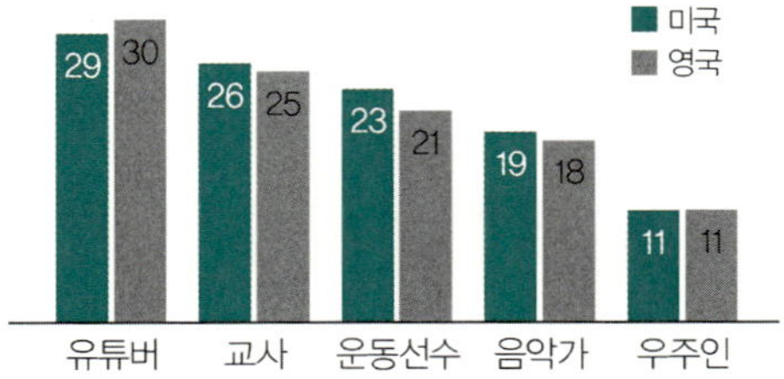

1	운동선수	6	경찰관
2	교사	7	법률전문가
3	의사	8	가수
4	요리사	9	프로게이머
5	유튜버	10	제과제빵사

출처: SBS(2019). / 세계일보(2019.9).

Q&A 시대의 변화에 따라 아동의 꿈은 변화한다.
초등학생뿐만 아니라 중·고등학생의 꿈의 종류와 순위는 어떻게 변했을까?

리더십교육에서는 속도보다 방향이 중요하다고 말한다(Covey, 2001). 또한 단순한 속도가 아니라 신뢰의 속도가 효과를 창출한다고 말한다(Covey, Merrill, & Rebecca, 2008).

따라서 후기정보화사회 및 4차 산업혁명시대로 불리는 오늘날에도 적용되어야 한다. "백짓장도 맞들면 낫다"라는 우리나라의 속담 역시 지혜롭게 적용되어야 한다.

글·그림 8-8 창의·인성의 역량 발휘 결과(1)

'디지털이다(Being Digital)'의 저자인 니콜라스 네그로폰테는 책의 에필로그에서 "컴퓨팅은 더 이상 컴퓨터에 관한 것이 아니다. 삶 자체이다(Computing is not about computers any more. It is about living)."라고 하였다.

네그로폰테는 대부분 후진국 아이들이 노트북을 만질 기회조차 없다는 점에 주목했다. 단기간이 아니라 장기적인 안목으로 어떻게 디지털 '교육'을 할 수 있을까를 고민했으며, 100달러짜리 초록색 노트북을 만들어 보급하게 되었다고 하였다.

출처: 전자신문(2006).

Q&A 선물은 모든 사람을 기쁘게 한다.
연두색 노트북을 선물받은 아이들의 얼굴, 어떤 표정이었을까?

한편 이러한 노력이 성과를 내기 위해서는 창의 · 인성을 도모한 결과가 가시적으로 표출되어야 한다. 그래야 동기부여 및 동기유발이 될 가능성이 높다. 즉 성인들의 의미 있는 사례를 통해 자녀들이 꿈을 꿀 수 있도록 실사례와 펼쳐나갈 기회를 제공해 주어야 한다.

글 · 그림 8-9 **창의 · 인성의 역량 발휘 결과(2)**

무거운 물통 대신 'Q-durm'을 끌다!

I **DREAM** Therefore I am
나는 꿈꾼다 고로 존재한다

I **DESIGN** Therefore I am
나는 디자인한다 고로 존재한다

I **DONATE** Therefore I am
나는 나눈다 고로 존재한다

러브팟
- 자연증발로 전기가 필요 없고 박테리아가 생기지 않는 천연 가습기
- G마크(최고의 디자인 상품에게 부여하는 인증마크) 받음, 4대 디자인 어워드 모두 수상

출처: 백순주가 만드는 알콩달콩 세상: 티스토리; 내가 모르는 사람들의 이야기 peopools/세상을 움직이는 발명 디자이너 배상민 교수

Q&A "나는 생각하다. 고로 나는 존재한다"고 파스칼은 말했다.
배상민 교수의 '존재'를 읽고, 어떤 동기를 받았는가?

나아가 공학중심의 디지털을 넘어 창의적 발상이 가능하도록 풍요로운 인문학적 소양을 갖추는 데도 노력할 필요가 크다. 이러한 소양은 조부모와 부모의 무릎 위에서 시작된다. 그리고 어린이집과 유치원의 선생님의 가슴으로부터 지펴진다. 그러므로 지혜로운 영유아의 양육과 교육은 행복 나침반이다. 멋진 스토리텔링은 사람들을 움직이는 매력과 마력이 있기 때문이다.

글 · 그림 8-10 **창의 · 인성의 이해를 위한 인문학적 접근**

어떻게 그 시절에 달에 계수나무를 심고,
떡방아와 함께 토끼 두 마리를 달에 보냈을까요? ➲ 창의
어떻게 토끼 두 마리로 하여금 떡방아를 찧게 했을까요? ➲ 인성

출처: 매일멋진부모(2014). 한국영리더십센터.

Q&A 보름달 속, 계수나무에서 떡방아 찧었던 토끼 이야기는 너무 멋있다.
내가 부모라면, 이 이야기를 어떤 마음으로 들려줄 수 있을까?

다시 말하면 창의 · 인성의 특성이 발현된 사례의 공유와 모델링은 매우 효과적인 방법이라고 할 수 있다. 특히 코칭적 접근을 활용한 양육과 교육은 디지털을 넘어선 모든 인간생활영역에서 가능하다. 실제로 가시화된 사례들은 창의 · 인성을 통한 멋진 리더십을 꿈꾸게 한다(충청남도 이모작 센터, 2022).

2) 부모의 디지털 양육과 교육의 실천

오랫동안 우리 사회에서 부모들을 중심으로 널리 회자되고 있는 두 가지 말씀은 '사람이 되어야 한다'와 '제 밥벌이를 할 수 있어야 한다'이다. 그런데 이를 모두 충족시키기란 그리 쉽지 않다. 따라서 자녀의 인성과 창의성의 함양과 계발이 더없이 중요하다. 더 나아가 각자의 수준에서 통합적 리더십을 발휘하도록 키워야 한다.

사람들은 '과학' 및 '과학적'이라는 말을 신뢰하고 활용가치를 높이고 있다. 이는 광고에 '과학'이라는 용어가 들어가면 쉽게 구매욕구가 일어나고 매출이 증가하는 현상에서 파악할 수 있다.

특히 과학의 정점이라고 부를 수 있는 디지털시대 부모의 자녀양육과 교육의 역할을 효과적으로 수행하기 위해서는 과학적이어야 한다. 이를 위해 집단지성의 힘을 활용해야 한다.

(1) 창의적 특성과 수준 알아보기

아무리 다양하고 복잡하고 모호한 현상이라 하더라도 과학의 반열에 오르기 위해서 '검사'라는 과정을 거치게 된다. 창의와 인성리더십도 예외가 아니다. 이러한 검사들은 발달 초기의 유아로부터 시작하여 아동기로 이어지고 있다(이경화, 2012; 전경원, 2008; 김경숙 · 이소희, 2023).

즉, 발달특성을 고려하여 유아는 도형 중심의 검사, 아동은 언어를 포함한 검사가 활용되고 있다. 최근에는 이 모두를 고려한 코칭접근을 통한 새로운 방법이 시도된다(김경숙 박사의 창의코칭 Lab, 2022).

구체적으로 창의성 검사를 실시하고, 확인하는 이유는 다음 두 가지로 요약되고 있다(전경원, 2008).

- 창의성은 인간 모두가 지닌 보편적인 특성이다: 어떤 분야에서든 창의성을 발휘할 수 있다면 그만큼 그 분야에서의 성공 가능성이 높아진다. 이러한 창의성은 천재처럼 특정인의 특정 영역에서만 나타나는 것이 아니라 보편적인 특성이다. 유아기에 이러한 창의성 수준을 알아보고 그에 적절한 교육적 환경을 조성해 주어야 한다.
- 창의성은 환경의 조건에 따라 증가 또는 감소될 수 있다: 검사를 통해 현재의 창의성 발달 정도에 따라 유아의 창의성이 더욱 증진 발전될 수 있도록 지도하고 도와야 한다. 프로그램은 대표적인 접근방법의 하나이다.

글 · 그림 8-11 유아-아동창의성 검사

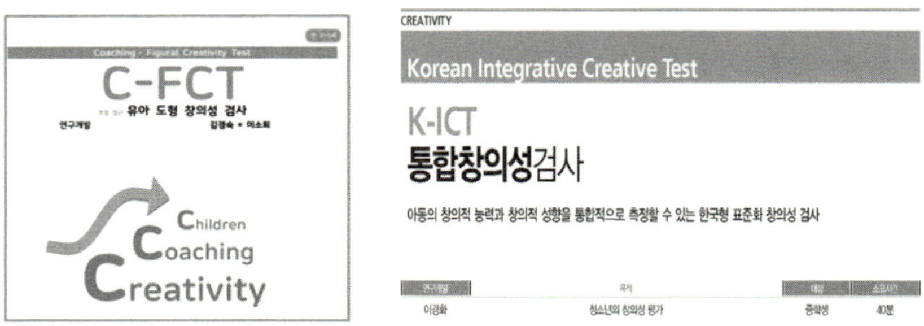

출처: 김경숙 박사의 창의코칭 Lab / 학지사 심리검사연구소-인사이트

Q&A 모든 심리검사의 생명은 정확성이다. 창의성 검사도 예외가 아니다. 이 검사는 유아 · 아동 · 청소년의 창의성을 얼마나 잘 잴 수 있을까?

(2) 인성 및 인성리더십의 특성과 수준 알아보기

인간은 만물의 영장이자 사회적 동물임을 고려할 때, 인성은 다함께 사는 삶에서 매우 중요한 요소이다.

"예전에는 그런 인성검사 같은 것을 하지 않아도 아이를 잘만 길렀다"라고 말씀하시는 어르신이 계신다. 그럼에도 불구하고 창의성검사처럼 '세 살 버릇이 여든까지 간다'는 옛 선현의 말씀은 인성검사를 조기에 실시하여 접근해야 한다는 당위성을 확인해 준다.

창의성검사만큼이나 인성검사와 인성리더십검사는 개발은 물론(김성숙, 2009; 박영례, 2018)[10] 적용하기도 어렵다. 왜냐하면 지필테스트의 검사결과와 실제 일상생활에서의 행동은 다를 수 있기 때문이다. 다시 말하면 알고 있다고 해서 모든 사람이 그대로 행동하는 것은 아니다. 더구나 한창 성장기에 있는 유·아동은 더욱 그러하다. 따라서 세심하게 관찰하여야 한다(조성희, 2023).

(3) 창의성 함양 프로그램 경험케 하기

창의성은 어디로부터 나오는가? 머리, 곧 뇌로부터 나온다. 한마디로 말하면 '생각'으로부터 나온다. 생각은 언제 하는가? 남녀노소를 막론하고 죽지 않고 살아 있으면 매일매일 하게 된다.

'생각하기 나름'이라는 말이 있다. 이 말 속에 함축되어 있는 것은 생각할 때도 어떤 자세로 생각하느냐가 중요하다. 생각도 키울 수가 있고 자라게 할 수 있기 때문이다. 그러므로 발달 초기에 자녀들이 창의적인 생각을 시작하고 키울 수 있도록 도와야 한다. 왜냐하면 창의적인 생각이 어느 날 하늘에서 갑자기 뚝 떨어져서 발현되는 것이 아니기 때문이다. 부단히 생각하고, 연습하고, 피드백을 받아야 '창의적'이라는 평가를 받을 수 있기 때문이다. 또한 프로그램은 국가가 설정한 교과위주의 교육과정과는 다르게 특별한 철학에 따라 특별한 목적을 추구하는 접근방법이므로 개인의 창의성을 고양시키기가 용이한 장점이 있기 때문이다(서은정, 2023; 이원희, 2023; 이진아, 2023).

---

10) 박사학위논문이므로 도서관에서 다운받아 활용할 수 있다. 다만 해석상의 주의를 요하므로 척도(검사)를 발간한 연구소 또는 센터의 도움을 받을 필요가 크다.

(4) 인성 및 인성리더십 프로그램 경험케 하기

일반적인 인성교육의 사전적 의미는 사람이 사람답게 살도록 가르치는 것을 말한다. 한마디로 '인간됨됨이 교육'을 말한다. 이 말은 삶에서 인성교육이 지니는 큰 교육적 가치를 대변해 준다.

그리고 인성교육의 방법은 크게 교과과정을 통한 방법과 비교과과정을 통한 방법으로 접근하고 있으며, 이 모두의 접근에서 구체적인 다양한 방법이 활용되고 있다(김순환 · 박선혜 외, 2014; 이병석, 2010). 예를 들어 이야기 나누기(story telling), 그림 그리기, 게임과 역할놀이, 봉사, 토론과 특별강의 듣기, 윤리강령과 헌장 등의 선포, 실습과 견학 및 봉사 등의 현장학습, 여행과 탐사, 명상 등 다양하게 활용할 수 있다.

① 유아용 〈매일멋진영리더〉 프로그램

유아를 대상으로 한 인성리더십 프로그램은 민간 차원에서 개발 · 보급되고 있다. 유아기 리더십의 중요성과 필요성을 일찍이 절감하고 2012년 개발된 〈매일멋진영리더〉는 오늘날까지 전국의 유치원과 어린이집에서 이루어지고 있다(한국영리더십센터, 2022).

이 프로그램의 특징은 유아기가 기본생활 습관이 형성되는 시기라는 점을 고려하여 4가지 리더십-8가지 습관-24가지 인성덕목으로 구성하여 매일매일 창의적인 방법으로 창의와 인성을 겸비한 영리더로 육성함을 목적으로 하고 있다. 이러한 의미를 고려하여 각 어린이집과 유치원에서 각 기관의 상황을 고려하여 실시되고 있다. 또한 이 교육을 위해 부모-교사-원장도 함께 〈매일멋진사람들〉의 프로그램을 수강하도록 구성되어 있다(이소희 · 원종순, 2020).

글·그림 8-12 인성리더십체계-황금원 모델의 구성체계와 주요 내용

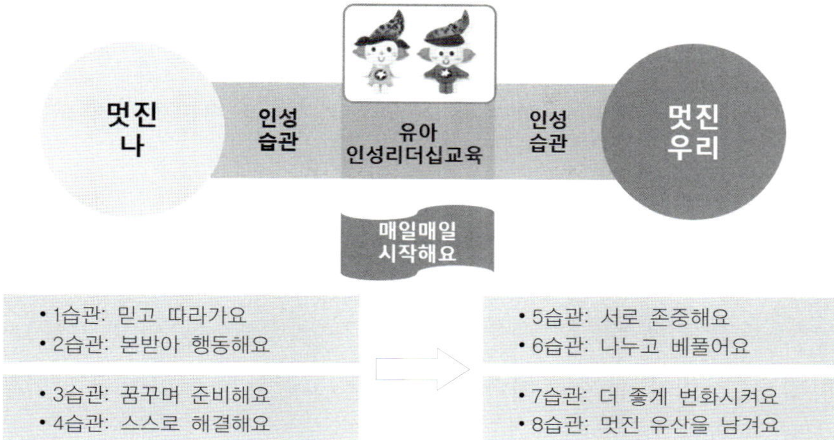

구분	습관명	활동주제
'매일멋진 인성'을 위한 기초	매일매일 시작해요	행복한 나, 소중한 우리들, 즐거운 영리더, 신나는 매일매일, 기적의 세 마디
	매일매일 기억해요	
'매일멋진 나'를 위한 창의인성	믿고 따라가요	내 마음의 파수꾼, 우리집표 꽃잎 떡국, 선생님표 "사랑해요", 마시멜로의 비밀
	본받아 행동해요	할아버지의 숨결, 존경의 마음을 찾아서, 어명(御命)이요, 꽃신으로 지구를 신겨봐!
	꿈꾸며 준비해요	꿈꾸는 우리들, '상상의 방'에 온 것을 환영해! 바다에도 KTX를! 매일매일, 조금씩 조금씩
	스스로 해결해요	큰 붓과 큰 힘, 할아버지의 벼루, 멋진 선택, I am Creative
'매일멋진 우리'를 위한 창의인성	서로 존중해요	내 마음의 향기, 인디언의 지혜, 공감이 가요, 하얀 마음.
	나누고 베풀어요	이웃사랑의 힘, 매직 비타민, 영리더 아나바다, 한국 음식이 최고!
	더 좋게 변화시켜요	나무야 나무야 뭐하니? 같은 배를 탄 우리들, 더 편리하고, 편안하게, 백지장도 맞들면 낫다.
	멋진 유산을 남겨요	어떻게 될까? 어떻게 할까? 쁘띠 뷔페로 오세요, 우리나라의 맛과 멋, 우리는 매일멋진영리더!

Q&A 다양한 활동주제가 제시되어 있다.
내가 유아기로 돌아간다면 어떤 활동주제에 적극 참여하고 싶을까? (3가지 선택)

② 청소년용 디지털 역량강화 프로그램

청소년을 대상으로 한 디지털 역량강화 프로그램은 교과 및 비교과영역에서 동시에 이루어지고 있으며, 특히 비교과영역이 주목받고 있다. 그 이유는 정규 학습차원이 아닌 관점에서 접근하므로 학생들의 호응이 높기 때문이다.

특히 비교과영역에서는 최근 주목받고 있는 디지털 매체인 메타버스(Metabus)를 활용한 다양한 교육 프로그램이 개발보급되고 있다. 그 한 사례로 이소희와 김일부(2020)는 「Grace & Force 청소년 인성 프로그램」을 개발하였으며, 이를 실제로 메타버스상에서 구현하는 실험연구가 이루어졌다(염서영, 2022).

글 · 그림 8-13 메타버스를 활용한 청소년 디지털 리더십 프로그램

ifland 구현 이미지	관련 활동
	Grace & Force-메타(Meta) 프로그램의 개요 메타버스 사용 안내 및 체험
	① 나는 이런 사람입니다(*나의 강한 성격특성 말하기) 나는 이런 사람이 아닙니다(*나의 약한 특성 말하기) ② 비전 에니어그램 성격 검사하기 ③ 아바타 아이템으로 나를 표현하고 닉네임 만들기

출처: 염서영(2022).

Q&A 메타버스 플랫폼은 다양하다.
요즘 청소년들은 어떤 메타버스 플랫폼을 좋아할까?

부모의 시

아이를 키운다면

다이아나 루먼스

만일 내가 다시 아이를 키운다면
먼저 아이의 자존심을 세워 주고
집은 나중에 세우리라.
아이와 함께 손가락 그림을 더 많이 그리고,
손가락으로 명령하는 일은 덜 하리라.
아이를 바로잡으려고 덜 노력하고
아이와 하나가 되려고 더 많이 노력하리라.
시계에서 눈을 떼고 눈으로 아이를 더 많이 바라보리라.

만일 내가 다시 아이를 키운다면
더 많이 아는 데 관심 가지지 않고,
더 많이 관심 갖는 법을 배우리라.
자전거도 더 많이 타고 연도 더 많이 날리리라.
들판을 더 많이 뛰어다니고 별들을 더 오래 바라보리라.
더 많이 껴안고 더 적게 다투리라.
도토리 속의 떡갈나무를 더 자주 보리라.
덜 단호하고 더 많이 긍정하리라.
힘을 사랑하는 사람으로 보이지 않고
사랑의 힘을 가진 사람으로 보이리라.

Chapter 09

방임과 학대하지 않는 부모되기

어린이의 첫 번째 행복은
자신이 사랑받고 있다는 것을 아는 것입니다.

_ 돈 보스코

부모에게 자녀는 제 2의 자기 자신이라고 해도 과언이 아니다. 자녀들이 나를 부모로 선택한 것이 아니라, 부모가 자녀의 출생을 원했고, 태교하며 출산한다. 그리고 마침내 부모라는 지위와 역할을 가지게 된다. 그러므로 낳은 자녀를 위해 최선을 다해야만 하는데도 불구하고 자녀방임과 학대는 증가일로에 있다. 그 결과 상당수의 자녀들이 심리적 및 신체적 아픔을 겪고 있다. 결코 자녀들을 부모 마음대로 길러서 슬프고 아프게 해서는 안 된다.

따라서 9장에서는 방임과 학대하지 않는 부모가 되기 위한 이론과 실제적 방법론을 행동주의를 중심으로 하여 그 핵심적 내용을 학습하도록 한다.

1. 자녀방임과 학대의 의미와 부모역할

세상에서는 당신이 한 사람일지는 모르지만
어느 한 사람에게는 당신이 전부일 수 있다.

_ 조세핀 빌링스

1) 자녀방임의 정의와 종류

방임의 뜻은 분명하다. 그리고 방임으로 인한 아동발달의 피해도 분명하다. 그리고 방임으로 인한 발달적 문제는 학대보다는 그 정도가 전반적으로는 약한 편이다. 그러나 자녀의 상황에 따라 반드시 그렇지 않을 수도 있다. 오히려 겉으로는 방임인 것 같지만, 학대받은 상황으로 보아야 될 수 있다.

왜냐하면 무관심의 대상이 되어 무시당하는 것보다 차라리 부모로부터 한두 대 매를 맞는 것이 낫다고 생각하는 아이들이 있을 수 있기 때문이다. 이를테면 "미운 자식 떡 하나 더 주고, 고운 자식 매 한 대 더 준다"는 논리가 적용될 수도 있다.[1)]

따라서 학대의 악영향에 너무 치중하여 방임에 대한 문제를 소홀히 다루지 않도록 유념하여야 한다.

(1) 자녀방임의 정의

방임은 넓은 의미의 학대에 포함된다. 일반적으로 자녀방임은 부모가 고

1) 우리나라 아동복지법과 자녀학대범죄의 처벌 등에 관한 특례법 등에서는 아무리 '사랑의 매'라고 하더라도 생후 36개월 이하의 영아에 가해진 체벌은 이유 여하를 막론하고 학대로 간주하고 있다. 이것은 영유의 발달특성을 고려한 것이다.

의 또는 비고의적으로 자녀의 양육을 소홀히함으로써 자녀의 정상적인 발달을 저해하는 모든 행동으로 정의되고 있다(이소희 · 유서현 외, 2021).

그렇지만 이러한 정의에서도 '비고의적'인 부분은 해석상의 주의를 요한다. 예를 들면 자녀양육을 어떻게 하는지를 잘 몰라서 방임했다고 하는 경우이다. 이러한 변명 같은 논리는 수용되기 어렵다. 왜냐하면 적어도 '부모라면' 그 부모는 어떠한 언행과 양육태도가 자녀에 대한 방임 또는 넓은 의미의 학대에 해당하는지 알아야 한다. 이러한 차원에서 부모교육을 더욱 강조하여 '부모자격증'에 대한 논의가 대두되고 있는 것이다(최정혜, 2020).

(2) 자녀방임의 종류

자녀의 방임은 크게 네 가지로 구분되며, 서로 관련된 신체적 방임, 정서적 방임, 교육적 방임, 의료적 방임 등이다.

① 신체적 방임: 자녀에게 적절한 의식주를 제공하지 않는 상황에 놓이게 함. 예) 불규칙한 식사 제공, 계절에 맞지 않는 의복 입히기 등

② 정서적 방임: 자녀와 적절한 소통을 하지 않고 친밀한 관계를 형성하지 않음. 예) 말하지 않기, 눈 마주치지 않기

③ 교육적 방임: 자녀의 유아교육기관 및 학교생활에 필요한 지원을 하지 않음. 예) 교육자료 준비의 비협조, 잦은 지각과 무단결석 방치와 허용

④ 의료적 방임: 자녀의 건강을 위해 필요한 조치를 취하지 않음. 예) 예방주사의 미접종, 질병 시 제대로 투약하지 않기

글 · 그림 9-1 정서적 방임 및 교육적 방임을 받은 자녀

출처: 이소희(2005).

Q&A 감정이입을 통한 입장 바꾸기는 부모-자녀관계를 재고해 보게 만든다. 만약 내가 이러한 상황에 놓였다고 생각해 보자. 나 자신에 대해 어떤 느낌이 들겠는가?

2) 자녀학대의 정의와 종류

"왜 이렇게 말을 안 들어? 맞아 볼래? 이리와!" 우리가 흔히 사용해 오던 이런 말처럼 자녀학대는 예전부터 행해진 불행한 현상이다. 그러나 이 문제를 아동복지적 시각으로 바라보기 시작한 것은 그리 오래되지 않았다. 그 배경적 원인으로는 개인주의와 가족이기주의의 심화와 심각한 미디어 오·남용의 수준을 들 수 있다. 이에 따라 아동의 생존권과 생활권 보장에 대한 국가 및 국제적 관심도 함께 높아지면서 자녀학대를 범죄로 보고 가해자에 대한 법도 제정되어 한층 더 보호체계를 강화하고 있다.

(1) 자녀학대의 개념

자녀학대(child abuse)의 개념은 좁은 의미와 넓은 의미로 대별되고 있다. 이러한 관점은 우리나라의 현행 자녀학대관련법에 나타나 있다.[2] 즉, 아동의 학대(虐待)는 반인륜적 행위이므로 좁은 의미의 자녀학대와 넓은 의미의 자녀학대가 지니는 의미와 영향력을 고려하여 탄력적으로 개념화하고 있다.

이 책에서는 「아동복지법」의 규정에 따라 '피해아동'이라는 용어를 사용하여 접근한다. 피해아동이란 자녀학대로 피해를 받은 아동을 말한다고 「아동복지법」에 규정되어 있다.

① 좁은 의미의 자녀학대

좁은 의미의 자녀학대는 가시적으로 아동이 학대받았다는 것을 분명히 알 수 있는 상태를 말한다. 대표적으로 신체적 학대 및 성적(性的) 학대와 이로 인한 정서적 학대를 들 수 있다.

좁은 의미의 학대에 대한 정의에서 해석상의 문제가 발생하는 것은 아동에게 가한 그 언행이 소위 훈육(訓育)적 차원의 체벌인가 아니면 고의적인 학대인가 하는 점이다. 그렇지만 이 경우에도 비교적 이해도가 높은 수준에서 명료하게 정리되었다. 그것은 아무리 아동을 위한다는 긍정적 의도에서 출발한 훈육이라고 할지라도 결과적으로 아동의 몸과 마음에 나타난 손상의 정도가 심하면 학대로 간주한다는 것이다. 왜냐하면 학대의 결과에 따라 아동은 심각한 정신적・신체적 후유증을 경험하며, 극심한 경우는 생명을 잃을 수도 있기 때문이다.

그렇다고 해서 신체 및 성적 학대에 비해 가시성이 부족하므로 정서적 학대가 좁은 의미의 자녀학대에 포함되지 않는다는 것은 결코 아니다. 그것은

2) 우리나라에서는 '아동학대', '학대아동', '학대피해아동', '피해아동', '피해학대아동' 등으로 상황에 따라 유사한 용어들이 혼용되어 사용되고 있다.

표면에 드러나는 신체적 학대보다도 눈에 잘 드러나지 않는다는 특성 때문에 학대로 인지하지 못할 가능성이 높을 수 있기 때문이다. 그러므로 정서적 학대는 지속성과 반복성이 중요한 변수가 된다. 따라서 장시간의 고립과 무시와 감시 등은 분명한 자녀학대에 해당된다.

이렇게 볼 때, 좁은 의미의 자녀학대는 주로 부모와 가족과 대리양육자 및 아동관련 기관과 시설 등의 종사자 등에 의해 비우발적이 아닌 고의에 의해 명백한 신체적 및 정서적 상처를 남기는 경우로 정의한다.

② 넓은 의미의 자녀학대

넓은 의미의 자녀학대는 한마디로 좁은 의미의 학대를 제외한 모든 자녀학대를 말한다고 볼 수 있다. 그렇기 때문에 방임(neglect)도 학대의 범주에 포함된다. 넓은 의미에서의 학대의 핵심은 명백한 고의성이 없다고 하더라도 아동의 성장발달에 손상을 야기하고 있거나 향후 아동의 전인적 복지를 저해할 가능성이 있는 모든 행위와 제도는 학대로 보는 것이다(Besharov, 1990). 예를 들어 예방접종시기를 놓치거나, 목욕을 오랫동안 못하도록 내버려 두었거나, 놀이터가 없어서 공사장 근처에서 놀게 하거나, 학교 주변에 성인오락장을 설치하거나 성인용품을 파는 것을 들 수 있다.

더 나아가 최근에는 고의성이 없는 무지에 의한 양육행동으로 생명을 잃게 하는 결과가 초래되었다고 해도 학대로 보아야 한다는 최광의의 정의도 수용되고 있다. 예를 들어 흔들림에 의해 사망한 아기(Shaken Baby Syndrome)의 부모에게 유죄판결을 내린 것 등을 들 수 있다. 왜냐하면 부모된 자로서 아동의 발달에 대한 최소한의 이해와 실천이 뒤따르지 않는 경우, 부모로써 적절한 양육에 대한 책임을 다하지 않았다고 보기 때문이다. 다시 말하면 아기를 재우거나 달래기 위한 목적이라고 해도 아기를 너무 오래 흔들면 치명적인 사태가 발생된다는 위험성을 알고 조심하지 못한 것은 결과적으로 과실치사에 해당되므로 법적 처벌을 받아야 한다는 것이다.

(2) 자녀학대의 종류

자녀에 대한 학대의 종류는 크게 신체적 학대와 정서적 학대 및 성적 학대로 구분된다. 특히 성적(sex) 학대는 두 학대와 달리 극심한 정서적 학대와 신체적 학대를 모두 동반한다.

① 신체적 학대

부모가 우발적인 사고에 의해서가 아니라 의도적으로 자신의 신체(예: 손, 주먹, 발, 입과 이빨, 머리, 몸) 및 각종의 도구(예: 빗자루, 총채, 혁대, 밧줄, 보자기, 목도리, 몽둥이, 돌, 벽돌, 칼, 가위, 자, 송곳, 핀, 바늘, 다리미, 병 등)와 다양한 물질(예: 물, 뜨거운 물, 약물, 대, 소변)을 사용하여 자녀의 신체에 손상을 입히는 모든 행동을 말한다. 구체적으로 차는 행동, 박는 행동, 베는 행동, 때리는 행동, 찌르는 행동, 지지는 행동, 비트는 행동, 할퀴는 행동, 감금하는 행동, 강제로 먹이는 행동, 담그는 행동 등을 들 수 있다.

신체적 학대는 눈에 띄는 부위에도 하지만, 남의 이목을 의식하여 눈에 잘 보이지 않는 부위에 학대를 가하는 경향이 높다.

글 · 그림 9-2 신체적 학대 부위

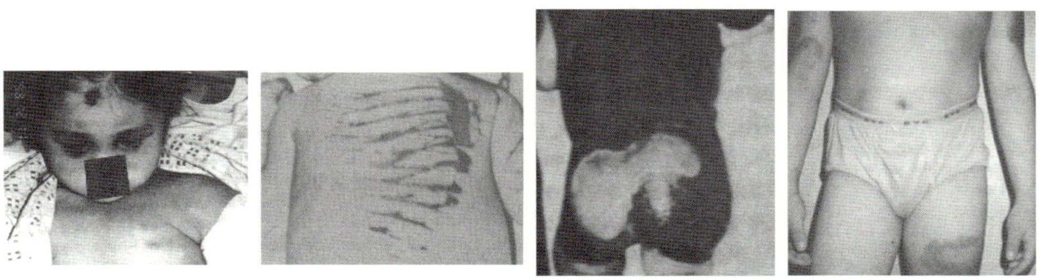

출처: 이소희(2005).

Q&A 입장 바꾸기는 부모-자녀관계를 포함하여 모든 인간관계를 변화시킨다. 만약 내가 이 아이가 되었다고 가정해 보자. 부모에 대해 어떤 느낌이 들겠는가?

② 성적 학대

부모의 성적 충족을 목적으로 자녀가 거부함에도 불구하고 자녀에게 가하는 모든 성적 행동을 말한다. 구체적으로 성적 유희, 성기 및 자위행위 장면의 노출, 관음증, 성기 삽입, 성적 접촉, 강간, 매춘, 매매, 포르노 매체에 배우로 출연시키거나, 포르노물 판매 행위 등을 들 수 있다. 어머니와 아들, 아버지와 아들보다는 아버지와 딸의 경우가 압도적으로 많다(연합뉴스, 2002; 천희영, 2009).

③ 정서적 학대

부모의 우발적인 사고에 의해서가 아니라 의도적으로 자신의 언어적 및 비언어적 표현으로 자녀의 정서에 손상을 입히는 모든 행동을 말한다. 구체적으로 욕, 명령, 비교, 비난, 낙인, 거절, 거부, 위협, 협박 등의 언어적 및 눈을 치켜뜸, 벌세우기, 옷 벗겨 다른 사람들 앞에 노출시키기 등의 비언어적 행위 및 특정한 공간에 고립시키거나 감금하는 행동을 들 수 있다.

글·그림 9-3 정서적 학대 및 성적 학대를 받은 자녀

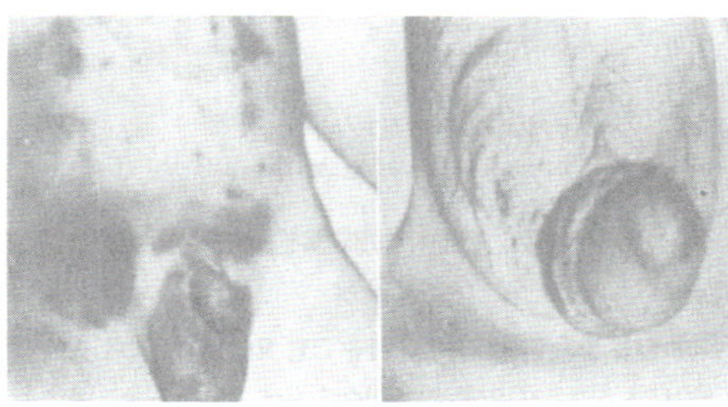

출처: 이소희(2005).

Q&A 생각에는 한계가 없다고 말한다. 그렇다면 좋은 생각으로 창의성을 발휘해야 한다. 위 두 사진을 보고, 어떤 생각이 들었는가?

3) 자녀방임과 학대의 발달적 손상과 부모역할

자녀에 대한 학대는 방임보다도 더 가시적이다. 즉 학대로 인한 여러 형태의 상처와 함께 정신적 충격으로 인한 여러 가지 징후를 육안으로 볼 수 있을 뿐만 아니라 시급한 치료가 요구되는 상황에도 노출되기 때문이다.

이렇듯 일반적으로 학대로 인한 폐해는 방임보다 강하다. 따라서 부모는 방임과 학대에 대한 지식은 물론, 자녀가 바람직하지 못한 행동을 자주 할 때 효과적으로 양육할 수 있는 기술을 습득하여 적재적소에서 활용하도록 한다.

(1) 방임과 학대로 인한 발달적 손상

동서고금을 막론하고, 남녀노소를 막론하고 신체적으로 정신적으로 아프지 않은 건강한 삶을 살기 원한다. 그래서 가정과 학교와 직장에서 사람들은 정기검진을 하고, 예방주사를 맞으며, 위생관리를 한다.

그런데 부모에 의한 피붙이 자녀의 방임과 학대는 그 어떠한 배경에 의해 저질러졌다고 해도 용납하기 어렵다. 방어력이 없는 어린 아이에게 고의로 고통을 준 것이기 때문이다. 분노와 슬픔을 자아내게 만드는 악행이다.

① 방임으로 인한 손상

방임으로 인한 손상은 해당되는 방임의 영역에서 발달적 지체와 함께 전반적으로 발달지체현상을 수반한다. 왜냐하면 마음과 정신과 신체는 서로 연결되어 있기 때문이다.

신체적 및 의료적 방임을 당한 자녀는 신체가 허약해지고 질병에 쉽게 걸리기 쉽다. 이에 따라 전반적으로 발달지체를 보이게 된다.

교육적 방임을 당한 학습의욕이 낮아져서 학습부진현상을 보이게 된다. 그리고 고학년으로 갈수록 학업성취도는 점점 낮아지게 된다. 결국에는 '공부를 못하는 아이'로 낙인찍혀서 친구들과 밝게 어울리지 못하고 외톨이가 된다. 심한 경우는 따돌림의 대상이 되기도 한다.

이러한 방임이 지속되면 두 가지 상반된 특성을 나타내게 된다. 하나는 자신감이 결여되고, 자존감이 약화되며, 소속감의 저하 등을 자주 느끼게 된다. 그래서 자기 자신의 존재가치에 대해 비하감을 느끼거나, 심하면 자학하게 되기 쉽다(서울대학교 산학협력단, 2015; 서울시 아동복지센터, 2022). 다른 하나는 방임에 대한 반작용으로 반발하는 것으로 가족과 친구에 대한 무차별 공격성을 드러내거나 가출하거나 비행을 저지르게 된다(김수정 · 정익중, 2013).

② 학대로 인한 손상

방임과 달리 학대로 인한 손상은 치료가 필요한 경우가 대부분이다. 특히 신체적 학대를 받은 자녀는 학대받은 신체부위의 손상과 함께 다양한 정신질환을 일으키게 된다. 그리고 성적 학대를 받은 자녀는 성적 부위의 상처는 물론, 정서적으로 큰 손상을 입게 되어 정상적인 성발달을 하기가 어려워진다. 즉 대인관계에서 적절한 대응 및 반항할 수도 없는 상태에 이르게 되어 정서적 불안과 공포, 수치, 치욕, 모멸 등으로 피폐된 생활을 하기 쉽다. 그 후유증으로 다양한 정신질환을 일으키게 된다.

그리고 극단적인 학대는 자녀를 살해하는 것이다. 과거에도 있었지만, 21세기의 발달된 사회에서도 자녀 살해가 버젓이 발생하고 있다는 사실에 격노하지 않을 수 없다.[3] 성경의 "한 아이는 천하보다 더 귀하다"는 말씀(마태

복음 16: 26)은 자녀의 가치를 충분히 설명하고 있음에 주목하여야 한다.

(2) 방임과 학대의 예방과 치유를 위한 부모역할

부모의 자녀방임과 학대는 여러 가지 원인으로 발생한다. 크게 자녀의 요인과 부모의 요인으로 인한 스트레스와 소진을 잘 감당하지 못함에 따른 것이다. "동쪽에서 뺨 맞고, 서쪽 가서 주먹질하는" 꼴이 되거나, "무자식 상팔자"라고 넋두리하면서 적절하게 대응치 않고 내팽개치듯 하는 행태가 되는 것이다.

두 말할 나위 없이 가정은 제 1의 학교이다. 또 가정은 최고의 울타리라고 하는 말은 자녀에 대한 부모의 역할을 단적으로 나타내 준다. 실제로 자녀는 발달과정 중에 있으므로 부모의 보호가 절대적으로 필요한 미성숙한 존재이다. 더군다나 부모에 의한 학대의 경우, 자신의 권리를 주장하거나 학대로부터 스스로를 보호할 능력이 거의 없다. 이것은 학대가 지닌 은폐성, 지속성, 반복성 등의 속성으로 인해 외부에 알려지기가 매우 어렵기 때문이다. 또한 설사 알려지게 된다고 하더라도 법적 개입이 없으면 그 자녀는 학대로부터 벗어나기가 매우 어렵다.

어떻게 자녀방임과 학대를 예방할 수 있을까? "예방의 1온스는 치료의 1파운드인 16온스와 맞먹는다"는 영국 속담은 예방의 중요성을 시사하고 있다.

부모에 의해 발생되는 방임과 학대를 예방하기 위한 첫걸음은 '수신제가치국평천하(修身齊家治國平天下)'라는 고사성어의 의미를 수용하고 실행할 수 있도록 교육하는 것이다. 부모로써 책임을 다하기 위해서는 자녀에 대한 연민의 감정이입도 필요하다. 다시 말하면 희생을 넘어 헌신하면서, 낳은 자

3) 이러한 살해는 '부모', '계부모', '자녀', '학대', '살해' 등의 용어로 검색해 보면 여러 사례들을 볼 수 있다.

로서의 책임을 다하는 것이다(박현정, 2018).

"우는 아이 젖 준다"는 말이 있다. 아이를 달래는 마음과 방법을 나타낸 말이다. 아이는 자신의 욕구가 충족되지 않을 때 운다. 물론 운다고 해서 아이의 모든 욕구를 즉시 다 들어 주기 어렵다. 또 언제나 바람직한 태도는 아니다. 중요한 것은 지혜롭게 대응하고 장기적으로 양육하는 것이다. 구체적인 부모교육 내용으로 바른 아동관과 양육태도와 영유아기의 발달특성, 학대의 개념과 종류 등을 들 수 있다. 특히 행동주의에 의한 행동수정은 전문가가 아닌 부모가 쉽게 활용할 수 있는 방법이다.

글·그림 9-4 부모의 학대 방지의 필요성과 좋은 부모교육

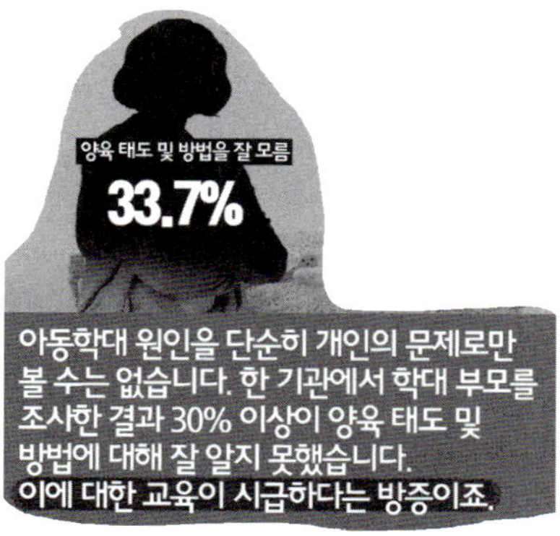

출처: 여성가족부(2019). / 연합뉴스(2016). 이름만 부모인 사람들.

Q&A 교육이 힘이다. 그렇지 않다면 엄청난 노력을 들여 교육하지 않을 것이다.
국가가 〈부모자격증〉 제도 실시를 고려한다면? 찬성과 반대, 어느 편에 설 것인가?

2. 행동주의 관점 육아로 지혜로운 부모되기

도끼를 들고 나물을 캐러 간다.

_ 우리나라 속담

1) 행동주의이론의 의미와 배경

행동주의이론은 기본적으로 인간의 모든 행동은 학습된 것으로 간주하며, 생물학적인 유전보다는 주위환경으로부터 영향을 받는다는 관점을 취한다.

따라서 행동주의이론에서는 아동을 둘러싼 주위의 환경 여건을 아동의 상황을 고려하여 적합하도록 변화시켜서 자연스럽게 아동의 행동을 바람직한 방향으로 이끄는 것을 지향한다. 여기에서 주위환경이란 특정한 아동의 행동이 일어나기 전후의 모든 상황을 말한다. 구체적으로 바람직한 행동은 더욱더 촉진함과 동시에 바람직하지 못한 행동은 점점 소멸할 수 있도록 과학적으로 접근하는 데 기본 바탕을 제공해 준다.

(1) 행동의 정의와 범위

행동주의이론에서 말하는 행동이란 그 시점에서 하는 아동의 모든 행동을 말한다. 구체적으로 의식주 등의 일상생활에서의 놀이와 공부와 휴식을 포함한 일상의 모든 상황에서 아동과 부모를 가족과 친구와 선생님을 포함한 주위 사람들의 반응과 언행을 포함한다. 그리고 이러한 행동은 정도의 차이가 있지만, 일단 학습된 것이므로 변화될 수 있다고 보고(이성진 · 홍준표,

1999), 수동행동과 작동행동으로 나눈다.

① 수동행동

수동행동이란 행동하는 사람의 의사와는 관계없이 어떤 특정한 자극에 의해 유발되는 행동으로써 어떤 자극이 주어지면 자동적으로 발생하는 행동을 말한다. 그 예로 더우면 땀을 흘리고, 추우면 몸이 떨리고, 어두운 방에 들어가면 눈의 동공이 커지는 것을 들 수 있다.

② 작동행동

작동행동이란 행동하는 사람이 자기의 생각에 따라 어떤 행동을 스스로 하는 것을 말한다. 그 예로 먹고 싶으면 먹고, 놀고 싶으면 놀고, 공부하고 싶으면 공부하는 것을 들 수 있다. 이와 같이 작동행동은 어떤 자극에 의하여 자동적으로 유발되는 것은 아니지만, 그 행동을 한 다음에 뒤따라오는 후속자극에는 영향을 받는다. 이 후속자극은 긍정적인 것과 부정적인 것으로 구분된다. 더 자주 하게 되거나 중단하게 되는데 이를 작동조건화라고 한다.

(2) 행동주의이론의 배경

행동주의 심리학은 기본적으로 학습이론의 관점을 취하며 두 가지 이론으로 대별된다. 하나는 현대 학습이론의 아버지라고 불리는 파블로프(Pavlov)를 시작으로 왓슨(Waston)과 스키너(Skinner) 등에 의해 확장되고 발전된 조건형성이, 다른 하나는 다른 사람의 행동을 관찰하고 모방함으로써 학습된다고 하는 반두라(Bandura)의 사회학습이론을 들 수 있다.

① Pavlov의 고전적 조건반사이론

파블로프는 개의 타액분비에 관한 우연한 발견을 통하여 조건반사이론을 제시하였다. 이 이론에서 제시된 조건을 이후 스키너(Skinner)에 의해 제시된 조건과 구분하기 위해 고전적 조건형성(classical conditioning)으로 부른다. 즉 이 조건은 일정한 자극에 의해 의해서 선천적으로 형성되는 반사를 처음에는 그것과 아무 관계가 없는 중립자극과 연결시키면서 그 중립자극이 선천적인 반사반응을 일으키는 현상을 말한다.

글 · 그림 9-5 Pavlov의 고전적 조건형성(classical conditioning) 실험

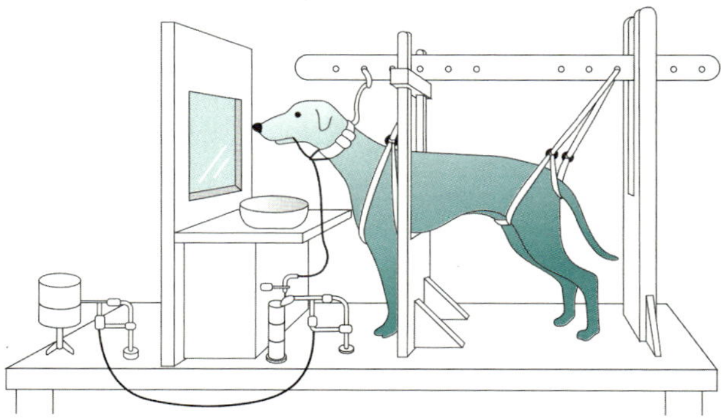

개에게 먹이를 주지 않고 종소리만 울리면 반응이 없지만 먹이를 줄 때마다 종을 울리면 이후 먹이를 주지 않아도 종을 울리면 침을 흘리게 되었다는 실험이다.

Q&A 반복은 힘이다.
어떤 부모교육을 반복하면 좋을까?

② Waston의 고전적 조건형성이론

왓슨(1928)은 파블로프의 고전적 조건반사이론에 근거하여 『영아 및 아동에 대한 심리학적 양육(Psychological Care of Infant & Child, 1928)』를 출간하고 육아현장에 적용시켰다. 왓슨은 또 "나에게 당신의 자녀를 보내라. 그리하면 당신의 원하는 자녀로 만들어 주겠다"는 말을 하였다. 왓슨은 이러한

관점으로 인해 아동발달에서 환경주의자라고 일컫는다.

그러나 고전적 조건형성이론은 파블로프의 개처럼 특정한 자극에 반응하는 간단한 반사행동의 학습을 설명할 수 있으나, 유기체가 스스로 조작하는 행동을 설명하는 데는 제한점이 있다는 비판을 받았다.

③ Skinner의 조작적 조건형성이론

스키너는 쥐를 대상으로 한 실험결과를 인간에게 확대 · 적용했다. 즉 자연스러운 상태가 아닌, 어떤 조작을 통하여 인간을 강화(reinforcement)하거나 보상(reward)을 주면 원하는 행동을 하도록 유도할 수 있다는 원리이다.

스키너(1948)는 자신의 관점을 적용한 소설 『웰덴 2(Walden Two)』를 발표했다. 이 책에는 아동의 발달과 바람직한 부모-자녀관계 및 기능적인 부모역할 등에 대해 다루고 있으므로 육아에 대해 유익한 시사점을 제공받을 수 있다.

반면에 스키너의 조작적 조건형성이론의 육아에의 적용은 자녀가 스스로 성장하고자 하는 욕구를 지니고 있으며, 또한 자녀가 원하는 것을 스스로 달성할 수 있는 힘을 가지고 있다는 점을 간과할 수 있다는 비판을 받았다.

글 · 그림 9-6 Skinner의 조작적 조건형성(operant conditioning) 실험

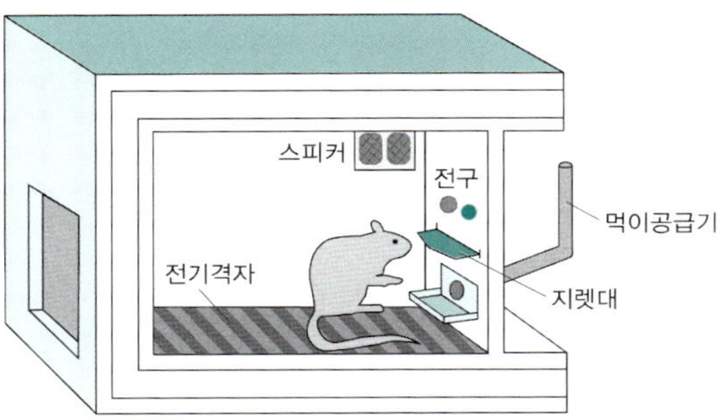

쥐를 상자에 넣고 우연히 지렛대를 밟으면 '먹이'라는 보상을 제공한다. 이후 쥐는 그 '먹이'를 먹기 위해 의도적으로 계속 지렛대를 누르게 된다는 원리의 실험이다.

Q&A 욕구를 충족하기 위해서는 노력이 필요하다.
그 욕구를 아이들은 어떻게 충족할 수 있는가?

④ Bandura의 사회학습이론

반두라(1961)는 보보인형(BoBo Doll)을 대상으로 한 공격성 실험을 통하여 아동은 직접 경험하지 않더라도 관찰과 모방만으로도 학습이 이루어질 수 있다고 주장하였다. 이를 사회학습이론이라고 한다.

글 · 그림 9-7 Bandura 관찰과 모방에 따른 학습

- A집단: 보보인형을 괴롭히는 행동은 칭찬하고 보상함(reward)
- B집단: 보보인형을 괴롭히는 행동은 벌을 받음(punishment)
- C집단: 보보인형에게 특별한 행동을 가하지 않음. 아무런 보상과 벌을 주지 않음(natural)
- **결론:** 모방행동에 대해 보상하면 모방의 가능성이 더욱 높아지지만, 보상이 주어지지 않으면 모방의 확률이 낮아짐

출처: Bandura(1960). BoBo 실험.

Q&A 모델이 지니는 의미는 모방의 실마리를 제공하는 것이다.
부모는 아이들에게 어떤 모델이 되어야 할까?

(3) 행동주의 관점에서의 육아의 의미

행동주의 관점에서의 육아는 행동주의 심리학에 기반을 두고 자녀양육에 적용하는 것을 말한다. 구체적으로 자녀가 바른 행동을 하면 인정하고 칭찬하여 그 행동이 계속 유지 · 발전되도록 격려한다. 반대로 바람직하지 못한 행동은 중지되도록 노력해야 하는 것을 말한다. 왜냐하면 자녀가 하는 거의 모든 행동은 그동안의 생활과정에서 학습된 것이기 때문이다.

실제적으로 행동주의 관점에서는 바람직한 행동보다는 학대를 유발시킬 정도로 부모를 힘들게 하는 부정적인 행동을 수정(behavior modification theory)하는 데 더 비중을 두어 왔다.

그러나 행동주의이론에서도 강점의 의미를 의미 있게 살리는 것이 필요하다. 왜냐하면 강점이론에 따르면(도널드 클리프턴 · 톰 래스, 2017; 마틴 셀리그만, 2006), 강점에 비중을 두고, 지속적으로 강화하면 바람직한 행동을 할 가능성이 높아지기 때문이다. 바로 보상체계의 활용이다.

글 · 그림 9-8 강점의 의미

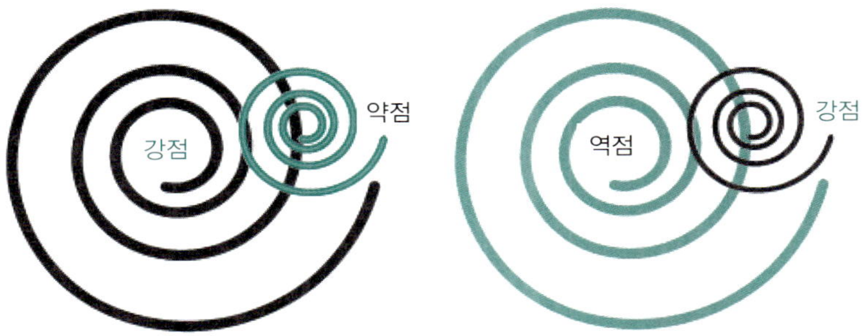

Q&A 역사상 위대한 인물은 자신의 강점을 최대한 발휘한 사람들이었다. 나의 강점은 무엇인가?

2) 바람직한 자녀의 행동 강화하기

자식을 일컬어 '분신(分身)'이라고 하고 또 "눈에 넣어도 안 아픈 자식"이라고 말한다. 최근에는 〈금쪽같은 내 새끼〉라는 TV 프로그램명도 있다. 이러한 말들은 자식의 가치를 단적으로 표현하고 있다.

행동주의 관점에서 바람직한 행동을 강화시키는 방법은 여러 가지이다. 이러한 방법이 효과를 거두기 위해서는 진정한 마음으로 자녀의 말을 온전히 경청하고 주의깊게 관찰해야 한다.

(1) 강화

강화(reinforcement)는 특정한 보상을 제공하거나 또는 피하도록 함으로써 바람직한 행동의 발생을 지속적으로 높이는 것을 말한다. 여러 가지 강화를 사용할 수 있다. 효과를 거두기 위해서는 자녀의 개별적 욕구를 존중하고 수용하여야 한다. 그리고 소위 말하는 'Give & Take'식의 양육이 되지 않도록 유의해야 하며, 초기에 학습효과를 올리기 위해 사용하였다 하더라도 점차 줄여나가야 한다.

① 정적 강화

자녀가 바람직한 행동을 한 후, 그 바람직한 행동을 지속하고 향상시킬 수 있도록 동기부여를 위해 자녀가 좋아하는 것을 하도록 하거나 원하는 것을 제공해 주는 것을 말한다. 구체적인 강화의 예로 칭찬과 피부접촉, 선물용 물건 제공, 놀이와 활동기회를 부여하는 것 등을 들 수 있다.

정적 강화의 효과성 제고를 위해 유념할 점은 자녀가 매력을 느낄 정도로 유인력이 있어야 한다. 동시에 해당 행동을 하자마자 즉시 제공하는 것이 좋다.

〈사례〉

엄마: 오! 우리 재영이가 밥 먹고 나서 금방 이빨을 닦았네.
엄마가 '김치~' 하고 활짝 웃어줄게.
"기 ㅁ 치~"

② 부적 강화

자녀가 바람직한 행동을 한 후 그 바람직한 행동을 지속하고 향상시킬 수 있도록 동기유발을 위해 자녀가 싫어하거나 고통스러워하는 것을 면제하거나 지연 또는 감소시키는 것을 말한다.

부적 강화의 효과성 제고를 위해 유의할 점은 그 자녀가 원한다고 해서 욕구를 무조건 수용하지 않으며 발달적으로도 문제가 거의 없는 것이어야 한다. 왜냐하면 바람직한 행동을 증가시키려다가 오히려 바람직하지 못한 행동을 촉발시킬 수도 있기 때문이다.

〈사례〉

엄마: 오! 우리 수영이가 공부하고 나서 책상을 깨끗이 정리했네. 이제부터는 네가 좋을 대로 하루에 한 번만 정리하도록 하면 어때?

③ 차별적 강화

자녀가 선택할 수 있는 여지가 넓을 때, 그 중에서 특정한 한 가지를 선택토록 하여 바람직한 행동을 지속하도록 강화하는 것을 말한다. 정적 및 부적 강화 모두에서 사용할 수 있다.

차별 강화의 효과성 제고를 위해 유의할 점은 교육적이고 안전한 선택을 하도록 돕는 것이다.

〈사례〉

엄마: 루호야, 제 시간에 밥을 먹으려고 하니까 좋구나. 그런데 여기 저기 돌아다니면서 먹지 않고 한곳을 정해서 먹었으면 좋겠어. 어디가 좋으니?

④ 간헐적 강화

기대하는 행동을 하거나 하지 않을 때마다 강화하지 않고, 시간과 정도와 비율을 조정하는 것을 말한다. 그 이유는 자녀의 상황상 그 행동을 할 때마다 강화하기가 어려울 수 있기 때문이다. 또 매번 강화하는 것이 반드시 효과성을 높이는 것은 아니기 때문이다. 아이들이 자주 하는 표현으로 말하면 '깜놀' 또는 '깜짝쇼'에 해당된다. 정적 강화 및 부적 강화 모두에서 사용할 수 있으며, 그 효과는 자녀의 개인적 특성에 따라 다를 수 있다.

간헐적 강화의 효과성 제고를 위해 유의할 점은 2가지이다. 자녀의 특성을 고려하여 시간을 기준으로 강화할 것인지와 보상의 양과 질을 기준으로 할 것인지를 결정하는 것이다. 이러한 결정의 기준은 자녀발달과 부모의 상황적 특성을 고려한다.

〈사례〉

엄마: 정희야, 정희 신발을 똑바로 벗어 놓았네! 그 신발에 어울리는 양말을 한 켤레 사주어야겠다. 참 잘했어.

⑤ 토큰(tocken) 강화

자녀가 바람직한 목표행동을 했을 때는 토큰을 얻게 한다. 그러나 그렇지 못한 행동을 했을 때는 토큰을 잃게 한다. 그리고 목표 또는 기준이 되는 토큰 수가 모이면, 자녀와 함께 약속한 보상으로 교환하는 것을 말한다.

토큰 강화의 유익은 크게 4가지이다. 첫째, 토큰 이외의 음식이나 물건 등을 바로 사용할 때 발생하는 포화현상을 막을 수 있다. 둘째, 토큰을 모으는 동안에 기대하는 목표(도달점)행동을 계속 유지할 수 있다. 셋째, 목표행동을 한 순간 바로 보상을 받을 수 있다. 넷째, 편리하게 관리할 수 있다는 점이다.

토큰 강화의 효과성 제고를 위해 유의할 점은 2가지이다. 하나는 자녀와 함께 어떻게 토큰을 할지를 약속하는 것, 다른 하나는 반드시 그 약속을 지키는 것이다. 그러므로 목표행동에 너무 집착한 나머지 토큰 강화의 계획을 너무 과소 또는 과도하게 잡으면 소기의 성과를 달성하기 어렵다.

〈사례〉

자녀와 아빠의 약속:

- 1주일에 책을 3권 읽기를 1달 지속하면 자녀가 원하는 플레이모빌 장난감 사 주기
- 2달째 지속하면 레고 장난감과 피자 사 주기

(3) 행동 형성과 행동 연쇄

행동주의이론은 학습논리에 기반한 것이다. 따라서 강화를 통한 방법이 외에도 매우 체계적인 방법이 필요하다. 대표적으로 행동 형성과 행동 연쇄를 들 수 있다. 이 방법은 기본적으로 지금까지 해 본 적이 없는 새로운 행동을 할 수 있도록 도전하되, 점진적으로 나아가도록 하는 것이다. 이 방법은 발달이 지체되거나 장애를 지닌 자녀에게 효과적으로 사용할 수 있다. 물론 일반 건강한 자녀에게도 적용할 수 있다.

행동 형성과 행동 연쇄의 효과성 제고를 위해 유의할 점도 역시 2가지이다. 하나는 적재적소에서 실시하여야 하며, 다른 하나는 적시에 정적 강화와 토큰 강화를 지혜롭게 병행하는 것이다. 그렇지 않으면 익숙하지 않은 시도이므로 중도에 포기할 수도 있기 때문이다.

① 행동 형성

행동 형성(shaping)은 기대하는 최종 목표를 설정한 다음에 한꺼번에 수행할 수 있도록 하는 것이 아니라 몇 단계로 나누어 점진적으로 다가갈 수 있도록 하는 것이다. 이 과정에서 핵심은 목표행동과 가깝거나 비슷하기만 해도 보상을 함으로써 목표행동이 이루어지도록 하는 것이다.

〈사례〉
친구와 잘 사귀지 못하는 자녀
- 친구 옆에 다가가 서 있기만 해도 칭찬한다.
- 친구에게 말을 몇 번 걸기만 해도 더 칭찬한다.
- 친구와 함께 놀기 시작하면, 약속한 보상을 준다.

② 행동 연쇄

행동 연쇄(chaining)는 행동 형성과 기본적인 목표와 보상의 제공은 같다. 그러나 행동 연쇄는 목표 행동이 이루어지는 과정을 분명한 여러 단계로 나누어서 세분한 그 단계의 행동이 이루어져야만 보상을 하는 것을 말한다.

행동 연쇄의 효과성 제고를 위해 유의할 점은 세분화된 다음 단계로 나아가지 못할 때는 충분한 연습을 시킨 다음에 시도해야 완성도를 높일 수 있다는 점이다.

〈사례〉
- 옷 앞, 뒤 구분하여 앞쪽으로 놓기
- 머리 끼우는 곳 찾기
- 머리 끼우기
- 오른팔, 왼팔 끼우는 곳 찾기
- 양팔 끼우기
- 몸통 끼우기

(4) 보조법과 용암법

보조법과 용암법은 부모가 수행하기를 기대하는 행동을 잘 하지 못한다고 판단될 때, 그 상황에서 잘할 수 있도록 적절한 방법으로 도와주는 것을 말한다. 보조법과 용암법을 동시에 사용하는 경우가 많다.

① 보조법

보조법(prompting)은 구체적인 방법으로 언어적 신호 주기, 시범 보여주기와 같이 직접 말과 신체를 사용하여 자녀를 가르쳐서 원하는 행동을 하도록 하는 것이다.

② 용암법

용암법(fading)은 어떤 특정한 행동 그 자체는 할 수 있지만, 특정한 상황에서는 잘 하지 않는 자녀를 돕기 위해 사용한다.

〈사례〉

- 집과 어린이집에서는 화장실에서 소변을 잘 누는데, 동네 놀이터에서는 아무데서나 누려고 하는 자녀 – "놀이터 화장실에는 자주 가 보지 않아서 싫은가 보구나. 엄마랑 같이 일단 가 보자. 집이나 어린이집이나 마트와 비슷해. 옳지. 깨끗하지? 자, 엄마가 네 옆에 서 있을 테니까 해 볼까?

3) 바람직하지 못한 자녀의 행동 억제하기

예부터 "무자식 상팔자"와 "자식이 웬수"라는 험악한 말이 전해 내려오고 있다. 이 말의 이면에는 자식이 아무리 좋아도 자식 키우는 것이 결코 만만치 않음을 실토하고 있는 것이다. 방임과 범죄라고 일컬어지는 학대가 '남의 집' 이야기만은 아니라고 할 수 있는 것이다. 학대부모와 학대가정이 증가하는 것을 보면 충분히 짐작할 수 있다(아동권리보장원, 2021).

행동주의 관점에서 바람직하지 못한 행동을 수정하는 방법은 여러 가지이다. 이러한 방법은 부모로서의 사랑을 포기하는 것이 아닌가 하는 생각이 들어서 자책감과 실패감이 들 수도 있다.

그러나 다른 한편으로, 성선설과 성악설이 공존하듯이 어른은 물론 어린 자녀들에게도 소위 말하는 죄성이 있다. 따라서 바람직하지 못한 행동을 효과적으로 소멸시키거나 제거하기 위해 강도 높은 방법을 사용할 필요성도 있다. 다만, 일시적인 방편으로 부정적인 방법을 사용하지만, 진정 자녀를 아끼고 사랑하는 마음은 유지하여야 한다. 자칫하면 방임이나 학대와 동일해질 수 있기 때문이다.

(1) 소거

소거(extinction)는 자녀가 잘못된 행동을 할 때, 더 이상 하지 못하도록 하는 방법이다. 대체로 자녀가 바람직하지 못한 행동을 하면 관심을 가지고 타이르고, 격려하고, 보상을 주거나, 회유하거나 야단을 치기도 한다. 그럼에도 불구하고 지속이 될 때, 부모는 더 이상 염두에 두지 않고 무시해 버림으로써 자녀가 더 이상 잘못된 행동을 하지 못하도록 하는 방법이다.

소거의 효과성 제고를 위해 유의할 점은 일단 무시하기로 작정하였다면 중간에 포기하지 않고 그대로 밀고 나가야 한다는 점이다. 그러므로 소거는 신중하게 결정하여야 한다. 왜냐하면 무시의 정도에 따라 방임이라고 볼 수 있으며, 정도가 지나치면 정서적 학대에 해당되기 때문이다.

(2) 포화

포화(satiation)는 비록 문제가 있는 자녀의 행동이지만, 오히려 실컷 하도록 내버려 두는 것을 말한다. 한마디로 자녀가 질려서 못하도록 만드는 방법이다. 즉 역설적인 접근방법인 것이다.

포화의 효과성 제고를 위해 유의할 점은 해당 행동이 포화에 의해 일시 중단된 것일 뿐, 근본적으로 그 행동이 바람직한 행동으로 대체되거나 수정되지는 않았다는 것이다. 포화는 일종의 방임에 가깝다고 볼 수 있기 때문에 다른 방법을 사용하여 건강하게 학습되도록 도와야 한다.

〈사례〉

특정한 음식을 요구할 때

- 밥과 함께 반찬으로 참치, 햄, 베이컨을 달라고 할 때
  - 자녀가 "이제는 다른 반찬 주세요" 할 때까지 참치, 햄, 베이컨만 계속 준다.

(3) 과잉 정정

과잉 정정(overcorrection)은 포만과 같은 논리에 의한 접근방법이다. 즉 자녀가 잘못된 행동을 하면, 그 행동을 계속 반복하도록 해서 두 번 다시 하고 싶지 않다는 마음이 들도록 하는 방법이다. 대표적으로 두 가지 방법을 들 수 있는데, 하나는 잘못한 행동의 결과를 원상태로 회복시키는 것이며, 다른 하나는 바람직한 행동이 될 때까지 강제적으로 훈련시키는 것을 들 수 있다.

과잉 정정의 효과성 제고를 위해 유의할 점은 잘못된 행동을 반복시키는 것은 교육적이지 않다는 점이다. 어떻게 보면, "자녀인 네가 이기나 부모인 내가 이기나"라는 식으로 마구 행동하는 느낌을 줄 수 있다. 따라서 정도가 심해지면 정서적 학대에 해당되기 때문이다.

따라서 과잉 정정보다는 행동 형성이나 행동 연쇄 등으로 건강하게 접근할 필요가 있다.

〈사례〉

- 잘못 썼다고 자꾸 종이를 찢어버릴 때 ⇒ 찢어진 조각들을 다 이어 붙여서 원상회복시킨다.
- 밥알과 반찬을 자꾸 흘리면서 먹을 때 ⇒ 다시 주워 담아서 끝까지 깨끗이 먹도록 한다.

(4) 고립

고립(time out)은 자녀의 행동을 도저히 수용하기가 어려워서 다른 장소로 보내 고립시키는 것을 말한다.

소거의 효과성 제고를 위해 유의할 점은 고립을 통해 바람직하지 못한 행동이 수정되지 않고 오히려 자녀가 고립 자체를 반길 수 있다는 점을 간과해서는 안 된다는 점이다. 그 예로 형제자매와 함께 가족을 도우는 일을 할 때, 제대로 못한다고 고립시킨다면 자녀는 "잘됐다 히히" 하는 것을 들 수 있다.

그러므로 소거 전에 왜 소거를 하게 되었는가를 납득할 수 있도록 충분한 설명을 해야 한다. 그리고 소거 후에는 따뜻하게 품어주고 새롭게 시작할 수 있도록 도와야 한다.

(5) 벌

벌(punishment)은 자녀가 바람직하지 못한 행동을 할 때, 그 행동을 못하도록 막는 것을 말한다. 즉 부모가 자녀에게 심리적 및 신체적 고통을 가하는 것으로 욕하기, 두 손 들고 벌서기, 꿇어앉기, 무거운 물건 들고 있기 등을 들 수 있다. 이 방법은 가장 쉽고, 빨리, 자주 내리는 습관적 행동이다.

그러므로 벌주기는 부모가 더 이상 인내하기 어려울 때 저지르므로 거의 학대에 가까울 수 있다. 따라서 매우 조심하고 사려 깊게 행동하여야 한다. 동시에 벌은 자녀가 어릴 때에는 행사하기 쉽다. 그러나 자녀가 점점 성장하면 오히려 "부모가 못 이긴다"는 말을 들을 정도로 반전될 가능성이 높다.

벌의 효과성 제고를 위해 유의할 점은 자녀가 벌을 받게 되는 의미와 상황을 잘 이해할 수 있도록 접근해야 하며, 참 지혜가 필요하다.

〈사례〉 벌 받는 아이들

(6) 권리 박탈

권리 박탈(response cost)이란 부모와 자녀가 합의하에 무엇인가를 하는 조건으로 자녀가 좋아하고 즐기는 놀이나 활동을 허용하되, 만약 합의한 약속을 어기게 되면 이미 허용한 것을 박탈한다는 것을 말한다.

권리 박탈의 효과성 제고를 위해 유의할 점은 부모와 자녀가 합의와 약속을 신중하게 해야 한다는 것이다. 왜냐하면 서로가 원하는 것에 치중하여 섣불리 판단하면 유종의 미를 거두기가 어려워지기 때문이며, 결과적으로 바람직한 행동의 학습이 불가능해지기 때문이다.

〈사례〉

- 토요일마다 공원에서 자전거를 타고 놀되, 저녁은 집에 와서 먹어야 한다는 약속을 어길 때,
  - 자전거를 타러 가지 못하게 한다던가, 자전거 타러 가는 날 특별 용돈을 주지 않는 것을 자녀가 수용해야 한다.

(7) 체계적 둔감법

체계적 둔감법(systematic desensitization)은 자녀가 경험하는 극심한 공포나 불안 및 두려움 등을 점점 덜 느끼도록 해 주는 것을 말한다. 두 가지로 구분된다. 하나는 그야말로 정서적 어려움을 덜 느끼도록 점점 감소시켜 나

가는 방법, 다른 하나는 어렵지 않고 좋은 경험을 먼저 하도록 한 다음에 어려운 상황으로 나아가게 하는 것을 말한다.

〈사례〉

- 어린이집에 가기 싫어하는 자녀에게 3일 정도는 문 앞까지 데려다 주고, 2일 정도는 어린이집 중간 지점까지 데려다 주고, 나머지 1일 동안은 어린이집 문앞에서 "안녕" 하는 것을 계속한다.
- 일하는 엄마 대신 와 계신 도우미 아주머니를 두려워하는 자녀에게 먼저 할머니가 와 있게 하여 두려움을 줄이고, 점점 도우미 아주머니와 함께 지내도록 한다.

부모의 삶

운동장을 리프팅으로 세 바퀴 도는 게 있어요.
왼발로 한 바퀴를 돌고, 오른발로 한 바퀴를 돌고
양발로 이렇게 도는데 이게 진짜 힘든 거예요.
왜냐하면 이게 빠르다고 되는 게 아니라
되게 기술적으로 많이 필요한 건데
하다가 공을 떨어뜨리면
두 바퀴를 갔더라도 처음부터 다시 시작해야 하는 거예요.
근데 아버지도 로봇이 아닌 이상 드리볼 하다가 실수를 하실 거 아니에요.
“아, 아빠는 좋겠다.”
그랬더니 형이 왜냐고 물어서 대답했죠.
“아빠는 실수해도 누가 뭐라고 안 하잖아.”

출처: 유튜브 디글 클래식. 너무 엄해서 의붓아버지라고 오해받았던 손웅정, 손흥민을 떨게 한 지옥의 훈련법은? 손세이셔널. https://www.youtube.com/watch?v=s1UbBhoe9yY

- 훈련인가 학대인가?

PART | 04

국내외의 부모코칭 및 부모교육 프로그램

P a r e n t   E d u c a t i o n

PART 4에서 학습할 주요 내용과 태도

오늘날은 부모의 교육 수준의 향상과 적은 수의 자녀 출산으로 그 어느 시대보다도 자녀교육에 대한 열의가 높다. 동시에 격변하는 사회적 특성으로 인해 자녀와 가정은 나름대로의 어려움에 봉착하고 있으며, 그 대상 수는 증가할 것으로 보인다.

따라서 앞으로는 더욱더 자녀의 발달단계, 발달영역 및 발달특성에 대한 높은 이해를 기본으로 하여 개별 자녀가 지닌 성격적 특성을 고려하여 디지털 역량과 함께 창의성과 인성을 겸비한 글로벌 리더로 키워야 한다. 이를 위해서는 부모와 가족과 이웃의 합심 노력이 매우 중요하다.

PART 4에서는 이러한 관점에서 국내·외에서 개발·보급되고 있는 부모코칭과 부모교육 등을 체계적으로 학습하여 온 사회가 함께 노력하여야 한다.

Chapter 10

민주적·인본주의적 부모교육 프로그램

교육의 주요 역할은 배우려는 의욕과 능력을 몸에 심어주는 것입니다.
'배운 인간'이 아닌, '계속 배워 나가는 인간'을 배출하는 것입니다.
진정으로 인간적인 사회란 조부모도, 부모도, 아이도 학생처럼
늘 배우는 사회입니다.

_ 에릭 호퍼

과학으로서의 아동발달학과 아동교육학은 국외에서 먼저 발달되기 시작하여 체계화되었으며, 이를 기반으로 한 각종 부모교육 프로그램의 개발과 보급 역시 그러하다.
그러므로 역사적으로 인증된 여러 국외 훈련 프로그램들이 국내에도 소개되어 부모교육에 기여해 왔으며, 앞으로도 적절히 활용할 필요가 있다.
따라서 특히 10장에서는 전 세계적으로 긍정에 강한 영향을 끼치고, 지금까지도 지속되고 있는 민주적 부모교육과 인본주의 부모교육 프로그램에 대해 자세히 학습하도록 한다.

1. 드레이커스의 민주적 부모교육

사람들이 모두의 유익을 위해 자신이 알고 있는 것을 잘 사용한다면, 세상은 천국이 될 것이다.
_ R. Dreikurs

1) 이론적 배경과 관점

드레이커스(Dreikurs)의 민주적 부모교육의 이론적 배경은 개인심리학이다. 특히 이 심리학의 창시자인 아들러(Adler)의 이론에 영향을 받은 후 독자적인 부모교육 원리와 방법으로 발전시켰다. 즉, 민주적 부모교육이론으로서 그 핵심은 평등한 부모와 자녀가 평등한 관계에서 자녀를 양육할 수 있도록 교육적으로 지원하는 것이다.

따라서 민주적 부모교육의 핵심을 고려하여 자녀를 양육하기 위해서는 그 배경이론과 기본 관점에 대해 숙지하여야 한다.[1)]

(1) 배경이론으로서의 아들러의 개인심리학

아들러는 초기 정신분석학자인 프로이트(Freud)에 관한 연구를 하였다. 그러나 이후 프로이트의 이론적 관점을 전적으로 수용하여 확장·발전시키지는 않았다. 오히려 지적 통찰을 얻어 인간의 성격형성과 함께 표출하는 행동양상에 대해 독자적인 논리를 수립해 나갔다.

다시 말하면, 프로이트는 인간의 행동은 무의식의 세계에 바탕을 두고 있

1) Chapter 10에서는 '주의'로 일컬어지는 프로그램을 다룬다. 우리나라에서는 대부분 '민주적' 및 '인본주의적' 프로그램으로 총칭하고 있으며, 대표적인 개발자는 드레이커스와 기노트이다.

으며, 특히 입과 항문 및 성기와 같은 주요 성감대에 의한 성충동의 통제방식에 영향을 받아 형성된다고 보았다. 아들러는 성격은 무의식이 아니라 의식이 중심이 되며, 성본능이 중심이 아니라 사회적 관심에 따른 충동이 동기가 되어 일어난다고 보았다.

그리고 이러한 사회적 관심은 출생 후의 다양한 장(場, field)에서의 사회화 과정에서 발달하는 것이라기보다는 선천적으로 가지고 태어난다는 태생적 입장을 취했다. 그러면서도 아들러는 가정은 아동의 사회화에서 중요한 장소로써 부모가 중요한 사회화의 담당자라고 보았다. 따라서 어떠한 부모-자녀관계를 유지하느냐는 아동의 개인적 발달에 영향을 미친다고 하였다. 이렇듯 자신의 관점을 고려하여, 특히 일반 가정의 자녀와 부모들보다는 열등감과 정서불안 및 신경증을 지닌 아동과 가족을 주 대상으로 교육하고 상담하였다.

아들러 심리학에서의 핵심은 6가지 개념으로 구체화된다.

① 허구적 목적주의

허구적 목적주의(fictional finalism)는 사람들이 지니는 막연한 어떤 관념이나 강한 신념은 그들이 행동하는데 큰 영향을 지닌다는 것을 말한다. 여기서 허구적이라는 용어를 사용하는 배경은 어떤 목적이 특정한 상황에만 적용되기 때문에 현실적이지 못하다는 점에 기인한다. 그 예로 성공하기 위해서는 수단과 방법을 가리지 않아도 된다든가 동기에 관계없이 결과만 좋으면 된다는 것을 들 수 있다.

② 최고를 향한 자기 노력

최고를 향한 자기 노력(striving for superiority)은 다른 사람의 평가와 관계없이 자신이 생각하는 수준에 자신을 올려놓기 위해 노력하는 것을 말한다. 아들러는 이러한 노력은 수준과 성격에 관계없이 성장 중인 자녀를 포함한 대부분의 인간에게서 나타난다고 보았다. 그리고 이 노력은 열등감과 보상과 밀접한 관계를 지니면서 긍정적으로 작용한다고 보았다.

③ 열등감과 보상

열등감(inferiority)은 다른 사람보다 어떤 능력이 부족하다고 여기는 것을 말한다. 완전한 사람은 없다. 모든 사람은 나름대로의 강점과 약점을 가지고 태어난다. 이 사실을 수용한다고 해도 인간이기 때문에 생활하면서 다른 사람과 비교하게 된다. 그리고 나름 부족함을 느끼기 마련이다. 물론 성장 중인 자녀도 마찬가지이다. 그럼에도 불구하고 대부분의 인간은 자신을 사랑하고 아끼므로 최고를 향한 노력을 하게 된다. 아들러는 이러한 관점에서 열등감은 일종의 보상(compensation)의 기능을 한다고 보았다.

④ 사회적 관심

사회적 관심(social interest)은 사회생활을 하는 대부분의 사람들이 지니고 있는 감정과 생각의 총체를 말한다. "사람은 사회적 동물"이라고 말하듯이 사회를 떠나서 살 수 있는 사람은 없다. 성장기에 있는 미성숙한 자녀들은 더욱 그러하다.

아들러는 이러한 사회적 관심은 후천적으로 습득한다기보다는 태생적으로 지니고 태어나는 것으로 보았다. 그리고 사회화하는 과정에서 더욱 구체화된다고 보았다.

⑤ 생활의 방식

생활의 방식(style of life)은 살아 있는 모든 사람에게 적용된다. 실제로 같은 시대와 비슷한 문화권에 사는 사람들은 비슷한 생활을 하게 마련이다.

그럼에도 불구하고 똑같지 않으며 자기 나름대로의 독특한 생활방식으로 살아간다. 아들러는 이러한 생활방식은 열등감을 보상하기 위해 선택한 최고의 노력의 결과라고 보았다. 물론 성장기 자녀에게도 그 나름의 생활방식을 선택하고 고수하려고 애쓴다고 보았다.

⑥ 창의적 자아

창의적 자아(creative self)는 유전과 환경과의 상호작용을 통해 자신이 구축해 놓은 독특한 인성적 특성을 말한다. 아들러는 이 창의적 자아가 자신이 제시한 개인심리학의 핵심을 통합적으로 잘 설명한 개념이라고 보았다. 즉 사람들은 창의적 자아를 통해서 사회적 개인으로서의 생활의 의미를 발견하게 되며, 이를 통해 열등감을 보상하고 자기완성의 세계로 나아간다고 보았다.

이러한 6가지 핵심 개념은 민주주의 부모교육의 체계 속에 내재되어 부모에게 전달된다.

(2) 드레이커스의 부모-자녀관계에 대한 관점

드레이커스의 부모-자녀관계에 대한 핵심적 관점은 '평등'이다. 오랜 역사를 통해 인간은 사회적 동물이라고 일컬어져 왔다. '사회적'이 된다는 것은 자신과 여러 사람들 간 오랫동안의 넓고 깊은 관계 속에서 이루어진다. 모든 사람들이 행복하기 위해서는 모든 삶의 현장에서 애정어린 상호지지와 배려가 필수이다. 그러나 결코 쉬운 과정이 아니므로 여러 가지 작은 갈등을 경험하기 마련이다. 그리고 이러한 갈등은 사회의 기초 단위인 가정에서 가족구성원 간에 가장 먼저 일어난다.

따라서 적절한 대책을 강구하지 않으면 갈등은 점점 커져서 마침내 걷잡을 수 없는 파국과 파멸의 상태에도 이를 수 있다. 이미 연구결과 밝혀진 바이다. 바로 방임과 학대, 비행과 범죄, 별거와 유기가 발생되고 끝내 이혼으로 이어진다.

알다시피 자녀를 포함한 모든 인간은 평등한 존재이다. 이는 여러 차례의 세계인권선언 및 아동의 권리에 관한 국제협약 등에서 이미 공포된 바다. 강조하면 모든 인간은 연령, 성, 국가와 지역, 작업, 인종, 종교, 물적 자원 등에 관계없이 평등하게 태어난다고 본다. 즉 인권주의에 기반한다. 그러므로 부모와 자녀관계 역시 평등한 관계라는 것이다. 그리고 역사적으로 이러한 '평등'은 민주적 가치와 철학의 대명사라고 인지하고 있다.

따라서 드레이커스는 특히 성장발달의 단계에 있는 자녀양육을 위해서는 평등한 관계에 대한 인지로부터 시작되어 실천에 이르러야 한다고 보고, 아들러의 심리학에 통찰을 얻어 민주적 부모교육의 원리와 방법을 제시하였다.

2) 민주적 부모교육의 핵심

드레이커스가 제시한 부모교육의 핵심은 민주적인 부모와 자녀관계에 바탕을 둔 양육이다. 즉 부모가 기본적으로 민주적인 자녀관과 양육태도에 기반하여 자녀를 양육하는 것으로써 '잘못'된 행동에 초점을 맞추고 있다. 이러한 맥락에서 민주적 부모교육은 자녀가 설정한 잘못된 목적의 기저를 알아서 사전에 미리 통제함과 동시에 과학적으로 수정할 수 있도록 체계화하였다.

(1) 잘못된 행동의 목적

드레이커스는 자녀는 태생적으로 열등감과 동시에 사회적 관심에 대한 욕구를 가지고 태어났으므로 일상생활에서 부모로부터 적절한 양육을 받지 못하면 잘못된 목적을 세우기 쉽다고 보았다. 그 예로 자녀가 지닌 열등한 점을 지나치게 감싸주거나, 또는 아예 무시하는 등으로 부모의 관점에서 자녀를 사회화시키려고 하거나 부모중심의 권위로 자녀를 통제한다면 자녀는 잘못된 목적을 세울 가능성이 높아진다는 것이다. 그래서 자녀는 민주적이지 못한 부모에게 대응하기 위해 나름대로 바람직하지 못한 잘못된 목적을 세우기 쉽다고 보았다.

(2) 잘못된 행동의 종류

드레이커스는 자녀가 세우는 잘못된 행동의 목적을 4가지로 구분하였다. 이 잘못된 목적들은 순서대로 나타나기도 하지만 순서에 관계없이 나타나기도 하며, 이 4가지 중에서 1~2가지를 더 비중 있게 사용하기도 한다.[2)]

표 10-1 잘못된 행동 목적의 종류

관심끌기(attention)
자녀는 부모의 사랑을 받고 싶어 한다. 따라서 가능한 부모가 원하는 행동을 하려고 한다. 그러나 여러 가지 요인에 의해 자신의 원하는 대로 잘 되지 않을 때, 실제로 부모가 원하지 않는 것은 물론, 자신이 좋지 않다는 것을 알면서도 원하지 않는 잘못된 목적을 세운다. 그리고 의도적으로 부모의 관심을 끄는 행동을 한다. **예:** 가리던 오줌을 갑자기 싼다 / 밥을 안 먹고 운다 / 고의로 장난감을 던진다.
힘 행사하기 또는 반항(power & defiance)
자녀가 잘못된 행동 목적을 세우고 대응하였지만 결과적으로 자신이 원하는 목적을 달성하지 못했을 경우, 당시의 자신의 수준에서 힘을 행사하거나 부모에게 대들면서 반항을 하게 된다. **예:** 부모가 "추우니 밖에서 놀지 말고 집에서 놀아라"고 말씀하시면, 추워도 괜찮다면서 기어코 문을 박차고 밖으로 나가거나, "추우니까 아빠도 밖에 나가지 마세요"라고 대들며 반항한다.

2) 이 잘못된 행동의 종류도 자녀가 어떠한 상황에서 시도하느냐에 따라 해석상의 차이가 있을 수 있다. 예를 들어 관심을 끌기 위해 밥을 안 먹고 우는 행동의 이면에는 반항의 목적을 가지고 행동할 수도 있기 때문이다.

복수 또는 앙갚음(revenge & retaliation)
자녀가 관심끌기와 힘 행사하기 및 반항까지 하였지만, 결과적으로 자신이 원하는 목적을 달성하지 못했을 경우, 복수와 앙갚음이라는 행동을 하게 된다. **예:** 엄마가 아끼는 옷에 크레용을 묻혀 버린다. / 아빠의 구두 안에 물을 부어버린다.
부적절함 또는 역부족 나타내기(inadequacy, deficiency)
세 가지의 잘못된 행동 목적을 세웠어도 결과적으로 자신이 원하는 목적을 달성하지 못했을 경우, 지치게 되고, 자신감을 잃게 되기가 쉽다. 그래서 사사건건 못한다고 하거나, 심한 경우 지금까지 잘 해왔던 행동도 잘못하는 등의 부적절함과 역부족을 나타내게 된다.

따라서 부모는 기본적으로 자녀와 민주적인 관계를 유지하면서 양육해야 한다고 보았다.

(3) 잘못된 행동 목적의 통제와 수정

드레이커스는 자녀가 세우는 잘못된 행동의 목적에 대해 두 가지 방법으로 대응하도록 하였다. 하나는 잘못된 행동 목적을 세우지 못하도록 미리 통제하는 것과 다른 하나는 이미 저지른 잘못된 행동을 수정하는 것이다.

표 10-2 잘못된 행동 목적의 통제와 수정

자연적 귀결(natural consequence)
자녀가 설정한 목적에 따라 행동하였을 때, 자연의 법칙처럼 자연스러운 결과를 경험하게 되는 것을 말한다. 자녀는 자연적 귀결에 따라 긍정적 또는 부정적 경험을 하게 된다. 자연적 귀결이 자녀에게 주는 교육적 의의는 자녀로 하여금 잘못된 목적을 세우고 행동하는 것이 무리라는 것을 체득케 함으로써 스스로 바람직한 행동을 설정하고 행동하도록 이끈다. 동시에 부모도 부모-자녀 관계가 악화되지 않고 자녀로 하여금 자율성과 독립심과 책임감을 발달시킬 수 있도록 돕게 된다. 부모가 '평등'의 관점에서 민주적으로 양육할 때 가능하다. **예:** 늦게 일어나면 지각하게 되지만, 일찍 일어나면 지각할 가능성이 매우 적다. 복습과 예습을 하지 않으면 낮은 성적을 받지만, 제대로 하면 좋은 성적을 받는다. 양치질을 안 하면 아픈 진료를 받아야 하지만, 제대로 하면 아픈 고통을 면하게 된다. 고칼로리 음식을 먹으면 과체중이 되지만, 균형잡힌 음식은 적정 체중을 유지케 한다.

논리적 귀결(logical consequence)

자녀가 약속한 규칙의 준수 여부에 따라 그에 상응한 결과를 얻게 되는 것을 말한다. 규칙을 정하는 과정은 물론, 약속의 이행을 위한 동의도 민주적인 방식으로 이루어져야 한다. 나아가 이러한 규칙의 설정에서도 다양한 제안에 따라 선택의 폭을 넓혀야 한다. 그것은 자녀의 성장과정 중에 있으므로 여러 가지 자원이 부족하기 때문이다. 자녀는 논리적 귀결에 따라 유익과 불이익을 경험하게 된다. 이 논리적 귀결의 경험이 부모-자녀에게 주는 교육적 의의는 자연적 귀결과 동일하다. 다만, 불이익의 경험은 벌이 아니다 라는 점이다.

예: 약속한 시간에 함께 식사를 하지 않으면, 자신이 챙겨 먹어야 한다.
공부약속을 지키지 않으면 보상을 받지 못하나, 지키면 보상을 받게 된다.
정해진 용돈을 빨리 사용하게 되면, 다음 번 용돈을 받을 때까지 쓸 수 없다.

따라서 중요하게 고려해야 하는 것은 부모가 자녀와 규칙을 설정하고 또 지키는 모든 과정이 민주적이어야 한다는 것이다. 여기서 민주적이라는 것은 방임하는 것과는 다르다. 그 예로 자신의 방은 자신이 정리정돈하기로 했을 때, 어떤 자녀는 정리정돈을 하지 않고 그냥 지낼 수도 있다. 이 상황에서 부모는 민주적인 부모랍시고 못 본체할 수도 있다. 결과적으로 자녀는 정리하지 않아도 되는 생활을 할 뿐만 아니라, 그러한 생활에 편안함을 느끼고 익숙해져 버리는 것을 들 수 있다. 이에 따라 자녀는 정리정돈과 청결한 생활이 주는 진정한 생활의 미를 터득하고 체험하지 못하게 된다. 역으로 부모가 개입을 하게 되면 민주적인 양육태도도 아닐 뿐만 아니라, 자연적 귀결이 주는 교육적 의의를 경험하지 못하고 차단되어 버리게 된다. 즉 간섭과 통제의 결과를 초래하거나 심하면 벌을 받는다고 여길 수 있기 때문이다. 그러므로 자연적 귀결과 논리적 귀결의 설정과 동의와 수용과 위임 사이에서 지혜로워야 하므로 드레이커스는 자녀에게 논리적 귀결을 사용할 때 유념해야 할 사항을 구분하여 제시하였다(딩커 메이어 · 맥케이, 1982; 숙명여자대학교 아동연구센터, 2000).

표 10-3 벌과 논리적 귀결

벌(punishment)과 논리적 귀결의 의미
• 벌은 개인의 권위주의에 의한 표출로서의 응징이지만, 논리적 귀결은 서로의 안녕을 위해 합의된 약속이다. 따라서 객관적 현실이다. • 벌은 잘못된 행동과의 논리적인 관계가 약하지만, 논리적 귀결은 약속한 규칙에 근거한 것이다. 따라서 잘못된 행동과 논리적인 관계에 있다. • 벌은 은연중에 또는 공공연하게 위협을 내포하지만, 논리적 귀결은 선의의 합의에 근거한 것이다. 따라서 앙갚음으로 대항하지 않는다. • 벌은 도덕적 판단을 강조하지만, 논리적 결과는 도덕적 판단보다는 합의된 약속에 우선적으로 근거한다. • 벌은 과거의 행동에 주안점을 두지만, 논리적 귀결은 현재와 미래에 주안점을 둔다. • 벌은 무조건적인 복종을 요구하지만, 논리적 결과는 선택의 여지를 제공한다.
논리적 귀결의 사용 지혜
• 독립심을 함양하라. • 책임감을 함양하라. • 동정심을 보이지 말라. • 엄격하면서도 친절하라. • 행동하는 사람과 행동 자체를 분리하라. • 같이 힘겨루기를 하거나 싸우지 말라. • 그 문제가 누구의 문제인지 직시하라. • 완벽한 부모가 되려고 너무 애쓰지 말라. • 말을 많이 하기보다는 행동으로 나타내라. • 자기 주변의 다른 사람의 생각에 예민하지 말라.

3) 민주적 부모교육의 방법

드레이커스의 부모교육은 〈부모교육연구회〉를 통해서 이루어진다. 이 연구회는 8~12명으로 구성되며, 교육기간은 8~12주로, 매일 2시간씩 실시된다. 특히 이 모임에서는 부-모가 함께 참여하는 것을 권장한다. 그것은 부-모가 협력자로서 한 방향으로 정렬하여 부모양육의 효과를 높이기 위해서이다.

교육은 드레이커스의 민주적 부모교육에 관해 훈련을 받은 지도자가 드레이커스가 저술한 책을 중심으로 부모의 개인적인 양육 사례와 문제들이 토론형식으로 진행된다. 이 교육에서 전문가들은 중재자, 촉진자, 안내자의 역할을 수행한다.

2. 기노트의 인본주의 부모교육

> 동정심이 없는 진실은 사랑을 파괴할 수 있다.
> 어떤 부모는 그들이 어떻게, 어디서, 왜 옳았는지
> 정확하게 증명하기 위해 너무 열심히 노력한다.
> 그런데 그 상황에서 아이가 적대적인 태도를 보이면,
> 사실 여부는 설득력을 잃는다.
>
> _ H. Ginott

1) 이론적 배경과 관점

기노트(Ginott)의 인본주의 부모교육의 이론적 배경은 인본주의 심리학이다. 특히 매슬로(Maslow)의 욕구이론과 로저스(Rogers)의 자아이론 및 액슬린(Axline)의 아동중심놀이치료의 영향을 받은 후 독자적인 부모교육 원리와 방법으로 발전시켰다. 즉 인본주의 부모교육이론으로서 그 핵심은 부모와 자녀가 서로 인격적인 관계에서 자녀를 양육할 수 있도록 교육적으로 지원하는 것이다. 따라서 인본주의 부모교육의 핵심을 고려하여 자녀를 양육하기 위해서는 그 배경이론과 기본 관점에 대해 숙지하여야 한다.

기노트의 부모교육은 〈부모상담모임(Guidance Group for Parents)〉을 통해 훈련받은 지도자에 의해 기노트가 저술한 책과 부모들이 내놓은 양육 사례 중심으로 이루어진다. 대표 저서는 정신분석학과 인본주의 심리학에 배경을 둔 『부모와 자녀 사이(Between Parents and Child, 1965)』, 『부모와 십대 사이(Between Parents and Child, Teenager, 1969)』이며, 우리나라에서 번역되어 소개되었다.

(1) 배경이론으로서의 매슬로의 욕구이론

매슬로는 사람들이 궁극적으로 자아실현을 이루는 데 영향을 미치는 동기에 관심을 두고 그 과정의 이해를 돕기 위해 5가지 위계적 욕구체계를 제시하였다.

대부분의 인간 개인은 자아실현을 위한 주체로써 느끼고, 생각하고, 행동할 수 있는 인격체이므로 스스로 자신의 삶에 책임을 지면서 지속적으로 성장을 향해 나아가야 한다고 보았다. 다시 말하면 이러한 욕구는 개인이 바라는 성장욕구의 수준에 따라 달라지며, 자유 선택의 의지에 달렸다고 보았다. 대부분의 인간은 한 단계, 또 한 단계를 향해 성장하고자 하는 욕구를 지니고 있기 때문에 주변의 의미 있는 사람들의 사랑과 지지가 필요하다고 보았다.

① 생리적(physiological) 욕구

인간은 생명체로써 가장 기본적인 생명유지에 필요한 욕구가 충족되기를 바란다. 여기에는 숨쉬고, 먹고, 마시고, 잠자고, 체온을 유지하고, 배설하는 욕구 등이 포함된다. 이러한 욕구는 생리적 욕구로 총칭되며, 인간이 충족하기를 원하는 첫 번째 욕구라고 보았다.

② 안전(safety)의 욕구

인간은 개별적인 생명체임과 동시에 사회적 존재로서 자신을 둘러싼 여러 가지 인적 및 물적 환경에서 안전하게 살고 싶은 욕구가 충족되기를 원한다. 이러한 안전의 욕구에는 신체적인 안전, 고용에서의 안전, 자원 확보 및 이용에서의 안전, 도덕적인 안전, 가족생활의 안전, 건강상의 안전, 소유에서의 안전 등이 포함된다. 그것은 안전하지 않으면 살 수가 없기 때문이다.

③ 사랑과 소속감(love & belonging)의 욕구

인간은 개별적 존재임과 동시에 사회적 존재로써 가족, 친구, 동료, 이웃 등과 함께 서로 사랑하며 소속감을 느끼면서 살고 싶은 욕구가 충족되기를 원한다.

④ 존중과 존경(esteem)의 욕구

인간은 개별적 존재임과 동시에 사회적 존재로써 존중(respect of others)과 존경(respect by others)을 받으면서 살고 싶은 욕구가 충족되기를 원한다.

⑤ 자아실현(self-actualization)의 욕구

인간은 개별적 존재이자 의미 있는 삶을 살고 싶은 욕구가 충족되기를 원한다. 도덕성, 창조성, 자발성, 문제해결력, 수용성 등이 포함되며, 인간발달에서 가장 최고점에 달하는 욕구이다.

마지막 단계인 자아실현의 욕구는 모든 인간이 다 성취하는 것은 아니다. 그렇기 때문에 우리의 자녀들이 5가지 단계의 욕구를 순조롭게 충족시켜서 자아실현을 이룰 수 있도록 노력하여야 한다.

글 · 그림 10-1 매슬로의 욕구이론의 5단계

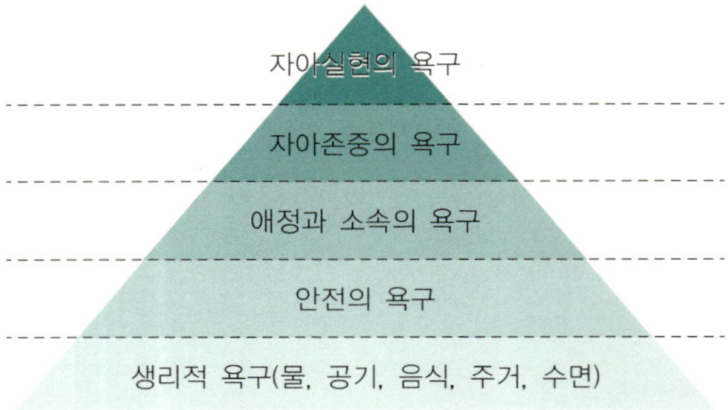

Q&A 동일한 단계 내에서의 욕구라고 해도 각각 다르며, 정도의 차이가 있다. 나의 어린 시절을 되돌아보면, 어떠한 욕구충족이 힘들었었는가?

(2) 배경이론으로서 로저스의 자아이론

로저스 이론의 핵심 키워드는 자아(self)이다. 이 '자아'에 중요한 의미를 둔 것은 인간이 자신을 어떻게 생각하고 어떠한 의미를 지니느냐에 따라 삶이 달라진다고 보았기 때문이다. 그렇기 때문에 인간에게 매우 중요한 것은 자기 자신의 삶에게 부여함과 동시에 촉발시키는 '동기'라고 보았다. 결과적으로 이렇게 촉발된 동기는 인간의 자율성 강화와 자기충족감을 확충시켜 창조적인 삶을 살 수 있도록 견인한다고 보았다. 이러한 관점은 엑슬린의 아동중심 놀이치료를 발달시키는 데 기여하였다.

나아가 로저스의 자아심리학에서는 현실의 삶에서 실제적인 개인적 자아와 이상적인 자아가 조화를 이루는 것이 바람직하다고 보았는데, 그렇지 않으면 부모와 가족을 포함한 여러 대인관계가 원만하지 못하고 사회적 부적응을 초래할 가능성이 높다고 보았기 때문이다. 이러한 관점은 인간중심 치료법 및 아동중심 놀이치료방법을 개발 적용시키는 데 기여하였다.

(3) 기노트의 부모-자녀관계에 대한 관점

기노트의 부모-자녀관계에 대한 핵심적 관점은 '자녀중심'이다. 다시 말하면 부모입장이 아닌 자녀의 입장에서 양육한다는 것이다.

오늘날은 그 어느 때보다도 리더십이 강조되고 있다. 이러한 리더십은 특정한 사람에게만 국한되는 것이 아니라, 모든 지위역할을 수행해야 하는 사람에게 적용되는 실천적 개념이다. 당연히 부모도 포함된다(윤지영, 2012).

관계 유지와 향상을 위해 오랫동안 리더십에서 매우 주목받아온 실천적 개념은 입장바꾸기이다(스티븐 코비, 2004). 그것은 상대방의 입장에서 생각할 때 진정으로 윈-윈 시너지를 낼 수 있기 때문이다. 또한 유아 및 아동교육에서 '눈높이'는 매우 주목받는 교수공학적 개념이다. 이는 가르치는 사람은 배우는 사람의 눈높이에서 접근해야 교육적 효과를 거둘 수가 있다고 보기 때문이다.

이러한 맥락에서 기노트의 인본주의 교육의 핵심은 부모가 자녀를 최대한 수용하는 데서 출발하는 존중의 양육태도이다. 이러한 수용은 자녀가 지닌 특성이나 조건을 불문한다. 그렇다고 해서 자녀가 제멋대로 하도록 방임하는 것은 아니다.

실제로 부모가 자녀를 전인격적으로 수용하면 자녀는 부모를 존경하며 신뢰하게 될 가능성이 높으므로 부모-자녀 사이에 어려운 문제가 발생될 가능성이 적다. 또 발생한다 하더라도 해결할 가능성이 높다(박은화, 2020). 그러므로 중요한 것은 부모는 자기 자신을 객관적으로 돌아볼 수 있어야 한다. 좋은 모델이 되어야 한다.

2) 인본주의 부모교육의 핵심

기노트가 제시한 부모교육의 핵심은 인본주의 심리학에 바탕을 둔 양육이다. 즉 부모가 자녀를 독립된 인격체로 보면서 자녀의 발달특성을 고려한 효과적인 소통에 초점을 맞추고 있다. 이러한 맥락에서 인본주의 부모교육은 부모가 소통의 기술을 효과적으로 배울 수 있도록 단계적으로 체계화하였다.

(1) 불평하기 단계

불평하기는 부모로 하여금 자녀양육에서 느끼는 어려움, 불만, 분노, 좌절, 무기력, 죄책감 등을 우선 털어놓도록 하는 단계이다. 아동상담을 비롯한 대부분의 상담에서 자신이 지니고 있는 애로에 대해 먼저 말하도록 하는 방식과 유사하다. 즉 주위에서 “속마음을 털어놓고 나니까 속이 시원하다”라는 말은 바로 불평하기의 단계가 지닌 의미를 대변해 준다.

부모모임에 참여한 부모들은 불평하기를 통해서 부모 자신과 자녀들을 되돌아보게 된다. 구체적으로 다른 부모들의 말을 온전히 경청함으로써 더욱 더 자신과 자녀를 돌아보게 된다. 동시에 다른 부모의 양육방식에 대해서도 유사성과 차이성을 발견하면서 다시금 자신과 자녀의 삶을 돌아보는 계기를 마련하는 단계이다.

(2) 감정이입 단계

감정이입은 부모가 자녀를 인격체로 대하면서 자녀들의 마음 깊숙이 들어가 그들의 생각과 감정을 민감하게 읽어보는 단계를 말한다. 나아가 자녀와 입장을 바꾸어 생각해 보는 적극적인 과정을 통해 공감을 해봄으로써 보다 인간적으로 양육하고자 하는 마음을 지닐 수 있도록 돕게 된다.

실제적으로 불평하기 단계를 거친 상당수의 부모들은 자신이 당면한 양육문제를 보다 빠르면서도 적극적으로 해결하고자 하는 마음을 지니기 쉽다. 그런데 만약 부모가 자녀의 감정을 읽지 못하고 행동만을 보고 해결하고자 한다면 오히려 역효과를 나타낼 가능성이 짙다. 따라서 부모의 입장에서 부족한 자녀의 행동에 대해 불평하거나, 불만을 가지거나, 걱정만 하는 데 그쳐서는 곤란하다. 오히려 자녀가 그렇게 행동할 수밖에 없는 상황을 면밀히 파악한 다음, 자녀의 감정을 읽어주는 차원에서 새로운 노력을 하도록 하는 단계이다.

(3) 개념형성 단계

개념형성은 불평하기와 감정이입을 통해서 어느 정도 객관적인 수준에서 자녀의 상태를 볼 수 있게 되면, 부모는 양육관과 양육태도 및 양육행동에서 새로운 개념을 형성할 수 있게 된다. 아전인수(我田引水)격에 머물렀던 생각과 태도에서 벗어나 자신과 자녀에 대한 감정의 표출과 부모-자녀관계에서의 문제의 발생원인 및 그 대응책 등이다.

사람은 사회적 동물임과 동시에 감정의 동물이라고 한다. 부모도 마찬가지이며 경우에 따라서는 '자녀를 사랑하기 때문에' 더 강한 언행으로 표출되어 자녀를 화나게 하거나 슬프게 만들 수 있다.

그러나 진정 자녀를 사랑하기 위해서는 인본주의 관점에서 새롭게 접근해야 한다. 부모로서 자녀와 양육에 대해 새로운 개념을 형성한다는 것은 멋진 새 출발을 의미한다. 또한 부모 스스로가 자신을 응원하고 지지할 필요가 있듯이 가족과 주변 사람들의 지지도 적재적소에서 이루어져야 효과성을 기대할 수 있다.

(4) 기술배우기 단계

기술은 어떤 일을 하기 위해 사용되는 총체적 역량을 말한다. 이 기술은 기본적인 원리와 방법에 따라 개발된다. 그러므로 개발된 기술을 잘 활용하기 위해서는 먼저 선행학습과 꾸준한 연마가 필요하다. '공염불'에 그쳐서는 곤란하기 때문이다.

3) 인본주의 부모교육의 방법

PET는 집단 모임으로 구성되어 이루어지는데, 자녀의 발달단계에 따라 10~20명으로 구성되며, 15주 과정으로 1주일에 1시간 반 진행한다. 이렇게 발달단계로 구분하는 것은 발달단계에 따라 나타나는 자녀의 특성이 유사하기 때문에 부모들 사이에서 공감대를 형성할 가능성이 높기 때문이다.

교육은 기노트의 부모교육에 관해 훈련받은 지도자에 이루어지며, 기노트가 저술한 책과 부모들이 내놓은 양육 사례 중심으로 이루어진다. 대표 저서는 정신분석학과 인본주의 심리학에 배경을 둔 『부모와 자녀 사이(Between Parents and Child, 1965)』, 『부모와 십대 사이(Between Parents and Child, Teenager, 1969)』이다.

그리고 부모교육의 형태는 일반적인 나열식의 교육공간이 아닌 자녀의 이름이 쓰인 명패가 놓인 원탁형 탁자에서 이루어진다. 그 이유는 자녀를 인격체로 대하기 위해 눈높이를 함께 함과 동시에 자녀의 입장에서 생각하고자 하는 의도를 담은 것이다. 동시에 참여한 교육지도자도 부모와 눈높이를 같이 함으로써 인간적인 교육과 훈련을 할 수 있다고 본 것이다.

이 모임은 자녀의 발달단계에 따라 10~20명으로 구성되며, 15주 과정으로 1주일에 1시간 반 진행한다. 이렇게 발달단계로 구분하는 것은 발달단계에 따라 나타나는 자녀의 특성이 유사하기 때문에 부모들 사이에서 공감대를 형성할 가능성이 높기 때문이다.[3)]

---

3) 최근에는 한국의 양육과 교육상황을 고려한 프로그램이 다수 개발되었으므로 민주적 및 인본주의 부모교육 프로그램에 대한 활용도는 예전보다 낮은 편이다. 그러나 Chapter 12에서 학습하게 될 PET와 STEP 프로그램처럼 자녀양육에서 유념해야 할 개념과 기법들은 고전적 가치를 지니고 있으므로 지혜롭게 활용하도록 한다.

부모의 시

부모와 자녀를 위한 시

도로시 노 놀테

아이가 비난을 받고 자라면, 아이는 멸시하는 법을 배운다.
아이가 신뢰를 받고 자라면, 아이는 자신감을 갖는 법을 배운다.
아이가 적대감을 받고 자라면, 아이는 싸움하는 법을 배운다.
아이가 수용받고 자라면, 아이는 사랑하는 법을 배운다.
아이가 공포 속에 자라면, 아이는 안절부절하는 법을 배운다.
아이가 인정받고 자라면, 아이는 생의 목적을 세우는 법을 배운다.
아이가 동정을 받고 자라면, 아이는 자신을 불신하는 법을 배운다.
아이가 승인받고 자라면, 아이는 자신을 좋아하는 법을 배운다.
아이가 질투 속에 자라면, 아이는 죄의식을 느끼는 법을 배운다.
아이가 다정다감한 우애 속에 자라면,
아이는 이 세상이 살 만한 멋진 장소라는 것을 배운다.

Chapter 11

효과성과 효율성 강화의 부모훈련 프로그램

어린이의 첫 번째 행복은
자신이 사랑받고 있다는 것을 아는 것입니다.

_ 돈 보스코

특정한 목적과 목표를 설정하면 그것을 달성하기 위해서 특별한 노력을 해야 한다. 이름하여 훈련이라고 한다. 우리 사회에서 다양한 훈련이 오랫동안 이루어지고 있는 것은 그 효과를 인정하기 때문이다.
자녀의 양육에서 '습관'을 강조하는 것은 분명한 이유가 있다. 그것은 습관이 되어야만 안정적으로 성장할 수 있기 때문이며, 특히 영유아기에 기본생활습관을 형성해야 한다고 입을 모은다.
이러한 훈련과 습관은 비단 자녀양육에만 적용되는 것은 아니다. 부모도 자녀를 제대로 양육하기 위해서는 필요한 내용과 기술에 대한 훈련을 받아서 양육습관으로 형성되어야 한다. 자녀양육은 하루 이틀 하고 그만둘 일이 결코 아니기 때문이다.
따라서 11장에서는 '훈련'이라는 차원에서 개발되어 효능을 인정받는 국외의 대표적인 두 프로그램을 익혀 부모의 교육에 활용하도록 한다.

1. 고든의 부모효과성 훈련(PET) 프로그램

경청한 다음에 이해시켜라.

_ T. Gordon

1) 이론적 배경과 기본 관점

고든(Gordon)의 부모효과성 훈련(PET: Parent Effectiveness Training, 1970)은 약칭 'PET'라고 한다. 로저스(Rogers)의 이론(송규윤 · 윤호열 외, 2002; 이창환, 2007)과 정신분석 및 아동심리 및 발달 관련 이론(조성연 · 이미란 외, 2018) 등을 종합하여 독자적인 체계를 세워 개발한 부모훈련 프로그램이다.[1)]

이 프로그램에 대한 사회적 호응과 지지가 높아지자 연이어 청소년(Youth Effectiveness Training)과 교사(Teacher Effectiveness Training) 및 리더(Leader Effectiveness Training)를 위한 훈련 프로그램이 개발되었으며, 고든 국제훈련기구(Gordon Training International)를 설립하여 전 세계에 보급하였다. 우리나라에서는 1989년 한국심리상담소(김인자, 1992)를 통해 처음으로 소개되었다.

(1) 배경이론으로서 로저스의 자아이론

로저스 이론의 핵심 키워드는 자아(self)이다. 이 '자아'에 중요한 의미를 둔 것은 인간이 자신을 어떻게 생각하고 어떠한 의미를 지니느냐에 따라 삶

1) 부모교육 프로그램에서 '훈련'의 개념은 일상적으로 사용하는 트레이닝과 동일하다. 즉, 특별히 설정한 목표와 철학을 바탕으로 방법을 부단히 연습하는 것을 말한다(Cataldo, 1987).

이 달라진다고 보았기 때문이다. 그렇기 때문에 인간에게 매우 중요한 것은 자기 자신의 삶에 부여함과 동시에 촉발시키는 '동기'라고 보았다.

나아가 로저스의 자아심리학에서는 현실의 삶에서 실제적인 개인적 자아와 이상적인 자아가 조화를 이루는 것이 바람직하다고 보았다. 부모와 가족을 포함한 여러 대인관계가 원만하지 못하면 사회적 부적응을 초래할 가능성이 높다고 보았기 때문이다. 이러한 관점은 인간중심 치료법 및 아동중심 놀이치료방법을 개발하고 적용시키는 데 기여하였다.[2)]

(2) 고든의 부모-자녀관계에 대한 관점

고든의 부모-자녀관계에 대한 핵심적 관점은 '애정에 바탕을 둔 온정'이다. 다시 말하면 모든 인간관계에서처럼 온정적이지 못하면 문제가 발생하기 때문이다. 특히 다음 4가지 요인은 부모-자녀관계에서 큰 영향을 미치는 요인으로 보았다.

① 전통적 양육방식의 답습

해를 거듭할수록 자녀의 양육과 교육을 위해 효과적인 프로그램들이 개발되고 있다. 그러나 상당수의 부모들은 자신의 부모로부터 받았던 양육태도가 바람직한가의 여부를 막론하고 거의 그대로 답습하는 편이다. 그래서 새롭고도 유익한 양육을 하기 어려워서 자녀에게 부정적인 요인으로 작용하게 된다.

② 부모역할에서의 역할갈등

완전한 사람은 없다. 특히 부모와 교사는 실수를 하지 않고 본이 되는 사

---

2) 배경이론으로서 로저스의 이론을 중점적으로 다루었다.

람이어야 하는 부담을 지니고 생활하게 된다. 더구나 부모는 교사와는 다르게 발달과 교육에 전문적인 지식과 기술이 부족하다. 따라서 자신감과 효능이 낮은 편이어서 여러 가지 어려움에 직면할 수 있다. 이에 따라 역으로 부모는 자기주장이 강하고, 자녀와 효과적으로 의사소통하기 어려워서 역할갈등을 느끼는 요인으로 작용하게 된다.

③ 부모중심의 자녀관

인간관은 시대와 사회에 따라 다르다. 대체로 수직관계와 평등관계로 구분된다. 그리고 부모의 양육관은 부모중심 양육관과 자녀중심 양육관으로 구분되며, 자녀중심의 양육관이 더 바람직하다. 그런데 전통적인 양육방식과 부모된 자로서의 역할갈등으로 인해 부모중심의 자녀관을 지니기 쉽다. 이로 인해 부모는 비민주적이며 통제적인 양육태도를 지닐 가능성이 높다.

④ 비효과적인 의사소통

여러 요인들로 인하여 온정적이지 못한 부모의 태도는 결과적으로 자녀와의 의사소통을 어렵게 만드는 요인으로 작용한다. 이를 '걸림돌'로 표현하고 있으며, 전형적인 언어표현은 다음 12가지로 정리된다(숙명여자대학교 아동연구센터, 2000).

물론 장기적인 관점에서 자녀의 성장을 추구하고자 할 때 때로는 〈표 11-1〉과 같은 식의 표현이 필요할 때가 있다. 이때, 주의해야 할 점은 함께 수반되는 비언어적 표현이 어떠한가 하는 것이다. 다시 말하면 진정으로 자녀가 건강하게 자라기를 바란다면, 눈짓, 손짓, 몸짓 등의 비언어적 표현에서도 진심이 묻어나야 한다(이소희, 엄마아빠 사랑연구소, 2020).

표 11-1 비효과적인 의사소통의 예시

명령, 지시, 요구적 표현	"그럴 순 없다. 너는 과외를 다녀야 해."
경고, 위협적 표현	"오락실에 가지 마. 또 가면 그 날로 네 용돈은 끝난다."
훈계, 설교적 표현	"하기 싫어도 참고 공부해야 좋은 학교에 가잖니."
충고, 제안적 표현	"내 생각에는 그 아이와 놀지 않고, 다른 아이와 놀았으면 좋겠다."
판단, 강의적 표현	"그건 네가 잘못 생각한 탓이야. 그러니까 너는 좀더 신중했어야 했어."
비난, 비판적 표현	"어쩌려고 그런 행동을 했냐. 그 애랑 절대로 함께 하지 말았어야 했다고."
동의, 치켜세우는 표현	"물론이야. 넌 옛날처럼 잘 해 낼 수 있을 거야."
조소, 경멸적 표현	"네가 무슨 일을 제대로 할 수 있겠니. 병신같이."
해석, 분석적 표현	"아마도 네 뜻대로는 되지 않을 거야. 다시 한 번 더 생각해 봐."
동정, 재확인적 표현	"그런 마음이 들겠지만, 시간이 가면 괜히 동동거렸다고 생각하게 될 거야."
탐문, 심문적 표현	"내 말에 대해 어떻게 생각하니? 말해 봐."
퇴행적, 주의환기적 표현	"관둬 버려. 참 내일 오후에 넌 뭐 할 거냐."

2) 부모효과성 훈련의 핵심과 방법

고든이 제시한 부모교육의 핵심은 부모로 하여금 효과적인 의사소통을 하도록 훈련하는 것이다. 즉 부모가 효과적인 의사소통이 될 수 있는 방법을 지향함으로써 온정적인 부모가 되는 것이다.

이러한 맥락에서 부모효과성 훈련은 자녀에 대한 수용성을 높임과 동시에 효과적인 소통이 가능한 방법을 제시하고 있다.

(1) 수용성의 수준 파악하기

수용성의 수준은 어떠한 상황 또는 현상을 얼마나 받아들이는가의 정도를 말한다. 부모의 입장에서 자녀의 언행이 문제가 된다고 볼 때에도 그 문제의 정의와 그 정도를 평가하는 것은 어려운 점이 많다. 왜냐하면 대부분의 부모는 교육전문가가 아니며, 또한 양육의 실제에 있어서는 그 부모의 양육사와 사회경제적 수준 및 양육관이 자리잡고 있기 때문이다. 예를 들어 어떤 부모는 말수가 적고 차분하게 자신의 일만 하는 자녀를 착하다고 보며 그 수용성이 높다. 이에 비해서 어떤 부모는 그런 식으로 자라면 사회생활을 하기 어렵다고 보므로 수용성이 낮은 것을 들 수 있다.

따라서 먼저 부모는 자녀의 언행에 대한 수용성의 수준을 파악하는 것이 필요하다. 또한 한 가정에서 사는 부부 사이에도 자녀에 대한 수용성에 차이가 날 수 있다. 따라서 아버지와 어머니 모두를 대상으로 한 부모훈련과 교육이 필요하다.

글 · 그림 11-1 PET에서의 자녀행동과 부모의 수용성

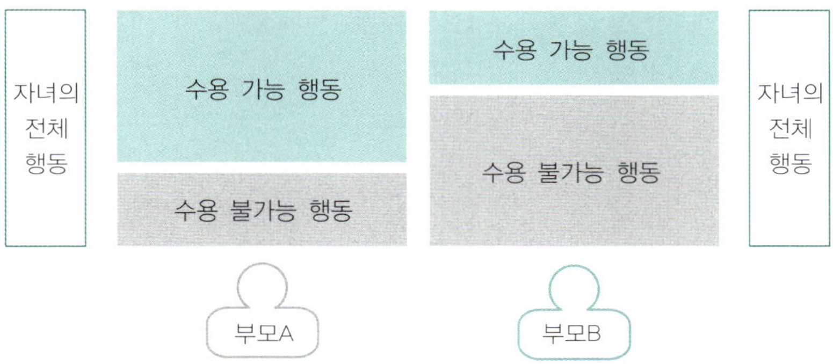

Q&A 고든은 자녀의 행동에 대한 수용 가능과 수용 불가능의 수준을 제시하였다. 이러한 관점은 영유아기–아동기–청소년기의 자녀 행동에 모두 적용될까?

(2) 문제의 소유자 확인하기

자녀의 언행에 대한 부모의 수용성이 너무 낮거나 일관성이 없다면 부모–자녀관계는 바람직하다고 보기는 어렵다. 그렇다고 해서 부모가 자녀의 행동에 대한 수용성의 수준을 높인다고 부모가 생각하는 자녀의 문제가 모두 해결되고 부모–자녀관계가 개선되는 것만은 아니다. 다시 말하면 수용

성의 수준이 낮아진 요인이 누구에게 있느냐를 확인하는 것이 필요하다. 동시에 이러한 확인에서도 주의가 필요하다. 구체적으로 말하면, 문제의 소유자가 자녀인데도 불구하고 부모 자신의 문제로 여기거나, 부모 자신의 양육상의 문제인데도 불구하고 자녀 탓으로 돌리는 것을 들 수 있다. 따라서 문제의 소유자가 누구인지를 명확하게 파악하여 해결 가능한 방법을 모색하고 실천해야 하는 것이다.

(3) 자녀를 돕는 효과적인 기술: 경청

자녀를 돕는 우선적인 방법은 자녀가 어떤 문제를 지녔다고 하더라도 일단 자녀의 말을 들어주는 것이다. 자녀가 하는 말은 자녀의 마음과 생각을 반영한 것이기 때문에 듣지 않으면 해결방법을 제대로 찾기 어렵기 때문이다.

경청의 범주에는 3가지 듣기가 포함된다.[3)]

① 묵묵히 들어주기(passive listening/silence)

묵묵히 듣는다는 것은 상대방의 말에 빠르게 반응하여 직접적으로 언급하는 것이 아니라, 말하지 않고 가만히 듣는 태도를 말한다. 다시 말하면 자녀가 하는 말을 잘 이해하든 못하든 상관없이 일단 조용히 듣는 데 집중하는 자세를 말한다. “잘 들어라 그렇지 않으면 내 혀가 너를 귀머거리로 만들 것이다”라는 이스라엘 속담은 듣기의 중요성을 강조하고 있다. 따라서 자녀가 말하는 것을 막거나, 말하는 중에 함부로 끼어들거나, 반응한다고 장황하게 자신의 말을 늘어놓지 않는 것을 말한다.

3) 이 책에서는 경청의 태도를 ‘온전한 경청’으로 표현한다. Chapter 2에서의 코칭기술과 Chapter 12의 TREASURE Talk 상호작용 참조함

② 인식반응 보내기(acknowledgement responses)

인식은 느끼고 아는 것을 말한다. 그런데 만약 부모가 자녀의 말을 너무 묵묵히 들어주기만 한다면, 자녀는 부모가 자신에 대해 관심이 없는 것으로 잘못 인식할 수 있다. 너무 지나치면 오히려 하지 않느니만 못하다는 과유불급(過猶不及)처럼 적정한 수준을 유지하여야 한다. 따라서 자녀가 말하는 동안 적재적소에서 경청하고 있음을 나타내는 반응을 적절히 보일 필요가 있다. 즉 고개를 끄덕이거나 미소를 짓는 등의 비언어적 반응과 함께, "아, 응, 그랬어, 옳지, 저런, 쯧쯧, 그랬어?" 등의 반응이다. 이러한 인식반응은 자녀로 하여금 당면하고 있는 문제 때문에 겪고 있는 어려움을 해소하는 출발점이 된다. 즉 부모가 들어주기만 해도 자녀는 스스로 문제를 해결해야겠다는 각오를 다지는 도화선이 될 수 있기 때문이다.

③ 적극적으로 경청하기(active listening)

경청의 중요성 때문에 그 특성을 고려하여 다양하게 표현되고 있다. 이러한 측면에서 반영적 경청으로 표현하기도 한다(지성연 · 이미란 외, 2018). 적극적으로 경청한다는 것은 묵묵히 들어주고, 인식반응을 보내는 것을 넘어 언어 및 비언어적 표현을 보다 강도 높게 하는 것을 모두 포함한다. 나아가 자녀의 언행에 대한 환류(feedback)를 보내는 것까지 포함한다.

그런데 이러한 피드백에서 특히 유의할 점이 있는데, 그것은 질문, 분석, 평가 등에서 자녀의 눈높이를 고려해야 한다는 점이다. 왜냐하면 자녀는 자신의 말에 대해 부모가 혹 나타낼지 모르는 부정적인 반응을 고려하여 나름대로 간접적, 우회적, 상징적으로 표현할 수 있기 때문이다. 이때, 부모가 이러한 자녀의 상태를 잘 이해하지 못하면 오히려 자녀로 하여금 문제의 심각성에 빠지게 할 가능성이 크다. 예를 들면, "네 표정을 보니까 네 생각을 더 솔직하게 말하고 싶은 것 같아. 그렇게 말해도 된단다. 알다시피 엄마와 아빠는 너보다 귀가 커서 더 잘 들을 수가 있거든! 그러니까 빙 돌려서 말하지 말고, 생각한대로 말해도 된단다. 그러면 우리도 우리가 생각한 것을 솔직히 말할게. 그러면 좋은 방법을 찾을 수 있을 거야. 손뼉도 마주쳐야 소리가 난다고 옛 어르신들께서 말씀하셨어"라고 하는 것이다.

이러한 적극적 경청은 무엇보다도 당면하고 있는 긍정적 내지 부정적 생각을 잘 풀어나감으로써 더욱 성장하고 성숙해질 뿐만 아니라, 직면하고 있는 문제를 더 효과적으로 해결할 수 있는 이점이 있다.

④ 나-메시지(I Message) 사용하여 부모입장 알리기

'나-메시지'는 내가 느끼고 생각한 바를 표현하는 것이다. 부모효과성 훈련에서 문제의 소유자가 부모인 경우, 자녀와 효과적으로 의사소통하기 위해 사용하는 방법이다. 대체로 부모들은 자녀를 양육하면서 여러 가지 크고 작은 문제에 부딪히게 되며, 이때 부모가 자녀의 행동을 수용하기 어려울 때 불만과 우울, 분노, 증오 및 좌절을 느끼게 된다. 이러한 감정이 쌓이다 보면, 부모가 문제의 소유자가 될 가능성이 높다. 그 예로 문제가 발생된 그 상황을 애써 회피해 버리거나, 부모가 자신의 행동과 자녀의 행동에 대해 말로 수정하게 되는데, 이때 비효과적인 언어를 사용하게 될 가능성이 크다.

나-메시지 사용은 '나-전달법'으로 표현되며, 주로 적대적이고 통제적인 관점에서 자녀에게 책임을 전가하는 "너 때문이야"라는 시각에서의 '너-전달법'에 반대되는 표현이다. '너-전달법'의 사용은 자녀로 하여금 건강한 상태에서 자신의 행동을 수정하게 되는 기회를 차단한다. 그래서 책임감 있는 자녀로 성장하는 것을 방해하게 된다. 예를 들면, 자녀와 함께 기차를 타고 할머니댁에 가기로 했는데, 자녀가 꾸물거리면 "야, 그렇게 꾸물거리면 너 때문에 기차를 놓치게 되고, 할머니댁에 못 가. 빨리 해"라고 말하는 식이다. 이에 반해 '나-전달법'은 "엄마는 기차를 놓치고, 그래서 할머니댁에 가지 못할까 봐 걱정이 되네. 그렇게 되면 애타게 기다리신 할머니께서 서운해 하실 거야"라고 말하는 식이다. 이 예에서 볼 수 있듯이 자녀가 꾸물거릴 때에도 엄마가 느끼고 있는 감정상태를 솔직하게 전달하는 것이 자녀로 하여금 반발감을 느끼지 않도록 한다. 동시에 엄마와 자신이 처하고 있는 현 상태를 직시하도록 함으로써 스스로 행동을 수정할 수 있도록 이끌 수 있게 된다.

이렇게 '나-전달법'은 개방적이고, 온정적인 의사소통을 하도록 지지함으로써 건강한 부모-자녀관계로 생활할 수 있도록 지지하는 힘을 발휘토록 한다.

⑤ 무승부법(no-lose) 사용하기

무승부란 쌍방의 어느 한쪽이 이김과 짐이 없는 상태를 말한다. 대부분의 양육상황에서 부모-자녀관계에서 발생하는 크고 작은 문제들은 갈등상황을 유발한다. 그리고 이때 각자 사용하는 방법이 서로에게 이기고 지는 영향을 미치게 된다. 대개의 경우 부모 또는 자녀의 어느 한쪽이 지면 패배감을 지니고 끝나게 된다. 다시 말하면 부모는 자신이 가지고 있는 권위와 각종 자원으로 자녀를 통제했을 때 이긴다. 또는 부모가 자녀가 어리므로 봐준다던가, 실랑이를 벌이기가 치졸하게 느껴진다던가, 어른스러운 부모같이 여기지 않을까봐 더 이상 씨름하지 않을 때 진다.

부모효과성 훈련에서 무승부법이란 부모와 자녀가 서로 행사하는 힘을 줄이고 능동적으로 함께 문제해결에 참가해서 수용의 정도를 넓혀 보자는 의도에서 사용하는 방법을 말한다. 이 방법은 6단계로 구분된다. 자녀의 입장에서는 참여가 전제되기 때문에 적극적으로 문제를 해결하는 경험을 가지게 됨으로써 다양한 측면에서 성장발달을 도모할 수 있다.

표 11-2 무승부법의 적용 - 6단계

단계		방법
1	문제의 정의	• 부모는 자녀에게 원하는 바를 나-전달법으로 전달하고 적극적 경청을 통해 자녀의 문제가 무엇인지 이해하려고 노력한다. • 부모는 자녀가 같은 의미로 문제를 받아들이고 있는지 확인하고, 자녀에게 부모와 함께 욕구를 충족시킬 수 있는 해결방안을 찾기 위한 과정이라는 사실을 인식시킨다. **예:** "엄마는 네가 소리를 지르니 당황스럽고 걱정이 되는구나. 소리를 지르지 않고 이야기하면 엄마도 잘 들을 수 있을 거야. 네가 원하는 것을 소리 지르지 않고 말해주렴."
2	가능한 해결책 모색	• 문제를 해결할 수 있는 다양한 방법을 모색한다. • 부모가 먼저 해결책을 제시하기보다는 자녀가 스스로 해결책을 제시하도록 격려하고 가능한 모든 해결책을 모아 정리한다. **예:** "그럼 네가 게임을 하려면 어떻게 할 수 있는지 말해주겠니?"
3	가능한 해결책에 대한 평가	• 가능한 해결책이 합리적인지, 장점과 단점은 무엇이고 실행하는 데 어려움은 무엇인지, 그리고 부모와 자녀 모두의 욕구를 공평하게 충족시켜줄 수 있는지에 대해 평가하고 논의한 후, 몇 가지 해결책을 선택한다. **예:** "네가 생각한 대로 매일 학교 다녀와서 30분씩 하는 방법, 일주일에 3일을 하는 방법, 주말에 1시간씩 하는 방법이 있구나. 어떤 방법이 네가 원하는 것인지 말해 주겠니?"
4	최선의 해결책 결정	• 선택한 몇 가지 해결책 중에서 부모와 자녀가 합의하여 가장 최선이라고 생각하는 해결책을 결정한다. **예:** "그럼 좋아. 네가 결정한 대로 화요일과 목요일에 숙제를 모두 마친 후 30분을 하고, 토요일에는 학원 다녀와서 1시간 하는 것으로 하자.
5	수행방법 결정	• 합의한 해결책을 어떻게 수행할 것인지에 대해 구체적인 방법을 결정하여 직접 실행에 옮긴다. **예:** "그럼 네가 이야기한 규칙대로 달력에 표시를 해볼까? 30분 또는 1시간이 되었는지를 알려면 어떻게 해야 하지? 타이머가 필요하지 않을까? 오늘은 월요일이니 내일부터 시작해 보고 표시하는 게 어떠니?"
6	평가	• 합의한 해결책을 실행해 봄으로써 부모와 자녀 간의 문제가 해결되었는지를 평가하고, 문제점이 발견되면 합의를 통해 다시 해결책을 결정하는 과정을 반복한다. **예:** "목요일에 숙제를 다 하고 30분을 하기로 했는데 그러지를 못했네. 네가 숙제를 다 했다는 걸 어떻게 확인하면 좋을까?"

출처: Gordon, T. (1998). 효과적인 부모역할 훈련 Work Book, pp. 48-49; 조성연 외(2018) 재인용.

6단계의 무승부법 과정을 통해 부모도 힘과 권위를 사용하여 자녀를 적대적으로 대하지 않게 된다. 그리고 건설적으로 문제를 해결함으로써 온정적인 관계를 유지할 수 있게 된다. 따라서 부모-자녀의 상호 성장을 도울 수 있다는 점에 의의가 있다.

3) PET의 운영과 방식

PET는 두 가지 방식으로 운영된다. 하나는 부모를 훈련할 강사교육과 다른 하나는 부모를 대상으로 훈련하는 일반 부모교육이다.

대체로 10~12명의 부모를 대상으로 한 집단형태로 실시한다. 그것은 개인교육보다는 집단교육이 더 효과적이라고 보기 때문이다. 특히 특별히 마련된 훈련과정을 통하여 다른 부모의 경험담을 듣고 배울 수 있다.

표 11-3 PET 프로그램의 과정

주별 내용	세부 내용
1주 목표 설정	• P.E.T. 소개, 목표 설정하기 • 행동의 수용 도식 이해하기 • 부모의 수용 감정(자녀의 영향, 부모의 영향, 환경의 영향) 이해하기 • 문제의 소유와 관련한 수용 도식 이해하기 • 문제의 소유자 확인하기
2~3주 적극적 경청	• 의사소통의 걸림돌 이해하기 • 걸림돌 경험하기 • 의사소통 모형 이해하기 • 적극적 경청 이해하기 • 적극적 경청 실습하기 • 유아와 의사소통하기 • 감정 표현하는 어휘 찾아보기

4~5주 나-전달법/ 환경의 재구성	• 나-전달법의 3요소 이해하기 • 나-전달법 체험하기 • 나-전달법 인식하기 • 나-전달법을 완전하게 숙달하기 • 유아를 위한 나-전달법 사용하기 • 긍정적인 나-전달법 • 이번 주 동안의 실행사항 이야기하기 • 가정환경을 재구성하기 • 가족환경을 점검하기
6~7주 제3의 방법 (무승부법)	• 대립된 갈등을 해결 가능한 문제로 전환시키는 방법에 대해 이해하기 • 악순환을 피하는 방법에 대해 이해하기 • 문제해결의 6단계 • 문제해결의 개요 • 문제해결의 유의점 • 제3의 방법을 이용한 문제해결하기 • 욕구를 언어로 표현하기 • 욕구를 언어로 표현하기에 도움이 되는 사항 • 제3의 방법으로 계획하기 • 제3의 방법으로 해결한 사례
8주 가치관 대립에 대한 대처기술	• 가치관 대립을 인식하기 • 자녀의 가치관에 영향주기 • 모델로서 부모가 영향력 미치기 • 효과적인 부모역할 3단계 이해하기 • 목표 점검하기 • 타인과의 원만한 관계를 형성하기 위한 신조 정하기

출처: Gordon, T. (1998). 효과적인 부모역할 훈련 Work Book, p. 7.; 조성연 외(2018). 재인용.

우리나라에서는 특히 석·박사 학위과정 및 연구소를 중심으로 한 현장 연구에서 한국에서의 적용 효과가 검토되었으며(김인자, 1996; 연미희, 1994; 윤혜영, 2005; 이창환, 2007), 다른 이론과 인간관계 기법을 혼용한 연구도 진행되었다(김현자, 2007). 그러므로 예비부모를 포함한 모든 부모는 유념하여 적용할 필요가 매우 크다.

2. 딩크메이어와 맥케이의 부모효율성(STEP) 프로그램

사람들을 이끈다고 생각하나 따르는 자가 없다면,
그는 그냥 혼자 걸어가고 있는 사람일 뿐이다.

_ 에이브러햄 링컨

1) 이론적 배경과 기본 관점

부모효율성 훈련(STEP: Systematic Training for Effective Parenting)은 약칭 'STEP'라고 한다. 딩크메이어(Dinkmeyer)와 맥케이(McKay)는 아들러(Adler)의 사회심리학 이론에 기초하여 드레이커스(Dreikurs)의 민주적인 부모교육 이론과 고든(Gordon)의 인본주의적인 부모교육이론을 참조하여 개발한 부모교육 프로그램이다.

글·그림 11-2 발달단계별 STEP 프로그램

영유아기 부모 대상(1997)

아동기 부모 대상(1997)

청소년기 부모 대상(2008)

Q&A STEP은 발달단계별로 개발되어 있다.
동일한 개념과 기법으로 세분화되어 개발될 수 있는 근거는 무엇일까?

초기에는 『책임감 있는 아이 기르기(Rasiing Responsible a Child, 1976)』로 출간되었으며, 우리나라에서는 이경우(1985)가 처음 소개하였다. 이후 STEP 프로그램은 영유아기 부모용(1997), 아동기 부모용(1997), 청소년기 부모용(2007)로 발달단계별로 개발되었으며 황옥자와 이지연(2012) 등이 소개하였다. 이렇듯 동일한 개념과 기법을 발달단계별 특성을 고려한 프로그램으로 세분하는 것은 효과적인 접근방법이라고 할 수 있다.

딩크메이어(Dinkmeyer)와 맥케이(McKay)가 'STEP'을 개발할 때, 참조한 주요 배경 이론과 2가지 프로그램의 배경과 원용한 핵심 기법은 〈표 11-4〉와 같다.[4)]

표 11-4 PET의 이론적 배경과 기법

이론	기법
Adler의 개인심리학	• 좋은 부모역할 • 자녀의 긍정적 행동목표
Dreikurs의 민주적 부모교육이론	• 자녀의 잘못된 행동목표: 관심끌기, 힘 행사하기, 앙갚음, 무능력감 보이기 • 자연적 귀결과 논리적 귀결
Gordon의 부모효율성이론	• 문제의 소유자 파악하기 • 적극적 경청 • 나-전달법

2) STEP의 핵심 내용과 방법

STEP의 프로그램의 핵심 내용은 〈표 11-4〉에서 언급한 바와 같이 기존에 개발된 프로그램에서 바탕이 된 이론과 주요 원리와 방법을 참조하였으

4) Chapter 10에 자세히 기술되어 있다.

며, 〈표 11-5〉와 같이 구성하였다. 특징적인 것은 부모와 자녀가 '공평'할 수 있으며, 나아가 자녀가 '독립성'과 '책임'과 '격려' 등을 키울 수 있도록 프로그램의 내용을 구성하였다는 점이다.[5)]

표 11-5 STEP 프로그램의 구성 내용

장	주제	전제 또는 목표	부모가 지켜야 할 행동
1	• 자녀 행동의 이해 – 네 가지 잘못된 행동목표 (관심끌기 · 힘 행사하기 · 앙갚음 · 무능력감 보이기)	• 부모와 자녀의 사회적 공평성 • 자녀의 행동 이해	• 상호 존중하기 • 시간 내어 재미있게 보내기 • 용기 주기 • 사랑으로 의사소통하기
2	• 자녀와 부모 자신의 이해 – 감정 이해하기 – 생활형태 이해하기 – 좋은 부모란?	• 자녀 훈육방법 익히기 • 좋은 부모되기 • 자신감과 독립성 키워 주기	• 가족의 분위기 형성과 가치를 알도록 노력하기 • 올바른 부모역할 이해하기 • 가족구성원의 입장 이해하기
3	• 격려: 자신감과 가치 길러주기 – 부정적 기대 없애주기 – 학업성취에 대한 높은 기대 갖지 않기 – 형제 간 경쟁심 없애기	• 격려해줄 수 있는 특별한 언어 사용하기 ("고맙다. 도움이 많이 되었다. 네가 기뻐하니 나도 참 기쁘다.")	• 자녀의 있는 그대로의 상태 수용하기 • 긍정적 태도 보이기 • 칭찬보다는 격려하기 • 자녀에 대해 신뢰하기
4	• 의사소통: 적극적 경청	• 비언어적 메시지에 반응하기	• 적극적 경청하기 • 감정을 이해할 수 있는 단어 사용하기
5	• 의사소통: 대안 찾기, 부모의 생각과 느낌 표현하기 – 자녀의 기분 이해하기 – 탐색하여 문제해결하기 – 선택하도록 도와주기	• 문제의 소유자 파악하기	• 나–전달법 사용하기 • 자녀 존중하기

5) 자녀의 행동변화를 이끌기 위해 민주적 부모교육에서는 상벌보다는 자녀의 행동에 한계를 설정하는 것을 강조하며, 인본주의적 부모교육에서는 칭찬을 강조하며, 행동주의이론에서는 상황에 따라 벌과 칭찬을 활용하도록 강조하고 있다.

6	• 책임 있는 훈육방법 – 보상과 벌 – 일관성 있는 부모행동하기 – 책임감 분담하기 – 문제의 소유자 파악하기	• 자연적 · 논리적 결과 방법 익히기 • 논리적 결과의 단계 적용하기 • 자신의 행동에 대한 결과 알게 하기	• 개방적 태도 보이기 • 목소리를 다정하면서도 단호하게 표현하기 • 잘못된 행동에 대해 논리적으로 사고하여 스스로 결론 내리기
7	• 자연적 · 논리적 결과의 활용 – 강의, 수치심, 명령, 회상	• 자신에게 부여된 권리와 의무 알기 • 자신의 일을 논리적 사고를 통해 스스로 처리하기	• 자녀의 권리 존중하기 • 집안일을 수행하는 데 논리적 결과 사용하기
8	• 가족모임 – 신념, 가치관, 불평 – 의문, 질문, 제안	• 나–전달법을 사용하여 가족구성원이 솔직하게 의사소통하기 • 재미있게 지내기	• 일정한 시간 정하기 • 오락시간을 갖기 • 가족 모두 참석할 수 있는 시간으로 정하기 • 정한 규칙을 적용하기
9	• 자신감 개발 및 잠재력 발휘 – 잘못된 자녀의 행동에 대처하기 – 부모행동 변화시키기	• 나–전달법을 사용하기 • 논리적 결과 사용하기	• 긍정적 태도 보이기 • 상호 존중하기 • 부모 자신의 실수 인정하기

출처: 황옥자 · 이지연(2012). 요약

표 11-6 STEP 프로그램에서의 자녀의 잘된 행동목표와 잘못된 목표

자녀의 생각	잘된 행동목표	자녀 수준의 행동	부모의 지원
"내가 긍정적인 행동을 할 때 소속감을 가질 수 있어."	관심 끌기	접시 닦기, 바구니에 빨래 담는 행동을 한다.	자녀가 도우려는 것을 인정해 준다.
"나는 스스로 결정할 수 있어."	영향력, 독립심	입을 옷을 스스로 고른다.	자녀가 스스로 한 행동에 대하여 지원하고 격려한다.
"다른 사람과 협력하면서 잘 지내고 싶어."	공정성, 타인과의 관계	다른 친구와 다투지 않고 놀이감을 나눠쓴다.	다른 사람과 협력하려는 노력을 인정해 준다.
"성공하고 싶어."	유능성	실수를 스스로 받아들이고 실패하면 다시 시도한다.	자녀의 실수를 수용하고 재시도하여 나아진 부분을 알아준다.
"나 좀 바라봐 줘. 나를 떠받들어 줘."	관심 끌기	"나 봐라." 하며 지속적으로 관심 끄는 행동을 한다.	• 가능한 한 잘못된 행동을 무시한다. • 고의적으로 관심을 얻으

			려 하지 않을 때 긍정적인 행동에 대해 관심을 보인다. • 공연히 시중을 들어 주지 않는다.
"내가 모든 것을 마음대로 할 수 있고, 엄마는 나를 맘대로 하지 못해."	힘 행사하기	"내 맘대로 할 거야." 하며 떼를 쓴다.	• 갈등에서 한 걸음 물러선다. • 자녀에게 도움을 요청하고 협동하게 함으로써 건설적으로 행동하는 방법을 가르쳐 준다.
"엄마는 날 사랑하지 않아."	앙갚음	"미워, 사랑 안 해." 하며 소리 지른다.	• 감정을 상하지 않게 한다. • 벌을 주지 말고 보복도 하지 않는다. • 서로 신뢰하는 관계를 형성한다. • 사랑받고 있다는 것을 확신시킨다.
"나는 아무 것도 할 수 없어."	무능력감 보이기	푸념하면서 "싫어 안 해."라고 말한다.	• 결코 아동을 비난하지 않는다. • 동정하지 말고 작은 노력이라도 격려해 준다.

출처: 조성연 외(2018) 재인용.

그리고 이러한 내용들을 자녀의 발달단계의 특성에 따라 영유아용, 아동용, 청소년용으로 세분하여 제시하였다. 이러한 접근은 STEP 프로그램이 지닌 특성으로써 자녀의 전 발달단계에 이르도록 일관성 있게 지속적으로 적용할 수 있는 장점을 지니고 있다.

나아가 각각의 발달단계에서 자녀의 잘못된 행동목표와 잘된 행동목표를 대비시켜 제시함으로써 부모가 분명한 목표의식을 가지고 자녀를 일관성 있게 양육할 수 있도록 하였다.

3) STEP의 운영과 방식

STEP는 10~12명의 부모를 대상으로 한 집단형태로 부모교육을 실시하며, 7회기의 2시간으로 진행한다. 특이사항은 부모가 STEP을 배우고 난 후 가정에서 실제로 적용할 수 있도록 한 다음, 부모들로 하여금 서로 토의하고 체크해 보도록 한다. 그리고 부모교육에 도움이 되는 자료를 다양하게 활용한다.

표 11-7 발달단계에 따른 프로그램의 주제

주	영유아기	아동기	청소년기
1	영유아 이해하기	부모 자신과 자녀 이해하기	부모 자신과 10대 자녀 이해하기
2	영유아의 행동 이해하기	신념과 감정 이해하기	10대에 대한 부모의 반응 변화시키기
3	영유아기의 자아존중감 형성하기	자녀와 부모 자신을 격려하기	존경과 격려로 의사소통하기
4	영유아와의 의사소통	자녀와 말하고 듣기	문제해결과 협동 격려하기
5	영유아가 협동을 배우도록 돕기	자녀가 협동을 배우도록 돕기	결과를 이용한 책임감 형성하기
6	효과적인 훈육하기	훈육방법 이해하기	의사결정하는 방법 1
7	정서와 사회성 발달 키우기	부모의 방식 선택하기	의사결정하는 방법 2

우리나라에서는 특히 석·박사 학위과정 및 현장연구를 통하여 한국에서의 적용 효과가 검토되었으며, 그 결과 효과성이 입증되었다(황옥자, 1987; 류지후, 1997; 박진옥, 2005; 조성연 외, 2018). 따라서 예비부모를 포함한 모든 부모는 주목하여서 적용할 필요가 아주 크다.

부모의 삶

『죽음의 수용소』의 저자인 빅터 프랭클은 자신의 경험을 바탕으로 "어떠한 상황에서 어떠한 자극이 와도 어떻게 반응할 것인가를 자신이 선택하는 것이다."라고 말했다.
이 말은 Stop-Think-Do라는 공식으로 부모의 자녀양육에도 적용되었다.

- 특히 부모 인본주의적이고 민주적인 양육을 우 해 '선택'이라는 시공간이 필요한 이유는 무엇일까?

Chapter 12

상호작용 · 소통의 역량강화를 위한 코칭 프로그램

다른 사람을 가르쳐 보면 확실히 알게 된다.
수염이 석 자라도 배워야 한다.

_ 공자

인간은 언어를 사용할 수 있는 사회적 동물이며, 따라서 상호작용을 한다. 그러나 어떠한 상호작용을 하느냐에 따라 소통이 되거나 불통이 된다. 특히 어린 자녀들인 경우에는 성인과 다르게 언어표현력이 부족하기 때문에 더욱 효과적인 방법을 사용해야 효과적으로 소통할 수 있다.

최근 '사랑과 지혜의 대화체계'라고 말하는 코칭이 주목받고 있다. 왜냐하면 코칭은 이미 발생된 문제에 집중하지 않고, 원하고 잠재력을 펼칠 수 있는 가능성에 초점을 맞추기 때문이다. 게다가 모델을 활용하기 때문에 구구단처럼 한번 익히면 아주 오랫동안 쉽고 유익하게 적용할 수 있다.

따라서 12장에서는 특히 '소통'에 초점을 맞추어 코칭의 이론과 철학을 바탕으로 개발된 코칭 프로그램의 내용과 방법을 학습하여 부모교육에 적용하도록 한다.

1. 감정코칭 프로그램

자신의 감정을 존중받고 자란 아이들은
가장 힘든 일을 겪을 때도 견뎌낼 수 있다.

_ 가트만

1) 감정코칭의 이론적 배경과 기본 관점

감정코칭(emotional coaching) 프로그램은 가트만(Gottman)에 의해 개발된 프로그램으로 기노트(Ginott)의 교육철학을 배경으로 하고 있다.[1] 기본적으로 자녀의 행동을 고치려고 하기 전에 자녀의 감정을 무시하지 않고 먼저 이해하도록 돕는 관점에서 접근하고 있다.[2]

감정코칭의 출발점은 이스라엘 출신으로 미국 뉴욕대학 교수를 역임한 하임 기노트(1922~1973)에게서 찾을 수 있다. 기노트는 교사와 심리치료사로 현장에서 활동하면서 얻은 통찰력을 통해 '아이의 기분(감정)을 무시하지 마라', '행동을 문제 삼되 아이의 인격을 꾸짖지 마라' 등의 감정코칭의 기본 철학을 세웠다. 다시 말하면 감정코칭은 부모-자녀 사이에서 발생한 문제는 부모의 성격적 결함이나 문제에서 비롯되기보다는 부모의 자녀양육에 대한 지식과 기술 및 지혜의 부족에서 비롯된다고 보고 있다. 따라서 감정코칭에서 다루고 있는 방법을 익히면, 자녀와 효과적으로 소통할 수 있게

1) Chapter 10의 기노트의 인본주의 부모교육을 참조한다.

2) 코칭은 기본적으로 특별한 문제가 없으되, 긍정의 차원에서 더 나은 성장을 추구할 때 활용하는 방법이다. 최근 문제행동에 대해서도 코칭 접근을 시도하고 있는데, 이 경우에는 상담코칭 내지는 코칭상담이라고 한다.

되는 것이다.

기노트의 사후, 가트만은 1980년대 기노트의 교육 철학의 가치를 재발견한 뒤, 체계적인 연구를 통해 감정코칭의 체계를 확립하였다. 이후, 가트만과 학술적으로 교류한 최성애와 조벽(2011)이 감정코칭을 뇌과학적, 심장과학적 및 인간발달학적으로 설명하는 작업을 계속하여 『내 아이를 위한 감정코칭』에 소개하였으며, 지속적인 교육이 이루어지고 있다(해냄, 2020). 그리고 이에 근거한 경험적 연구가 다수 이루어지고 있다(오지현 · 김지윤, 2017; 이금희 · 김성재, 2019).

2) 감정코칭의 핵심 내용과 방법

부모가 자녀를 감정코칭의 관점에서 양육하기 위해서는 중점적으로 다루어야 할 내용은 자녀가 표출하는 감정에 대한 부모의 반응 유형, 감정코칭 대화법, 감정코칭 5단계 등으로 제시되고 있다.

(1) 부모의 4가지 반응 유형

감정코칭에서는 부모들이 자녀의 갖가지 감정에 대해 반응하는 유형을 크게 4가지로 구분하고 있다.

4가지 반응 유형 중에서 3가지는 부정적인 반응 유형이다. 이에 비해 긍정적이며 바람직한 유형은 '감정코칭형'이다. 즉, 부모가 양육에서 활용해야 할 반응 유형인 것이다.

① 축소지향형 부모

이 유형의 부모는 자녀가 표출하는 감정에 대해 대수롭지 않게 건성건성 또는 대충 반응하는 부모를 말한다. 그리고 자녀의 입장에서는 중요하거나 심각하게 생각해도 마찬가지로 과소하게 판단하고 축소해 버린다. 그래서 자녀는 자신의 감정을 조절하기가 어려워서 회피 내지 도피하면서 다른 행동으로 풀어버리기 쉽다. 그 예로 먹기, 물건 사기, 딴짓하기 등을 들 수 있다. 따라서 이 부모의 자녀는 자존감이 낮고 활기차지 못하다.

② 억압형 부모

이 유형의 부모는 자녀가 표출하는 감정을 수용하지 않고 억누르며, 특히 부정적인 감정표출에 대해 엄하게 질책하거나 비난하는 반응을 보인다. 그래서 자녀도 축소지향형 부모의 자녀처럼 자존감이 낮으며, 일상생활에서 상반된 반응을 보인다. 즉 우울하고 소극적이거나 반대로 충동적이거나 공격적인 행동을 나타내게 된다. 따라서 이러한 상황이 지속되면 자녀는 반발심을 느끼며, 나름대로 다른 출구를 찾기 위해 비행을 저지르기도 한다.

③ 방임형 부모

이 유형의 부모는 자녀가 표출하는 감정을 용인하기는 하지만 옳고 그른 것에 대한 분별이 없는 편이다. 그래서 자녀는 기분이 내키는 대로 행동해 버리는 자기중심형의 행동을 보인다. 따라서 자녀는 자신의 행동에 대해 분별력이 없고 적절한 행동을 모르므로 불안하고 미숙한 행동을 보이게 된다.

④ 감정코칭형 부모

이 유형의 부모는 자녀의 감정을 인정하고 수용하며 부정적인 행동에 대해서는 한계설정을 해준다. 한계설정의 원칙은 자신과 타인에게 부정적인 영향을 미치거나 해가 되는 행동이다. 따라서 자녀는 자신이 표출하는 감정을 가감 없이 수용하므로 자아존중감과 자기효능감이 높은 편이다.

글·그림 12-1 마음을 여는 말

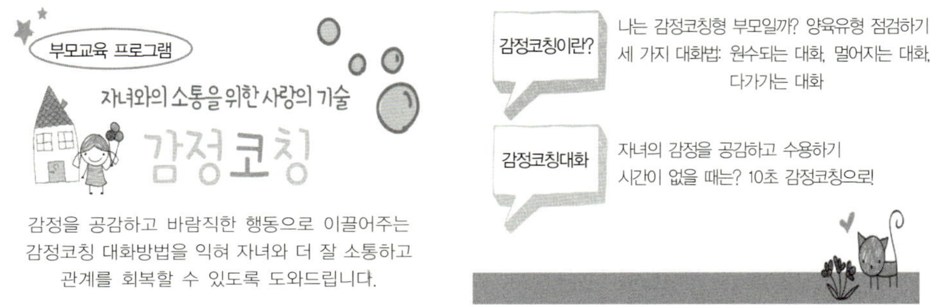

출처: 수원시지역사회교육위원회(2019).

Q&A 감정을 지니고 표출한다는 것은 살아 있다는 것을 증명하는 것이다.
나의 부모의 반응 유형을 가름할 수 있는 사건을 기억해 보자.
그때 나의 감정은 어떠했었는지 말할 수 있는가?

(2) 감정코칭 대화법

대화(對話)의 사전적 뜻은 서로 마주 보고 말을 한다는 것이다. 그러므로 이 뜻에 내재된 의미는 마주 보고 말하면 일단 소통이 잘 될 것이라는 점을 함축하고 있다. 그렇지만 아무리 마주 보고 말을 한다고 하여도 말하는 사람들의 언어 및 비언어적 태도에 따라 말을 하는 목적에 따른 효과는 달라진다.

감정코칭에서는 마음을 여는 대화와 마음을 닫는 두 가지의 상반된 대화 형태가 있다고 본다. 우리 사회에서 "담을 쌓고 산다"는 말이 있는데, 마음을 닫는 대화는 '담쌓기 언행'에 해당된다.

그러나 감정코칭의 접근방법은 정서교육에 도움이 되며(나옥희, 2017; 최문정, 2017), 관계에 관한 다른 이론이나 방법론과 결합되어 접근한 경우에는 치료효과도 지니는 것으로 보고되고 있다(김미애, 2021; 나옥희, 2017).

① 마음을 여는 대화

이 대화의 범주에는 경청하는 대화, 수용하는 대화, 이해하는 대화, 풀어주는 대화 등이 포함된다.

② 마음을 닫는 대화

이 대화의 범주에는 비난하는 대화, 경멸하는 대화, 멀어지는 대화, 방어하는 대화, 명령하고 훈계하는 대화, 죄책감을 느끼게 하는 대화 등이 포함된다.

(3) 감정코칭의 5단계

부모와 자녀와 감정을 서로 교감하며, 감정을 코칭하는 과정을 5단계로 구분하고 있다.

① 1단계 - 자녀의 감정을 인식하는 단계

이 단계는 자녀의 감정을 잘 인식할 수 있도록 관심을 가지고 다가가는 단계를 말한다.

② 2단계 - 감정적인 순간을 기회로 삼는 단계

이 단계는 자녀의 감정표출의 강도가 높아지고, 잦아질 때, 전형적인 축소지향형 부모나 억압형 부모 및 방임형 부모처럼 행동하는 것이 아니라, 감정코칭형 부모로 나아갈 수 있는 계기로 삼는 단계를 말한다.

③ 3단계 - 감정을 공감하는 단계

이 단계는 부모가 감정코칭을 할 수 있도록 대화방법을 익히는 단계를 말한다. 마음을 닫는 부정적 대화와 마음을 여는 긍정적 대화 등을 대상으로 하여 감정코칭을 익히게 된다.

④ 감정표현을 도와주는 단계

이 단계는 감정에 이름을 달고, 자녀가 스스로 감정을 표현할 수 있도록 돕는 단계를 말한다. 감정에 이름을 붙여주는 것은 이후 유사한 감정이 표출될 때 서로 대화하며 풀어갈 수 있는 계기를 마련할 수 있다. 감정이라는 문에 손잡이 내지는 문고리의 기능을 할 수 있게 된다.

⑤ 스스로 문제해결을 하도록 하는 단계

이 단계는 바람직한 언행을 하고, 또 엉킨 감정을 해소할 수 있도록 돕는 단계를 말한다.

- 구체적으로 먼저 공감하고, 행동의 한계를 설정하기
- 원하는 목표 확인하기
- 해결책 찾아보기
- 해결책 검토하기
- 스스로 해결책 선택하도록 돕기

코칭학은 긍정의 관계를 지향하고 그 가능성을 믿는 실천적 학문이다(한국코칭학회, 한국코치협회). 그러므로 코칭다운 코칭을 하기 위해서는 코칭의 체계에서 부단히 배우고 실습해야 한다.[3)]

---

3) 코칭의 학문적 체계화를 위해 한국코칭학회(2006)가 설립되어 있으며(koreacoaching.kr), 전문코치의 양성과 활성화를 위해 한국코치협회(www.kcoach.or.kr)가 설립되어 있다.

글 · 그림 12-2 부모를 위한 감정코칭교육

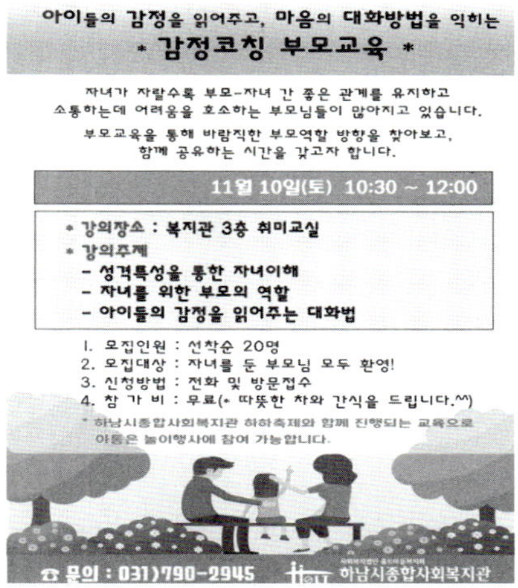

Q&A 감정은 다양하게 표현된다.
긍정의 감정표현을 원하는가? 부정의 감정표현을 원하는가?

3) 감정코칭 프로그램의 운영

감정코칭은 일반과정과 자격과정으로 구분되어 있다. 일반과정은 부모교육과정이다. 자격과정은 감정코칭 2급과 1급으로 구분되며, 각각 5개월의 80시간으로 진행된다. 2급과정은 자격의 제한이 없으나, 1급은 2급 수료자여야 한다. 이러한 과정은 모두 이론과 실습으로 이루어진다(handanfamily.co.kr).

2. TREASURE 상호작용 코칭 프로그램

사람은 행복할수록 자기중심적인 사고에서 벗어나며,
다른 사람들을 더 많이 좋아한다.

_ 셀리그먼

1) 이론적 배경과 관점

TREASURE Talk 상호작용 코칭 프로그램은 코칭방식으로 상호작용을 증진시키고자 하는 목적으로 마틴 셀리그먼(Martin Seligman, 2004)의 긍정심리학과 코칭학을 이론적 배경으로 하여 이소희(2012)에 의해 개발되었다.[4] 이러한 이론적 배경의 근거는 코칭이 부정이 아닌 긍정의 관점에서, 치료보다는 예방적 성장을 향해, 과거보다는 오늘과 내일을 행복한 성공을 지향하고 있기 때문이다.

프로그램의 이름은 '보물'의 뜻을 가진 'TREASURE'이다. 알다시피 보물은 거의 모든 사람들이 좋아하며, 추구한다. 한자어로 표기된 '보물(寶物)'에서의 '물'은 물건이나 재화를 뜻한다. 그러나 이 보물에 내재한 의미는 단지 물건이나 재화에만 한정되지는 않는다. 보물의 진정한 의미는 '매우 귀한', '매우 소중한', '매우 가치 있는' 등이다. 그리고 'Talk'는 말 또는 대화를 의미한다. 따라서 TREASURE 코칭 프로그램은 이는 상호작용을 통한 긍정의 바람직한 소통을 목적으로 한다.

일반적인 코칭모델처럼 T-R-E-A-S-U-R-E의 8개의 이니셜로 구성되

4) 코칭학은 Chapter 2에서 다루었으므로 참조함

어 있으며, 각각의 이니셜은 상호작용의 방식을 제시하고 있다.

(1) 배경이론으로서의 셀리그먼의 긍정심리학

셀리그먼은 긍정심리학의 창시자이다. 그는 1998년 미국심리학회장으로 취임하면서 "심리학은 인간의 약점과 장애에 대한 학문만이 아니라 인간의 강점과 덕성에 대한 학문이기도 해야 한다. 그리고 진정한 치료는 손상된 것을 고치는 것만이 아니라 우리 안에 있는 최선의 가능성을 이끌어내는 것이어야 한다."면서 심리학의 새로운 방향과 입장에 대해 설파하였다.

다시 말하면 과거의 심리학이 인간의 불행과 장애에만 편향적으로 관심을 기울여왔다는 반성에서 출발한 것이다. 이와 같이 긍정심리학은 개인과 집단 그리고 사회가 성장하고 번창하도록 만드는 요인들을 발견하고 촉진하는 것을 목표로 하고 있다(Peterson, 2006). 이러한 관점에서 태동한 긍정심리학은 프로이트의 정신분석학 이후 가장 주목받는 심리학 분야로써, 인간의 긍정적인 심리적 측면을 과학적으로 연구하고 인간의 행복과 성장을 지원하는 학문분야를 말한다.

셸던 등(Sheldon et al., 2000)은 긍정심리학을 "인간이 나타낼 수 있는 최선의 기능 상태에 대한 과학적 연구"라고 정의하였다. 긍정심리학의 연구가 진행되면서 긍정정서, 긍정성격, 긍정조직 또는 긍정제도 등으로 구체화되고 있으며(권석만, 2013; Baumgardner et al., 2008), 코칭 분야에도 적용되어 보다 더 체계적으로 확충되고 있다(로베르트 비스바스 디너, 벤 딘, 2009; 로버트 B. 디너, 2011).

(2) TREASURE Talk 상호작용에서의 부모-자녀관계에 대한 관점

TREASURE Talk 상호작용코칭에서의 부모-자녀관계에 대한 관점은 2가지이다. 하나는 부모-자녀가 서로 존중하고 존경하는 것이다. 다른 하나

는 부정적인 소통을 방지하기 위해 긍정적인 상호작용을 확충함으로써 바람직한 소통을 하는 것이다.[5)]

존경과 존중은 모두 동일하게 'respect'로 표기되는데, 이것은 존중과 존경이 지향하는 바가 동일하다는 것을 의미한다. 다시 말하면 보물에 내재된 의미처럼 부모-자녀가 서로 귀히 여기고 대하는 언행을 말한다.[6)]

이렇듯 존중하고 존경하기 위한 방법론으로 코칭접근을 시도하는데, 그것은 코칭철학과 코칭환경 및 코칭기술이 부모-자녀가 원활하게 상호작용을 하도록 돕기 때문이다.

① 부모의 자녀 존중

만인이 평등하므로 모든 사람은 모든 사람을 귀히 여겨야 한다. 우리 사회에서는 특히 장유유서(長幼有序)의 정신에 따라 일상생활을 영위할 때, 어르신에게는 존경을 표하고, 어린 사람은 존중한다. 실제로 지위고하를 막론하고 대다수의 어르신들은 살아온 연륜에 따른 지혜가 있으므로 존경받을 수 있다. 이러한 맥락에서 볼 때, 부모는 존경받기에 충분한 성인이다.

② 자녀의 부모존경

성장과정에 있는 미성숙한 자녀들은 '인간'이라는 이유만으로 인권을 가지며, 이는 아동을 위한 권리선언(1959)과 어린이 권리에 관한 국제협약

---

5) TREASURE Talk 상호작용 코칭 프로그램의 대상은 부모-자녀는 물론 교사-아이도 포함하며, 이는 슬로건에 제시되어 있다(글·그림 12-4 참조함).

6) 이러한 맥락에서 존중과 존경을 주제로 다룬 도현심(2018)의 부모교육 프로그램이 있다. TREASURE Talk 상호작용 코칭 프로그램과는 방법론에서 차이가 난다. TREASURE Talk에서는 부모-자녀가 서로 존중하고 존경하기 위해서는 상호작용을 잘해야 하는 것이다. 이를 위해 코칭학에서 전제가 되는 코칭철학, 코칭환경, 코칭기술을 사용한다는 것이며, 이는 긍정심리학의 관점을 바탕으로 한다는 것이다. 박은화(2020)의 연구에서도 지지되었다.

(1979)에서 선언되었다. 그리고 우리나라에서는 이미 소파 방정환 선생님을 주축으로 한 소년공약 3장(1923)에서 선포되었다. 그러므로 모든 부모들은 자녀들의 능력과 재능을 지녔을 때만 존중하는 것이 아니라 자녀라는 이유만으로도 존중할 수 있다. 또 존중하려고 애써야 한다. 자녀를 사랑하면 충분히 가능하다. 부모가 지닌 멋진 힘이다. 그러면 자녀들은 부모를 존경할 것이다.

글·그림 12-3 존중과 존중의 의미

Without feelings of respect, what is there to distinguish men from beast?

존중의 감정이 없다면
인간과 동물을 어떻게
구별할 수 있겠는가?
– 공자

Q&A 부모로부터 자녀가 존중받는 것은 권리라고 말한다.
자녀로부터 부모가 존경받는 것도 권리인가?

누구든지 존중하고, 존경하려면 서로 소통이 잘 되어야만 가능하다. 이러한 맥락에서 TREASURE Talk 상호작용 코칭 프로그램에서는 부모가 자녀를 존중하고, 또한 자녀가 부모를 존경하면, 부모–자녀는 행복한 삶을 유지하면서 더욱 성장할 수 있다고 보았다. 무엇보다도 이를 위해서는 효과적으로 소통할 수 있는 상호작용기술이 필요하다고 본 것이다.

글·그림 12-4 TREASURE Talk에서의 존중과 존경(*노래)

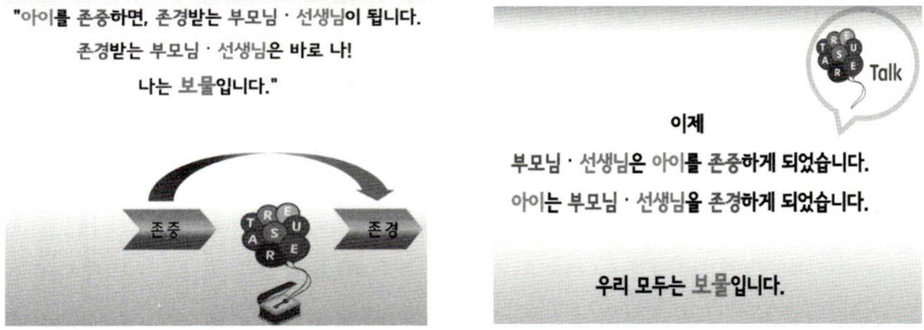

출처: www.google.com/search?q=TREASURE+talk+

Q&A 음악은 의미를 배가시키는 멋진 힘이 있다.
TREASURE Talk 노래를 감상한 느낌은 어떠한가?

실제적으로 부모의 자녀존중과 자녀의 부모존경은 발달적 및 교육적 효과가 입증되었다(도현심 · 김민정 외, 2013; 박은화 · 이진아, 2018; 이소희 · 김경미 외, 2013).

2) TREASURE 상호작용 코칭 프로그램의 핵심 내용과 방법

상호작용의 사전적 뜻은 둘 이상의 물체나 대상이 서로 영향을 주고받는 행동을 말한다. 가정은 삶의 출발점이다. 또 이 출발점에서의 상호작용은 부모-자녀로부터 시작된다. 그러므로 긍정적인 부모-자녀의 상호작용은 부모-자녀의 생명줄이라고 해도 과언이 아니다.

(1) TREASURE Talk 코칭 프로그램의 핵심 내용

긍정의 상호작용을 위해서는 TREASURE 방식의 상호작용을 해야 하며, 부정적인 CCTV 방식의 상호작용을 하면 안 된다. 그러므로 TREASURE 상호작용은 Oh, YES이며, CCTV 방식의 상호작용은 Oh, NO이다.

글·그림 12-5 Oh, Yes - TREASURE / Oh, No - CCTV

Q&A 부모-자녀를 포함한 모든 인간의 삶은 자극에 대해 반응이다.
어떤 선택을 하면, 좋은 관계를 유지할 수 있을까?

① TREASURE 상호작용 = Oh, YES!

TREASURE 상호작용은 T-R-E-A-S-U-R-E의 이니셜이 지니는 의미를 존중하여 그대로 열심히 빈복하면 효과를 거두는 긍정의 상호작용방식이다. 이를 위해서는 먼저 T-R-E-A-S-U-R-E를 익히는 학습으로부터 출발하여 일정기간 동안의 연습이 필요하다. 물론 학습과 연습의 기간은 부모마다 개인차이는 있다.

연습을 위해서는 일상의 양육에서 늘 TREASURE 상호작용을 염두에 두고, 수시로 TREASURE 노래를 듣고, TREASURE 아코디언으로 연습을 함과 동시에 TREASURE 스크립트로 사례를 익히면서 적용하는 습관을 기르도록 노력한다. 물론 처음부터 잘 활용하기는 어렵다. 양육태도는 일상의 습관이기 때문이다. 그러나 희망을 가지고 계속 지속하면 된다. '낙숫물이 바위를 뚫는다'는 속담을 체험하게 된다.

글·그림 12-6 긍정의 상호작용방식: Oh, Yes - TREASURE

T	Tracking	(T)	아이의 행동에 최대한 관심을 가지고 따라가기
R	Reflecting	(R1)	아이가 한 말을 거울 보듯 반영하며 공감하기
E	Encouraging	(E1)	아이가 한 언행을 구체적으로 격려하기
A	Asking	(A)	아이가 넓고 깊은 생각을 키우도록 질문하기
S	Say Nothing	(S)	아이가 대답할 때까지 무한존중하며 기다리기
U	Understanding	(U)	아이의 어떠한 답에도 절대긍정으로 이해하며 더하기
R	Reminding	(R2)	아이가 완전 몰입한 상황을 기억하고 표현하기
E	Enjoying	(E2)	아이와 함께 한 시간을 축하하며 즐기기

Q&A 상호작용은 두 얼굴을 가지고 있다.
대부분의 부모님들은 TREASURE 와 CCTV 중 어떤 상호작용을 더 많이 하실까?

② CCTV 상호작용 = Oh, NO

CCTV(Closed-Circuit Television)는 우리 주변에서 쉽게 볼 수 있는 폐쇄회로 TV를 말한다. 가정은 물론 어느 곳에서나 동일하게 볼 수 있는 개방회로 TV(Open-circuit Television)와 비교된다. 알다시피 우리 사회에서 CCTV는 의미와 재미를 위해 보는 시청각도구가 아니라, 잘못된 것을 발견하기 위한 탐지의 목적으로 사용되고 있다. 따라서 어떤 언행으로 잡히거나 들키고 싶지 않아서 회피하고 싶은 도구이다. 양육 및 교육과 관련하여 잘 알려진 예가 영유아 학대가 발생하는지를 확인하기 위해 유치원과 어린이집에 설치된 CCTV이다.

집안에서는 결코 CCTV를 설치하지 않지만, 부모-자녀와의 상호작용에서도 경각심을 주도록 하기 위해 부정의 CCTV 상호작용방식을 만든 것이다.

글 · 그림 12-7 부정의 상호작용방식: Oh, No - CCTV

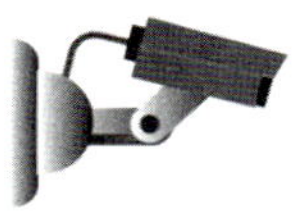

Oh, NO! CCTV

명령하기 (Command)	C	성인이 아이의 욕구와 요구를 거부하고 부정적인 언행으로 강제적으로 금지하거나 시키는 것
비난하기 (Criticize)	C	성인이 아이의 발달수준과 상황을 무시하고 부정적으로 평가하는 것
꼬리표달기 (Tag)	T	성인이 아이의 특성과 행동 및 결과물에 대하여 부정적으로 명명하는 것
잔소리하기 (Vex)	V	성인이 아이의 의도와 계획에 상관없이 습관적으로 부정적인 말을 반복-지속하면서 개입하는 것

Q&A CCTV에 해당하는 말들은 여럿이다. 어떤 예를 들 수 있을까?
([글 · 그림 12-10] CCTV 스크립트 참조)

(2) TREASURE Talk 코칭의 방법

TREASURE Talk는 상호작용의 효과를 증진하기 위해 다양한 방법을 사용하는데, 그 중에서 부모의 상호작용 수준을 확인하기 할 수 있는 두 가지 검사도구를 사용한다. 또한 상호작용의 실습을 효과적으로 하기 위해 TREASURE 아코디언과 놀이감을 사용한다. 이밖에 상호작용의 내용을 잘 전달하기 위해 동영상과 노래 등도 활용한다.

① TREASURE Talk 상호작용 검사도구

검사도구는 두 가지이다. 하나는 긍정의 상호작용 수준을 확인하는 도구와 다른 하나는 부정의 상호작용 수준을 확인하는 도구이다.

코칭교육과정에서는 이 두 가지 도구로 사전검사를 실시한 후 교육을 진행하며, 교육이 종료되면 사후검사를 실시하여 그 효과성을 확인한다.

글·그림 12-8 TREASURE & CCTV 상호작용 척도

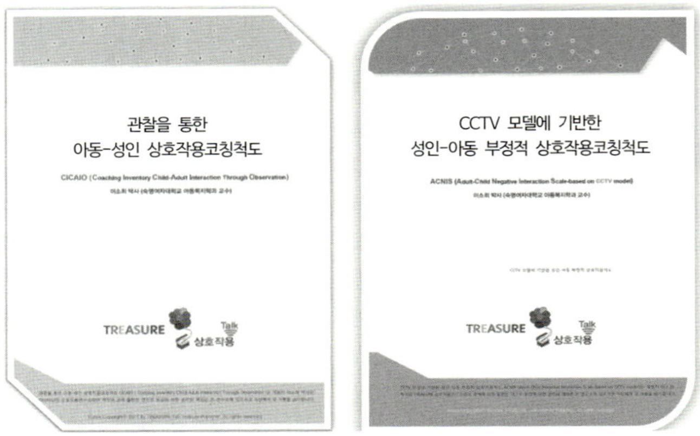

Q&A 척도는 과학적 연구의 결과이다.
이 척도를 사용하여 부모들의 상호작용 수준을 검사하면, 어떤 결과가 나올까?

② TREASURE Talk 놀이감

호이징가(Johan Huizinga, 1872~1945)는 인간을 놀이하는 동물, '호모 루덴스'라고 표현하였다. 아이의 일상은 놀이이며, 부모도 놀이를 하면서 어린 시절의 일상을 보낸 사람이다. 그러므로 놀이상황에서의 놀이감은 부모와 자녀 및 아이와 교사들로 하여금 자연스럽게 상호작용할 수 있는 환경을 조성하는 데 기여한다. 이러한 관점에서 놀이감을 긍정의 상호작용 도구로 활용한다.[7]

7) 주된 놀이감으로 TREASURE Talk 상호작용연구소에서 공식적으로 사용승인을 받은 playmobil을 사용한다.

글 · 그림 12-9 TREASURE 상호작용 놀이감

출처: https://iqbox.co.kr/category

Q&A 놀이감은 아동발달을 촉진한다.
어떤 놀이감이 긍정적인 상호작용을 촉진할까?

③ TREASURE Talk 아코디언 & 코딩

긍정의 상호작용을 촉진하고, 부정의 상호작용을 억제하기 위해서는 특별한 학습과 연습이 필요하다. TREASURE Talk에서는 '트래져 아코디언'이라고 부르는 도구를 사용한다. 즉 T-R-E-A-S-U-R-E의 이니셜에 따라 그 의미를 학습하고, 연습하기 위해 아코디언 형태를 지닌 '트래져 아코디언'을 사용한다.

그리고 T-R-E-A-S-U-R-E의 이니셜에 따라 긍정의 상호작용을 학습하고 연습한 결과를 확인하기 위해 코딩 Book을 사용한다.

④ TREASURE Talk 스크립트

교사를 포함하여 인간을 위한 전문직에 종사하려면 소정의 전문가 자격을 취득해야 하며, 이를 위해서는 반드시 '실습'의 과정을 거치도록 제도화되어 있다.

이러한 맥락에서 실전(實戰)이라는 말을 사용한다. 그것은 현장과 가장 가까운 시공간에서 실습할 때, 효과가 높기 때문이다. 이러한 맥락에서

T-R-E-A-S-U-R-E의 이니셜에 따라 긍정적인 상호작용을 촉발함으로써 부정적인 상호작용을 통제하고 긍정으로 수정하기 위해 스크립트를 사용하여 실전에 가까운 연습을 하도록 구성되어 있다.

글·그림 12-10 CCTV 스크립트

Q&A 사례는 효과적인 연습도구이다.
CCTV 중 하나를 선택하여 다르게 표현해 본다면?

3) TREASURE Talk 상호작용 코칭 프로그램의 운영

TREASURE Talk는 5가지 과정으로 운영된다. 각각의 과정에는 그 과정을 운영할 수 있는 자격코치가 담당한다.

(1) Talk 단계

부모 및 교사교육 · 훈련과 관련한 공개 및 비공개 모임(특강, 연수, 동호회, 보호 및 교육기관, 협회, 연합회, 학회 등)에서 2시간 과정으로 소-중-대집단 방식으로 운영된다. 교육은 TREASURE Talk FT 자격 이상을 가진 전문가에 의해 운영된다.

(2) TREASURE 단계

TREASURE Village 협회에서 주관하는 5시간의 워크숍 방식으로 운영된다. TREASURE Talk FT 자격 이상을 가진 전문가에 의해 운영된다.

(3) TREASURE FT 단계

TREASURE Village 협회에서 주관하는 15시간의 워크숍 방식으로 운영되는 과정으로서 TREASURE Talk Coaching FT 자격 이상을 가진 전문가에 의해 운영된다.

이러한 목적과 내용 및 방법에 따라 TREASURE Talk 상호작용 코칭 프로그램은 유아교육 · 보육현장에서 널리 활용되고 있으며, 다양한 관점에서 그 효과성이 확인되고 있다(박현정, 2018; 조성희, 2023).

부모의 삶

피천득 선생님은 딸 서영이에게
첫돌을 바라보는 아기만한 인형을 사다 주었습니다.
그리고 난영이라는 이름을 지어 주었습니다.
아기였던 딸 서영이는 시간이 지나며 자랐고,
어느새 피천득 선생님이 난영이를 사왔던
미국으로 공부하러 떠났습니다.

하지만 난영이는 자라지 않았습니다.
언제나 아기였습니다.
아버지 피천득 선생님은 서영이를 대신해
정성스레 난영이를 보살펴 주었습니다.

날마다 얼굴을 씻겨 주고
일주일에 한 번씩 목욕을 시키고
머리카락도 빗어 주었습니다.
계절에 따라 옷도 갈아입혀 주고
음악도 들려주었습니다. 밤이면 잠을 재워 주었고,
여름에는 얇은 불을, 겨울에는 두꺼운 이불을 덮어 주었습니다.

난영이의 자는 모습을 보고 있으면
선생님의 마음은 평화로워졌습니다.

- 이 이야기를 들은 딸의 마음은 어떨까?

Chapter 13

부모 · 자녀 · 가족 · 이웃과 함께하는 클로버 부모교육

행운이란 준비와 기회를 만났을 때 나타난다.

_ 세네카

모든 인간은 온 천하보다 귀하다. 그리고 모든 인간은 사회적 동물이다.

또한 가정은 사회의 최소 단위이자 가장 작은 학교이다. 그러므로 사회의 모든 가족구성원은 모두 귀한 존재들이다. 이러한 맥락에서 볼 때 부부와 부모와 자녀인 가족과 그 이웃은 사회를 유지 발전시키는 원동력이다. 그러므로 이러한 생태체계를 제대로 이해하고, 서로 지지해야만 사회는 안정과 성장과 번영을 약속할 수 있다.

따라서 13장에서는 내일의 희망인 우리의 자녀를 잘 키우자는 목표하에 생태학적 관점에서 접근하여 오랫동안 지속되고 있는 클로버 부모교육의 배경과 방법에 대해 학습하도록 한다.

1. 클로버 부모교육 프로그램의 배경과 구성

사람들은 평소보다 더 현명하게 행동했을 때 그것을 행운이라 부른다.
_ 앤 타일러

1) 클로버 부모교육 프로그램의 배경

〈클로버 부모교육 프로그램〉의 개발 배경은 협력육아로서의 사회적 배경과 이론적 배경으로서의 생태체계론의 2가지로 요약된다.

한 부부의 자녀의 출산에 따른 자녀양육은 그 부부를 떠나 사회적 유지와 안정 및 번영과 직결되는 큰일이다. 왜냐하면 아무리 두 부부가 사랑해도 두 사람만으로는 살 수 없으며, 또한 두 사람만으로 자녀를 양육할 수는 없기 때문이다. 다시 말하면 육아는 부모-자녀-가족-이웃이 함께 해야 가능할 뿐 아니라 그 효과가 크다. 더욱이 격변과 격동의 사회를 통과하면서 더 성장하고 번영하기 위해서는 통합적이고 생태학적인 관점의 접근이 매우 필요하다.

이러한 상황을 고려하여 보건복지부와 중앙육아종합지원센터에서는 부모들이 생태학적 관점에서 통합된 시야를 지니고 다함께 자녀를 잘 양육할 수 있는 부모교육 프로그램이 필요하다고 보았으며, 숙명여자대학교 이소희 교수팀(2015)에 연구용역을 의뢰하여 개발되기에 이르렀다.

(1) 사회적 배경

산업사회를 거쳐 초고속정보화사회로 이행하면서 전통적인 가족의 구조와 기능의 급변화로 인하여 부모의 힘만으로는 더 이상 육아역할을 효과적으로 수행하기가 어려워지게 되었다. 우리나라도 결코 예외가 아닌 상황에 이르렀다. 더욱이 저출산의 위기에 놓여 있는 우리나라는 출산율을 높이는 정책은 물론 이미 출생한 아이를 제대로 잘 길러야 한다. 우리나라와 우리나라의 부모가 직면하고 풀어가야 할 절체절명의 과제이다(동아사이언스, 2011).

이러한 상황적 특성을 고려하여 발달 초기의 영유아의 보육과 교육을 담당하는 어린이집 및 유치원교사 양성과정에 '부모교육' 과목이 개설되었다. 뿐만 아니라 부모와 관련한 정책을 실시하는 교육부와 보건복지부 및 여성가족부 등에서는 각 부서의 행정업무의 성격을 고려하여 부모교육 프로그램 개발을 지원하고 산하조직을 통해 교육을 실시해 왔다.[1)]

그렇지만 그동안의 연구되어 보급된 부모교육 관련 주제들은 사회적 생태환경을 고려하여 통합적으로 이루어진 연구(김광웅 · 문수경, 2005)는 적은 편이다. 생태학적 관점에서 통합적인 교육프로그램을 개발하기 위해서는 소위 말하는 프로그램의 크기(volume)가 커야 한다. 사실 프로그램이 커지면 육아를 포함한 일상의 삶에 바쁜 부모들이 많은 시간을 내기가 어렵고, 관련 부모교육기관에서 운영하기도 어렵다. 그럼에도 불구하고 장기적으로 볼 때, 생태체계론적 차원의 부모교육이 매우 필요하다.

이에 〈클로버 부모교육 프로그램〉은 이러한 사회적 배경에 주목하여 정책력과 전달력을 가진 국가기관과 연구기관이 협력하여 4가지 주제로 구분하여 비교적 용이하게 교육할 수 있도록 개발되었다.

(2) 이론적 배경

클로버 부모교육 프로그램의 개발에서 이론적 배경으로 설정한 것은 브

1) 이에 대해서는 Chapter 6의 다양한 가정환경에서의 부모교육을 참조함

론펜브레너(Urie Bronfenbrenner, 1917~2005)가 주창한 생태체계이론이다. 이 이론이 지니는 의미는 평범한 진리, "한 아이를 키우기 위해서는 온 마을이 필요하다"는 아프리카 속담에서 파악할 수 있다.[2)]

브론펜브레너(1992)는 환경이 인간의 발달에 미치는 영향이 크다고 보았으며, 이러한 환경적 특성을 고려하여 미시체계(microsystem), 중간체계(mesosystem), 외체계(exosystem), 거시체계(macrosystem)로 구분하였다.

부모교육의 입장에서 생태체계가 지닌 의미와 특징을 아동중심으로 살펴보면 다음과 같다.

① 미시체계(microsystem)

아동에게 직접적인 영향을 미치는 체계를 말한다. 따라서 발달 초기인 유아동기에 가장 큰 영향을 미친다. 대표적인 예로 아이에게 영향을 미치는 가족이나 또래를 들 수 있다.

② 중간체계(mesosystem)

아동을 둘러싼 2개 이상의 미시체계 사이에서 영향을 주고받는 체계를 말한다. 예를 들어 부모와 자녀 사이에서 이루어진 언행과 선생님과 학생 사이에서 이루어진 언행이 서로에게 영향을 미치는 것을 말한다.

③ 외체계(exosystem)

아동에게 간접적인 영향을 미치는 체계를 말한다. 예를 들어 가족의 친구, 이웃, 학교 운영진, 부모의 직장동료 및 부모의 취업 조건 등을 들 수 있다. 그 예로 부모의 취업 시간을 융통성 있게 하도록 배려해 주면 부모-

---

2) 2000년대에 들어서 '환경 속의 부모'를 대상으로 한 연구가 이루어지기 시작하였다(조순영 · 심미연, 2009; 허우정, 2011).

자녀 간의 관계가 증진된다. 반면에 실직하거나 해고당하면 부모들은 자녀를 방임하거나 학대하는 경향이 높아지는 것을 들 수 있다.

④ 거시체계(macrosystem)

아동에게 간접적인 영향을 미치는 체계를 말한다. 예를 들어 미시체계와 중시체계 및 외체계를 포함하는 신념 또는 이데올로기를 말한다. 구체적으로 개인이 속한 사회나 하위문화의 이념 및 제도의 유형으로 사회문화적 규범과 같은 커다란 체계를 말한다.

글 · 그림 13-1 생태학 체계

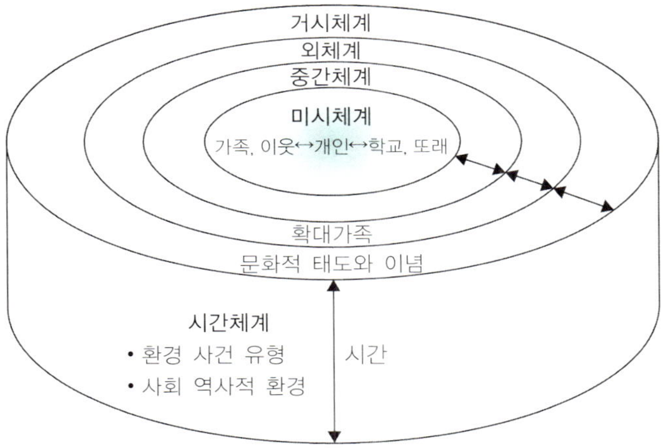

Q&A 감정은 다양하게 표현된다.
긍정의 감정표현을 원하는가 부정의 감정표현을 원하는가?

생태체계를 구성하는 4가지 체계는 자녀인 아동에게 직간접적으로 영향을 미친다. 이 4가지 체계 중에서 크게 영향을 미치는 것은 미시체계로 알려져 있으며, 그 중에서도 가정의 부모이다.

2) 클로버 부모교육 프로그램의 구성

사회적 배경과 이론적 배경에 따라 개발된 클로버 부모교육 프로그램은 내용과 과정의 두 가지 차원에서 구성되었다. 이 구성은 프로그램의 명칭인 '클로버'에서 착안한 것이다.

'클로버'는 들풀의 이름이며, 대부분 잎이 3개이다. 잎이 4개인 경우는 희귀하므로 '행운'을 찾았다고 여긴다. 부모를 포함한 대부분의 사람들은 '행운'을 바란다. 행운은 바람직하지 않은 기대가 아니다. 소통리더십 전문가인 카네기(Carnegie, 1888~1955)는 "행운은 매달 찾아온다. 그러나 그것을 맞이할 준비가 되어 있지 않으면 거의 다 놓치고 만다. 이번 달에는 이 행운을 놓치지 말라"고 하였음을 상기하고 성심으로 자녀를 다 함께 양육하면 행운이 찾아온다는 믿음으로 개발되었다.

(1) 클로버 부모교육 프로그램의 내용 구성

클로버 부모교육 프로그램의 내용은 행운의 4가지 잎을 염두에 두되, 생태학적인 체계를 고려하여 '나-아이-가족-이웃'의 4가지 소주제로 설정하였다. 그리고 다시 매력적인 클로버 프로그램만의 모듈의 이름으로 명명하였다. 즉 '소중한 나-멋진 아이-긍정의 가족-아름다운 이웃'이다.

그리고 각 모듈의 핵심 주제는 소중한 나=성격, 멋진 아이=대화, 긍정의 가족=신뢰, 아름다운 이웃=리더십으로 구조화되어 있다. 나아가 방법론의 측면에서 긍정의 가족과 아름다운 이웃은 체험적 활동을 하도록 구성되어 있다.

글·그림 13-2 클로버 부모교육 프로그램의 내용 구성

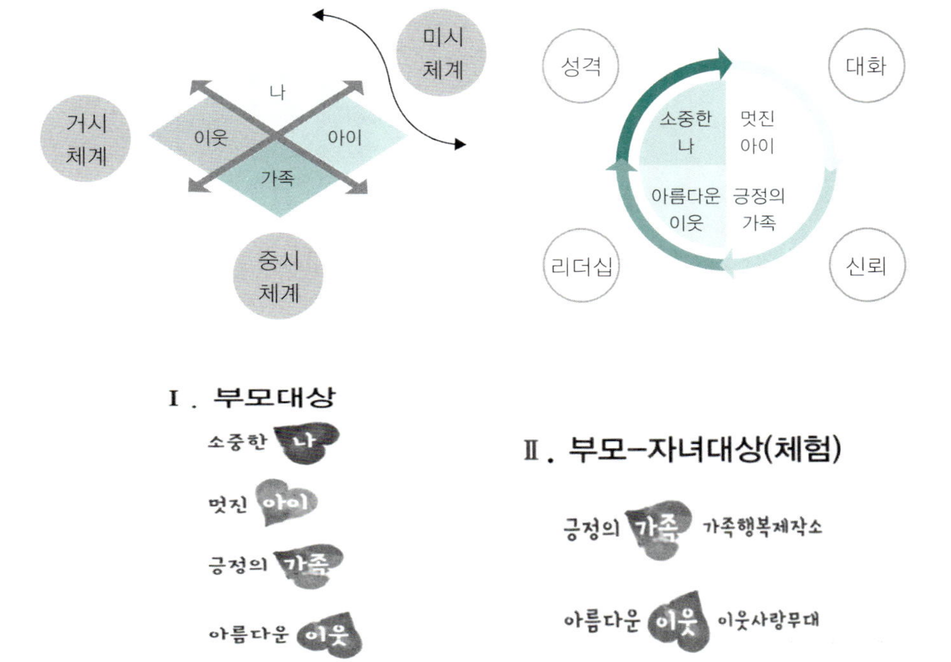

Q&A 프로그램에서 내용은 생명이다.
4가지 주제를 떠올려 보면 어떤 생각이 드는가?

(2) 클로버 부모교육 프로그램의 과정 구성

클로버 부모교육 프로그램을 구성하는 4가지 모듈은 클로버의 4가지 잎을 고려하여 4가지 순서로 진행한다. 즉, '풀밭에 와서 → 풀밭에서 → 풀밭을 나가며 → 우리집에서'이다. 그리고 이 구조는 클로버 부모교육 프로그램의 전 과정에서 동일하게 진행된다.

글·그림 13-3 클로버 부모교육 프로그램의 과정 구성

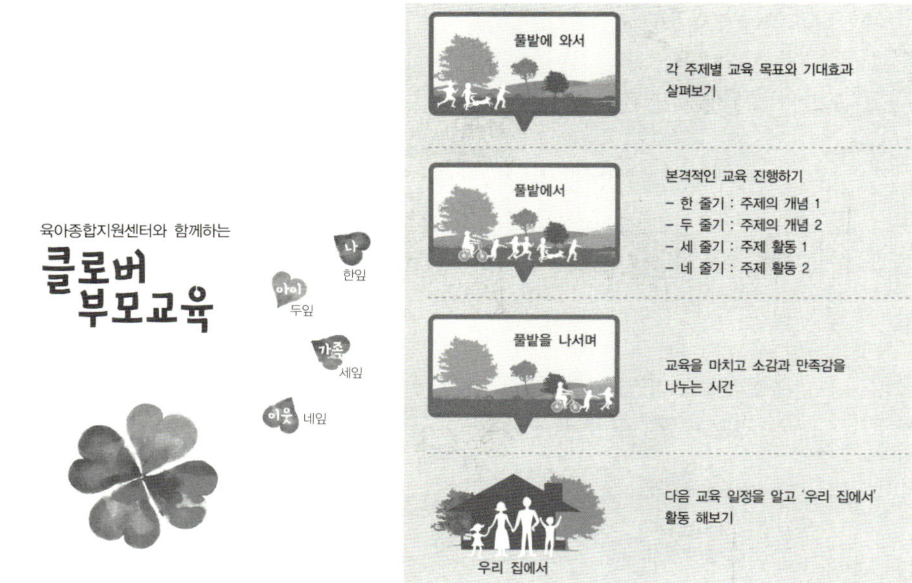

Q&A 프로그램에서 내용은 생명이다.
4가지 주제를 떠올려 보면 어떤 생각이 드는가?

2. 클로버 부모교육 프로그램의 4가지 모듈과 방법

좋은 교육은 자녀에게 남기는 최고의 유산이다.

_ 토마스 스코트

1) 클로버 부모교육 프로그램의 4가지 모듈의 내용

모듈(module)의 사전적 의미는 프로그램을 구성하는 요소로 관련되는 내용들을 하나로 묶는 단위를 말한다. 클로버 부모교육 프로그램에서는 '소중한 나-멋진 아이-긍정의 가족-아름다운 이웃'의 4모듈로 구성된다. 이렇게 보면, 클로버 부모교육 프로그램은 4가지 작은 프로그램으로 구성되었다고 할 수 있다. 이러한 접근은 국내에서 처음 시도된 것이다.

그리고 클로버 부모교육 프로그램에서는 학습과 연습의 두 가지 효과를 거두기 위해서 거의 동일한 관점의 두 가지 내용으로 구성된다.

(1) 소중한 나

〈소중한 나〉는 클로버 부모교육 프로그램에서 첫 번째 모듈에 해당되며, 그 대상은 부모 자신이다. 핵심 내용은 부모가 에니어그램 성격유형으로 자신의 성격특성을 재발견함으로써 부모 스스로 자신의 소중한 존재가치와 삶의 의미를 확인하는 것이다.[3)]

글·그림 13-4 〈소중한 나〉의 구성

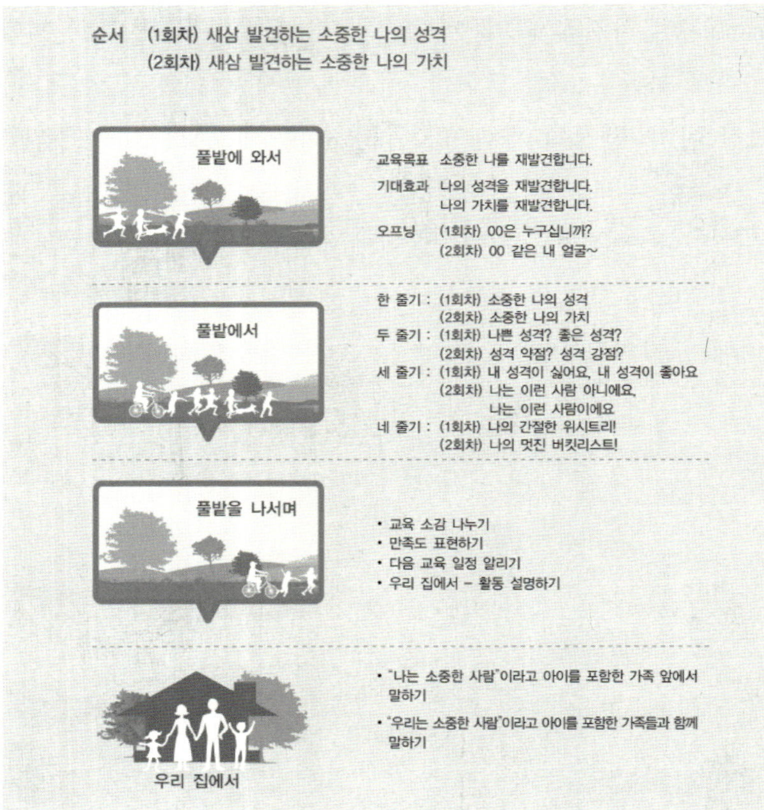

---

3) 에니어그램 성격에 대해서는 Chapter 7을 다시 참조함

(2) 멋진 아이

〈멋진 아이〉는 클로버 부모교육 프로그램에서 두 번째 모듈에 해당되며, 그 대상은 자녀이다. 핵심 내용은 부모가 사랑과 존중과 지혜로운 대화를 통해 부모는 물론 우리 모두의 아이를 멋진 아이로 키우는 것이다.[4]

글 · 그림 13-5 〈멋진 아이〉의 구성

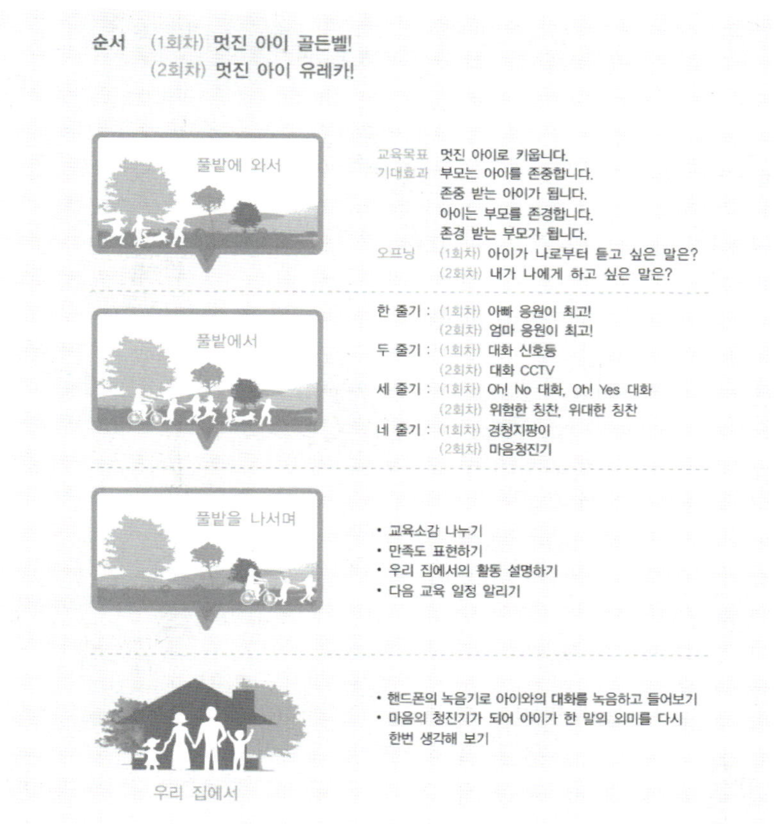

4) 대화에 대해서는 Chapter 12의 TREASURE Talk를 참조함

(3) 긍정의 가족

〈긍정의 가족〉은 클로버 부모교육 프로그램에서 세 번째 모듈에 해당되며, 그 대상은 가족이다. 핵심 내용은 가족이 활동을 통한 신뢰형성으로 새롭게 성장하는 긍정의 가족이 될 수 있도록 하는 것이다.[5]

글·그림 13-6 〈긍정의 가족〉의 구성

순서 (1회차) 가족행복충전소 (2회차) 가족행복발전소	
풀밭에 와서	**주제의 핵심 내용과 교육목표:** 긍정의 가족이 됩니다. **기대효과:** 긍정의 힘으로 서로 감사하는 가족이 됩니다. 긍정의 힘으로 서로 회복하는 가족이 됩니다. 긍정의 힘으로 서로 성장하는 가족이 됩니다. 오프닝 (1회차) 춤추는 동물 (2회차) 사랑을 느끼는 한마디
풀밭에서	한 줄기 (1회차) 노란 손수건의 사랑 (2회차) 메모지의 사랑 두 줄기 (1회차) 클로버 충전카드 (2회차) 클로버 희망카드 세 줄기 (1회차) 과자로 만든 우리 가족 (2회차) 희망을 펼치는 우리 가족 네 줄기 (1회차) 새처럼 날아가리 (2회차) 오뚝이처럼 일어서리
풀밭을 나서며	• 교육소감나누기 • 만족도 표현하기 • 우리 집에서의 활동 설명하기 • 다음 교육일정 알리기
우리 집에서	• "우리는 정말 행복한 가족"이라고 가족들에게 말하기 • "우리 가족 버킷리스트' 작성하기, '가족 앨범' 다시 보기

5) 리더십에 대해서는 Chapter 2를 다시 참조함

(4) 아름다운 이웃

〈아름다운 이웃〉은 클로버 부모교육 프로그램에서 네 번째 모듈에 해당되며, 그 대상은 이웃이다. 핵심 내용은 이웃이 일상의 삶 속에서 다면적 리더십을 발휘하여 서로에게 아름다운 이웃이 되도록 하는 것이다.[6]

글 · 그림 13-7 〈아름다운 이웃〉의 구성

순서 (1회차) 이웃사랑초대 (2회차) 이웃사랑등대	
풀밭에 와서	**주제의 핵심 내용과 교육목표:** 아름다운 이웃이 됩니다. **기대효과:** 이웃을 초대한 기쁨을 누립니다. 이웃에게 초대받은 기쁨을 누립니다. 이웃의 등대지기가 된 보람을 느낍니다. 이웃에게 받은 도움에 감사함을 느낍니다. **오프닝** (1회차) 옆 사람과 공통점 찾기 (2회차) 옆 사람과 차이점 찾기
풀밭에서	**한 줄기** (1회차) 10일 동안 학교 가는 얼음길 (2회차) 33톤 전동차를 밀어낸 이웃들 **두 줄기** (1회차) 따뜻한 이사떡 (2회차) 안타까운 자판기 **세 줄기** (1회차) 설레는 초대장 (2회차) 간절한 메모장 **네 줄기** (1회차) 100배 즐거움 (2회차) 100배 고마움
풀밭을 나서며	• 교육소감 나누기 • 만족도 표현하기 • 우리 집에서의 활동 설명하기 • 다음 교육일정 알리기
우리 집에서	• 나부터 이웃에게 반갑게 인사하기, 감사인사 전하기 • 아이와 함께 이웃에게 반갑게 인사하기, 감사인사 전하기

6) 리더십에 대해서는 Chapter 2를 다시 참조함

2) 클로버 부모교육 프로그램의 운영과 방법

〈클로버 부모교육 프로그램〉은 그동안 전국의 시 · 도 · 군 · 구의 육아종합지원센터를 중심으로 훈련된 전문강사진에 의해 교육되고 있다. 긍정적인 좋은 평가를 받아 2015년부터 현재까지 지속적으로 이루어지고 있다.

교육의 참여하기 위해서는 전국의 각 시 · 도 · 군 · 구에 설립되어 있는 육아종합정보센터의 홈페이지에서 참여하면 된다(글 · 그림 13-8 참조).

글 · 그림 13-8 육아종합지원센터에서의 클로버 부모교육

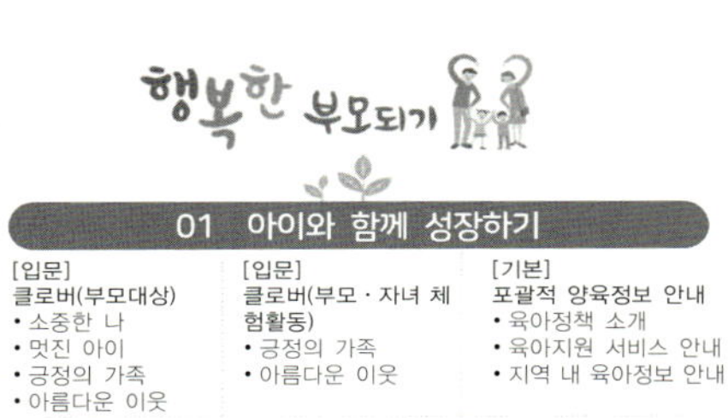

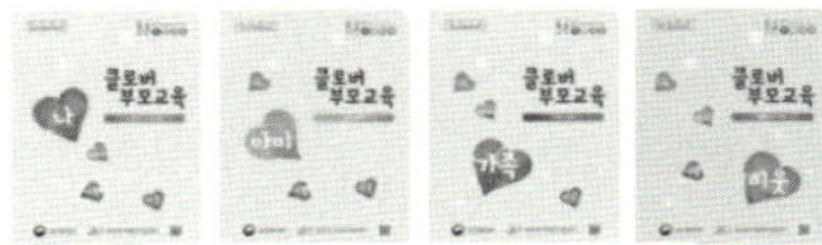

부모용 교재

부모 · 자녀체험활동 활동지

온라인 콘텐츠 제작 사항

구분		교육주제	온라인 부모교육
	입문	클로버 부모교육	• 클로버 부모교육 – 멋진아이 골든벨(4종) –멋진아이 골든벨 ① –멋진아이 골든벨 ② 중립언어로 말하기 –멋진아이 골든벨 ③ 나의 대화신호등 알아보기 나의 –멋진아이 골든벨 ④ Oh! No 대화, Oh! Yes 대화
			• 클로버 부모교육 – 멋진아이 유레카(4종) –멋진아이 유레카 ① –멋진아이 유레카 ② 생각을 여는 질문하기 –멋진아이 유레카 ③ 대화 CCTV –멋진아이 유레카 ④ 위험한 칭찬, 위대한 칭찬 알아보기

신청대상 및 방법

- 클로버 부모교육은 시도 및 시군구 육아종합지원센터에서 이루어집니다.
- 각 육아종합지원센터의 교육 일정이 상이하니 해당하시는 지역 육아종합지원센터로 문의하시면 됩니다.

Q&A 육아정보는 도처에 널려 있다.
중앙육아종합지원센터의 클로버 부모교육 홈페이지를 방문해 본 느낌은 어떠한가?
(https://central.childcare.go.kr/ccef/main.jsp)

REFERENCE

참고문헌

강경자(2019). 어머니가 인식한 만 4~5세 유아의 인성과 리더십의 관계. **한국가족복지학, 24**(4), 605-625.

강수경, 김경숙, 정미라(2017). 임신기 부모교육에 참여한 부부의 부모됨의 변화. **어린이문학교육연구, 18**(3), 259-287.

강수경, 정미라(2013). 임신기 부모의 생활만족도와 자녀가치가 기대자녀수에 미치는 영향. **한국영유아보육학, 80**, 85-107.

강헌구(2000). **아들아 머뭇거리기에는 인생이 너무 짧다**. 한언.

겔코 맥고니걸(2015). **스트레스의 힘**. 21세기북스.

교육부(2012). 제4차 산업혁명이 가져올 미래 사회 모습 4가지. 대한민국 정책브리핑(www.korea.kr).

교육부(2015). 자녀와 함께하는 밥상머리교육. 국가평생교육진흥원.

교육부(2019). 서울형 저출산 대응 정책과제 개발연구. 양성평등정책연구팀.

구미향(2017). 유아교사가 갖추어야 할 인성은 무엇인가? **한국유아교육·보육복지연구, 21**(2), 127-154.

권석만(2017). **현대 심리치료와 상담이론**. 학지사.

권용은, 김의철(2004). **자녀가치와 출산율, 1**, 211-226.

권정숙, 조용주(2019). 어머니의 부모화 및 과보호 경험이 양육행동에 미치는 영향 : 비합리적 신념의 매개효과. **인지행동치료, 19**(4), 421-443.

김가연, 박주희(2019). 헬리콥터 부모양육태도가 대학생의 우울에 미치는 영향: 주장성의 매개효과. **아동학회지, 40**(4), 165-177.

김경미, 이소희(2020). 에니어그램 성격유형에 기반한 청소년 학습태도 척도. **코칭연구, 13**(6), 69-100.

김경숙(2019). 유아리더십평가를 위한 루브릭개발과 타당화연구: 황금원모델 기반. 숙명여자대학교 박사학위논문.

김경숙, 이소희(2023). 코칭 접근을 활용한 유아도형 창의성 검사(C-FCT). **한국코칭학회, 16**(1), 99-124.

김경은, 조부경(2019). 포스트모던그림책 기반 유아 창의인성교육 프로그램 개발. **어린이미디어연구, 18(4), 77-110.

김경자, 장용희, 이재신(2015). 융복합 시대에서 대학생의 성격강점(인간애) 및 자기통제력과 이타행동의 관계: 도덕적 고양의 매개효과. **디지털융복합연구**, 13(9), 445-452.

김광웅, 문수경(2005). 부모-청소년자녀관계에 영향을 미치는 생태체계 변인 연구 - Bronfenbrenner의 관점을 중심으로 한국청소년상담보지 개발원. 청소년상담연구(학술지). **청소년 상담연구지**, 13(1), 71-84.

김기상, 허준영, 이선경, 김찬종(2007). 비형식 교육환경에서 일어나는 부모와 아동의 대화 특성: ZPD 체계를 중심으로. **한국과학교육학회지**, 27(9), 626-633.

김길숙, 김지현, 이혜민(2016). 부모교육 프로그램 내용분석 및 활용방안. 연구보고서 2016-18.

김나연, 임성택, 주동범(2010). 초등학생이 지각한 부모의 양육태도와 교사관계 및 교우관계의 관련성. 한국교원교육연구.

김낙홍(2011). 바람직한 아버지의 역할과 역할수행의 어려움. **사회적 지원에 대한 고찰**, 18(2), 79-98.

김동하(2015). 가구소득, 부모우울, 청소년공격성 간의 종단적 상호교류관계 분석-자기회귀교차지연분석을 이용하여- 한국사회복지학회 2015년도 추계공동학술대회, 503-530.

김미애(2021). 긍정심리치료와 감정코칭을 통합한 모-자 집단상담 프로그램 개발 및 검증: 학교부적응 아동을 중심으로. 대구대학교 박사학위논문.

김미예, 박동영(2009). 영유아 어머니의 양육스트레스, 우울 및 언어적 학대. **아동간호학회지**, 15(4), 375-382.

김민진, 장원호(2018). 키워드 네트워크 분석을 통한 유아교육기관 · 초등학교 연계교육의 연구동향 분석. **유아교육논집**, 22(3), 351-377.

김선웅(2017). 4차 산업혁명과 교육자의 미래. **2017년도 제1회 한국교육과정평가원 교육세미나 자료집**. 한국교육과정평가원.

김선주, 이연정(2013). 태교의 효과를 과학적으로 증명할 수 있을까? **소아청소년정신의학**, 24(2), 183-190.

김성경, 정혜경, 곽상경(2010). **소통왕! 학부모를 부탁해**. 수업디자인연구소.

김성숙(2009). 유아리더십 유형검사도구개발 및 타당화. 중앙대학교대학원 박사학위논문.

김수정, 정익중(2016). 초중고생 수면 시간이 부모양육태도의 매개를 통해 학교적응에 미치는 영향. **아동학회지**, 37(3), 13-26

김순환, 박선혜, 남옥선(2014). 예비유아교사를 위한 교직인성 프로그램 개발 및 적용. **유아교육학논집**, 18(2), 339-363.

김신정, 김영희(2007). 부모의 양육태도에 대한 고찰. **부모자녀간강학회지**, **10**(2), 172-181.

김애란, 유경숙, 유혜자, 이병래(2017). **부모교육**. 정민사.

김영란, 김고은, 김고은, 김소영(2015). 발달장애인 자녀를 둔 부모의 돌봄부담감 및 관련 변인 연구-양부모가구 자녀의 생애주기에 따른 차이를 중심으로-. **여성연구**, **88**, 117-164.

김영옥(2014). 유아-조부모 세대간 통합교육 프로그램 개발 및 효과. 한국유아교육학회. **유아교육연구**, **34**(6), 173-207.

김영은, 이희선(2016). 아동학대예방을 위한 예비유아교사 인성교육 프로그램 개발 및 효과. 육아정책연구소.

김영훈(2019). 4차 산업혁명시대, 아빠만이 줄 수 있는 '좋은 영향' - 상상력과 창의력을 길러줄 아빠의 역할. 대한민국 정책브리핑(www.korea.kr).

김왕동(2010). 창의인성교육의 근본적 해법, 과학기술정책연구원, Issues & Policy, 1-12.

김은설, 최혜선 (2008). 한국인의 자녀 양육관 연구. 육아정책연구소.

김은설, 최혜선, 신나리(2007). 유아교육과 보육의 통합에 관한 의견 분석. **한국아동학회**, **28**(4), 197-208.

김은주(2006). 여대생의 부모기 인식, 부모됨의 동기 및 부모역할 동의. **대한아동간호학회지**, **12**(1), 89-95.

김은혜, 이선희, 이운경, 김민주, 도현심 (2017). 임신기 부부의 첫 부모됨 적응과정에 대한 근거이론 연구. **한국가족복지학회**, **22**(1), 01-39.

김응자(2008). 청소년 에니어그램 성격유형 척도의 거발 및 타당화. 숙명여자대학교 박사학위논문.

김응자(2016). 부모의 인성교육에 관한 근본적 연구(1)-유아기의 부모교육을 중심으로. **한국사상문화학회**, **81**, 337-360.

김응자, 도미향, 최운선, 김민정(2019). 천안시민의 임신 출산 및 자녀양육 관련 실태와 출산장려지원정책에 관한 인식 및 태도 연구. **한국부모교육학회**, **16**(1), 5-30.

김인자(1992). P.E.T와 집단상담. **한양대학교 학생생활상담연구소**, **10**, 113-129.

김인자(1996). 한국가정의문제. **대한가정의학회**, **17**(4), 47-56.

김일부(2017). 유아인성리더십교육에서 교사의 상호작용 역량강화를 위한 훈련프로그램의 개발 효과. 숙명여지대학교 박사학위논문.

김일부(2020). Grace & Force 청소년 인성 프로그램.

김정미, 양성은(2013). 자발적 무자녀가족의 선택 동기와 사회적 인식에 대한 질적 연구. **한국가정관리학회지**, **31**(5), 79-95.

김정석(2006). 미혼남녀의 결혼의향 비교분석. **한국인구학**, **29**(1), 57–70.

김정택, 심혜숙(1993). 어린이 심리유형검사(C-MBTI)의 한국표준화에 관한 일 연구. **심리유형과 인간발달**, **1**(1), 1–20.

김정택, 심혜숙(2007). **16가지 성격유형의 특징**. 어세스타.

김정희(2019). 대한민국 저출산 문제의 새 담론화를 위한 추적: 대중매체의 반응과 학계의 관심을 중심으로. **보건과 사회과학**, **52**(1), 65–91.

김종운, 임미지(2017). 고등학생의 외모 만족도가 심리적 안녕감에 미치는 영향에서 거부민감성, 자아탄력성의 매개효과. **학습자중심교과교육연구**, **17**(8), 807–825.

김지영(2017). **다섯 가지 미래교육코드**. 소울하우스.

김지원, 김낙흥(2011). 영아기 자녀 아버지의 역할인식과 역할수행에 대한 연구. **열린유아교육연구**, **16**(6), 189–210.

김진아, 한귀례(2014). 부모양육태도와 정서문제의 관계구조. **상담학연구**, **15**(6), 2379–2399.

김진영, 강혜원, 박지선(2020). 아동학대에서 발생하는 언어폭력에 영향을 미치는 심리사회적 요인에 관한 연구. **한국콘텐츠학회논문지**, **20**(6), 546–555.

김진형(2016). 4차산업혁명, 인공지능 시대의 교육. 지속가능과학회 춘계학술대회 자료, 21–29.

김충렬(2016). 아동학대의 주요 유형과 원인, 그리고 대응. 기독일보.

김한곤(2014). 무자녀율 변화 추세 및 변화에 영향을 미치는 사회 경제적 요인에 관한 연구: 1990~2010. **한국콘텐츠학회논문지**, **14**(12), 959–972.

김향미, 홍성대(2016). 산업진흥교육: 부모에 의한 아동학대 발생원인의 사례분석 연구. **산업진흥원**, 1(1), 105–113.

김현자(2006). 현실요법을 적용한 한부모 가족-집단미술치료가 자아존중감과 내적통제에 미치는 영향. **한국미술치료학회**, **13**(4), 861–892.

김형연, 김민주(2020). 어머니의 양육행동이 아동의 학교적응에 미치는 영향: 아동의 미디어기기 중독 및 집행기능 곤란의 매개효과. **아동학회지**, **41**(1), 105–121.

김혜린, 김희진(2002). 유아교육기관의 질적환경에 따른 부모참여. **교육과학연구**, **33**(2), 93–119.

김희숙, 김판희(2017). MBTI활용 부모역량강화 프로그램이 부모의 자존감, 부모-자녀 의사소통, 부모효능감에 미치는 영향. **정신간호학회**, **26**(4), 353–361.

나옥희(2017). 비폭력대화와 감정코칭을 통합한 청소년 정서조절프로그램 개발 및 효과. 목포대학교 박사학위논문.

남수경, 김장희(2015). 애착연구의 양육자 변인에 관한 국내 연구 동향, **재활연구**, **22**(1), 131–149.

남정은, 도현심, 송승민, 이운경, 김민정, 신나나, 김태우(2016). 학령 초기 자녀를 둔 어머니들의 부모됨 경험에 대한 질적 연구. **아동학회지, 37**(3),147-166.

노명완, 이차숙(2002). **문식성연구**. 박이정.

노보람, 박새롬, 박혜준, 최나야(2020), 학령초기 자녀를 둔 학부모의 교육지원 유형: 예측요인 및 교육지원 유형에 따른 자녀의 학교 적응. **아동학회지, 41**(1), 15-28.

노안영, 강영신, 김천수(2015). 수용전념치료(ACT)가 주부의 인지적 탈융합 및 수용에 미치는 효과에 관한 통합적 분석: 초기기억을 활용하여. **상담학연구, 16**(4), 481-501.

노영주(1996). 여성의 경험으로서의 어머니됨. **한국가족관계학회지, 1**(1), 35-55.

니콜라스 네그로로폰테(1995). **디지털이다**. 커뮤니케이션북스.

도널드 클리프턴, 톰 래스(2017). **위대한 나의 발견 강점혁명**. 캘럽 역(2017). 청림출판.

도미향(2008). 부모리더십 계발을 위한 코칭적용-코칭모델을 중심으로. 한국부모교육학회 추계학술대회.

도미향, 정미현, 조금옥(2012). 코칭대화모델을 적용한 아동의 자기주도학습 코칭프로그램 개발 탐색연구. **코칭연구, 5**(1), 73-87.

도현심, 김민정, 신나나, 박보경, 최미경(2013). 아동문제행동 예방을 위한 부모교육 프로그램의 효과: 부모존경-자녀존중 부모교육을 기초로. **아동학회지, 34**(3), 151-177.

도현심, 송승민, 이운경, 김민정, 신나나(2016). 학령초기자녀를 둔 어머니들의 부모됨 경험에 대한 질적연구. **한국아동학회, 37**(3), 147-166.

동아사이언스(2011). 인간 행동의 진화, 위험한 출산, 더 위험한 믿음.

동아사이언스(2020). 노벨화학상 받은 크리스퍼 유전자 가위는 무엇인가.

딩크메이어, 맥케이(1982). 효율적인 부모역할 수행을 위한 체계적인 훈련.

로버트 B. 디너 (2011). **긍정심리학코칭기술**. 우문식, 윤상윤 역. 풀푸레.

로베르트 비스바스 디너, 벤 딘(2009). **긍정심리학코칭**. 서희연 역. 아시아코치센터.

류점숙(1995). **전통사회의 아동교육**. 중문사.

류지후(1998). 토론: 감성발달을 위한 유아교육 프로그램 개선 방안. **한국아동학회, 12**, 165-169.

마틴 셀리그만 (2006). **마틴 셀리그만의 낙관성 학습**. 우문식, 최호영 역(2012). 물푸레.

문무경, 김문정, 이윤진(2011). 반일제 이상 유아학원 운영 실태 연구. **육아정책연구소, 5**(1), 75-99.

문성희(2014). 유아의 일상생활과 아버지 양육행동 및 양육효능감과의 관계 연구 : 대전광역시를 중심으로. 배제대학교 박사학위논문.

문용린, 최인수(2010). 배려와 나눔을 실천하는 창의인재육성을 위한 창의·인성교육 활성화

방안 연구. 한국과학창의재단.

문화체육관광부 국민소통실(2019). 저출산 원인 분석결과.

박보경, 노지운(2019). 부모의 양육행동과 아동의 행복감이 미디어기기 중독에 미치는 영향. **아동학회지**, **40**(3), 87–103.

박보경, 신나나, 윤기봉, 김민주, 김수지, 윤선영(2017). 어머니의 아동기 부모애착, 결혼만족도 및 심리적 안녕감 간의 관계. **아동학회지**, **38**(5), 67–80.

박상완(2019). 학부모 참여에 관한 국내 연구 동향 분석. **교육문화연구**, **25**(4), 189–211.

박선주, 강민주(2017). 맞벌이 가정 아버지의 성역할태도와 어머니 문지기 역할이 아버지의 양육 참여도에 미치는 영향. 육아정책연구소.

박숙희, 유경훈(2011). 자아존중감, 창의적 인성, 그리고 창의적 사고의 관계. **한국창의력교육연구**, **11**(2), 127–140.

박영례(2017). 유아 인성리더십 척도 개발 및 타당화. 숙명여자대학교 박사학위논문.

박영주(2015). 유아미술창의성 측정도구 개발. 홍익대학교 대학원 박사학위논문.

박원순(2011). 현대인의 인성리더십. 석세스티브이.

박원주(2019). 아동기 부모의 정서적 학대 경험과 성인기정서조절곤란의 관계에서 정서적 지지, 촉진적 관계의 조절효과, **한국산학기술학회**, **20**(7), 255–264.

박은화(2020). 자녀존중과 부모존경을 위한 상호작용프로그램 구성과 적용효과. 숙명여자대학교 박사학위논문.

박정묘, 이동갑, 김영란(2010). **열여섯 빛깔 아이들**. 어세스타.

박정영(2010). 효과적인 그룹코칭 프로세스 개발에 관한 연구. **코칭연구**, **3**(1), 41–64.

박진옥(2004). 인터넷 커뮤니티 활동을 병향한 체계적 영유아 부모교육 프로그램 적용 연구. 숙명여자대학교 박사학위논문.

박창남, 이승철(2013). 창의·인성의 개념에 대한 교육목적론적 검토. **창의력교육연구**, **13**. 111–124.

박현정(2018). 영유아기 교사와 부모의 학대언어제한과 촉진적 상호작용을 위한 교육훈련효과 : TREASURE Talk–CCTV 모델의 활용. 숙명여자대학교 박사학위논문.

박현정, 김현경(2017). 부모를 위한 아동학대 예방 가정방문 프로그램 효과 메타분석. Child Health Nurs Res, 23(4), 479–493.

박혜원(2016). 현대 패션 사업에 나타난 DIY(Do it yourself)연구. **한국의류산업학회**, **18**(6), 844–857.

밥 파이크(1998). **밥 파이크의 창의적 교수법**. 김경섭, 유재필 역. 김영사.

배지희(2002). 유아교육과 부모참여의 의미와 실제에 대한 문화기술적 탐구. **유아교육연구**,

22(4), 5-29.
백종인(2017). 부모교육권에 대한 법적 고찰. 전북대학교 법학연구소. **법학연구**, 38, 101-132.
변미옥, 도미향(2016). 유아교사의 인성향상을 위한 코칭프로그램 개발, **한국가정관리학회**, 5, 208-224.
보건복지부, 중앙육아종합센터, 이소희(2015). 클로버부모교육프로그램.
브론펜 브레너(1992). Ecological systems theory. In R. Vasta (Ed.), **Six theories of child development: Revised formulations and current issues** (pp. 187-249). Jessica Kingsley Publishers.
비고츠키교육학실천연구모임(2018). **비고츠키의 발달교육이란 무엇인가?**. 살림터.
비전에니어그램 연구소 2015-2022.
서경석(2020). 그대, 내일의 리더에게-김진홍목사의 그리운 어머님. naver blog.
서기남(2009). 유아의 리더십과 관련된 변인연구: 유아의 개인변인과 환경변인을 중심으로. 가톨릭대학교 대학원 박사학위논문.
서울대학교 산학협력단(2015). 아동학대가 피해아동에게 미치는 영향 및 후유증 연구. 법무부.
서울시 아동복지센터(2022).
서울특별시 교육청(2018.02). 교육에서 학부모의 역할은 무엇인가요?
서은정(2023). 유아의 창의인성리더십 증진을 위한 '꿈꾀끼깡끈' 코칭 프로그램의 개발과 효과 : WISE-FIVE 모델의 활용. 숙명여자대학교 박사학위논문.
서인균, 이연실(2020). 부모됨 인식이 출산의식에 미치는 영향과 결혼의식의 매개효과: 청소년을 대상으로. **보건과 복지**, 22(1), 7-24.
서현정, 최연철, 김경철, 최현주, 조부경(2017). 만 5세 유아 창의인성 검사도구 개발. **어린이 미디어연구**, 16(4), 133-156.
성효용(2020). 여성이사 할당제의 경제적 효과분석. **한국여성경제학회**, 17(2), 19-37.
성효용(2020.11.13). 저출산시대의 성장 전략. 한국은행 금요강좌.
손경원(2016). 역량중심 도덕과 교육과정의 의의와 과제, **한국초등도덕교육학회**, 2016.
손지희(2014). **관계의 교육학, 비고츠키 저작 읽기**. 교육비평.
송기원(2018). **유전자 가위시대가 온다**. 사이언스북스.
스티븐 코비(1997). **소중한 것을 먼저하라**. 김영사.
스티븐 코비(2004). **8번째 습관**. 김경섭 역. 김영사.
스티븐 코비(2005). **성공하는 십대들의 7가지 습관**. 김경섭 역. 김영사.
신수경 (2008). 유아 에니어그램성격유형에 기반한 코칭질문개발에 대한 탐색적 연구. **아동**

연구, 21(1), 77-94.

신춘희, 이소희(2017). 전문가 델파이 기법을 이용한 유아기 자녀를 둔 유아기 부모의 인성 리더십 구성요인 개발에 관한 연구. **부모교육연구**, 14(1), 21-40.

신혜경(2020). 조모를 위한 코칭리더십 프로그램 개발과 효과분석 : GRAND 모델의 활용. 숙명여자대학교 박사학위논문.

신효미, 신미, 유미숙(2014). 유아기 자녀를 둔 어머니의 자기성찰, 자기존중감 및 부모역할 만족 간의 관계. **놀이치료연구**, 17(4), 439-452.

심숙영(2015). 어머니의 양육행동 관련 변인들과 유아사회정서행동간의 구조모형 분석. **아산연구재단 총서**, 380. 집문당.

아동권리보장원(2021). 2021년 아동권리 인식조사결과발표. 보도자료(한국리서치).

안종배(2017). 4차 산업혁명에서의 교육패러다임의 변화. **미디어와 교육**, 7(1), 21-34.

안지영(2000). 2-3세 자녀를 둔 어머니의 양육 신념, 효능감 및 스트레스가 양육 행동에 미치는 영향. 이화여자대학교 대학원 박사학위논문.

안택호(2017). **4차 산업혁명 시대의 부모가 알아야 할 내 아이의 미래 일자리**. 행복에너지.

앤드류 하비(1998). **Teachings of the Christian Mystics**. Shambhala.

엄명용, 김효순(2011). 미혼 남녀의 향후 일·가정 양립 방안, 부부 성역할 태도, 저출산 문제에 대한 견해 간 관계 탐색 연구. **한국인구학**, 34(3), 179-209.

엄은나, 전우경, 서동미(2016). 유아교사 인성에 대한 예비유아교사의 기대와 자기평가. **유아교육학논집**, 20(1), 73-95.

연미희(1994). 한국 부모에 대한 P.E.T. 부모교육 프로그램의 적용성 평가. 경희대학교대학원 박사학위논문.

염서영(2022). 아동청소년기의 디지털 역량강화를 위한 Grace & Force 프로그램기반의 사례연구: 메타버스 활용. 숙명여자대학교 박사학위논문.

오재연, 유구종(2007). 양육스트레스에 영향을 미치는 생태학적 관련변인 탐색. **한국열린유아교육학회**, 12(5), 73-94.

오지현, 김지윤(2017). 어머니의 자기성찰, 감정코칭 반응과 아동의 자기성찰지능이 아동의 정서조절 방식에 미치는 영향: 다중매개효과 검증. **한국놀이치료학회**, 20(4), 253-272.

오혜인(2018). 신혼기 예비어머니들의 부모됨 동기와 어려움 및 자녀 양육 신념에 대한 탐구. 중앙대학교 대학원 석사학위논문.

왓슨(1928). **Psychological care of infant and child**. WW Norton & Co.

웅진싱크빅(2022). 어린이 장래희망 1위 '콘텐츠 크리에이터'. 설문조사내용. 전자신문.

원종순, 이소희(2021). GOD 4N 모델을 활용한 크리스천 유아교사의 리더십코칭 프로그램 구성과 적용효과. **코칭연구**, 14(1), 91-120.

유계숙, 정현숙(2002). 부모됨의 의미와 동기에 대한 청년의 인식. **한국가정관리학회지**, 20(3), 39-47.

유란희, 김선희(2017). 어머니의 애정적 양육행동과 유아의 또래유능성과의 관계: 유아의 실행기능과 정서조절의 매개효과. **아동학회지**, 38(2), 67-79.

유서현, 이소희 (2017). 성인용 에니어그램 간편 척도 개발 및 타당화 연구. **한국아동가족복지학회**, 22(2), 305-327.

유안진(1995). **아동양육**. 문음사.

유영재, 김나리(2019). 폭력의 학습 -아동학대 경험과 범죄행동간의 관계. **한국범죄심리연구**, 15(4), 69-86.

윤경희(2014). 다문화 아동과 일반 아동의 기질과 부모양육행동이 사회성에 미치는 영향. **초등상담연구**, 13(4), 431-450.

윤운성, 이소희 외(2013). 에니어그램 힐링 프로그램 개발: NLP와 EFT를 중심으로. **에니어그램연구**, 10(2), 47-78.

윤준채(2009). 문해력의 개념과 국내외 연구 경향. **새국어생활**, 19(2).

윤지영(2008). 부모리더십척도의 개발과 타당화. 숙명여자대학교 박사논문.

윤지영(2012). 영아 자기조절의 의미: 두뇌발달의 관점. 학국유아교육학회.

윤호열 외(2002). 자녀의 장애유형에 따른 부모의 스트레스, 우울, 기족결합력.

은기수(2005). 미혼에서 결혼으로 이행: 최근 우리나라에서 저출산에 갖는 의미. **보건복지포럼**, 25-35.

이경언(2008). 에이어그램 성격유형별 어머니의 자아이미지가 그림표현에 나타난 특성연구. 숙명여자대학교 대학원 석사학위 논문.

이경우 외(1994). 유아의 도덕성 함양을 위한 부모교육 프로그램. 교육부.

이경화(2011). 창의·인성교육 현장포럼 프로그램 개발 및 운연 최종보고서. 한국과학창의재단.

이규석(2007). **오직 한마음으로 - 여전히 교육은 백년지대계인가**. 대한교과서.

이금희, 김성재, 방경숙, 정예슬, 송민경, 임지희(2019). 국내 미혼모의 양육스트레스 관련 연구 분석. **대한스트레스학회**, 27(4), 287-297.

이미경 (2016). 한국 50대 여성의 부모됨 경험에 대한 내러티브 탐구. 영남대학교 대학원 박사학위논문.

이미현, 최혜순(2014). 아버지 양육참여 관련 연구동향 분석. **청소년학연구**, 21(7), 307-330.

이미화, 강은진, 김은설, 김동훈, 김아름, 최지은(2015). 보수교육프로그램 운영 매뉴얼 연구.

보건복지부 육아정책연구소.
이민아(2013). 계획적 무자녀 가족: 한국 사회에서 아이 갖기의 의미와 가족주- 118 -의의 역설. **한국사회학**, **47**(2), 143–176.
이민아(2013). 잃어버린 것들이 내게 와 다시 말을 걸다. **작가와 사회**, 55(2014년 여름), 119–136.
이민혜, 신서영, 박창언(2021). 발명영재교육 분야의 집단창의성 연구 동향 분석. **학습자중심교과교육연구**, **21**(9), 715–731.
이병도, 박현민, 서우승, 이창배(2019). 가정폭력과 학교폭력 피해 경험이 아동의 비행에 미치는 영향. **한국공안행정학회보**, **28**(3), 307–344.
이병석(2010). 공감적 언어로서 타이포그래피를 활용한 시각시.디자인학연구 통권 92, **23**(6), 77–80.
이상은(2018). 불확실성 시대의 학습의 속성에 비추어 본 역량기반 교육과정의 대안적방향 탐색: 존재론적 접근을 중심으로. **교육과정연구**, **36**(1), 45–69.
이성진, 홍준표(1998). **행동수정의 원리**. 교육과학사.
이소희(2009). **매일멋진리더십 프로그램 매뉴얼**. 한국영리더십센터.
이소희(2012). **매일멋진교사되기**. 한국영리더십센터.
이소희(2015). **매일멋진영리더는 우리의 행복나침반**. 한국영리더십센터.
이소희(2017). 제 4차 산업혁명의 도래와 부모역할. 별내중학교 학부모 교육특강자료.
이소희(2018). **보육현장 중심 아동권리와 아동복지**. 신정.
이소희(2019). **보육교사 인성론과 리더십**. 창지사.
이소희, 김일부(2020). MIND Way 코칭모델의 활용. 숙명여자대학교 숙아회 특강자료.
이소희, 김일부(2020). 글로벌 영리더 육성을 위한 Mind Way 코칭모델–도구–프로그램의 개발과 체계화에 관한 연구(1). **코칭연구**, **13**(5), 5–34.
이소희, 박은화, 박현정, 서은정(2022). 유·아동의 '꿈꾀끼깡근' 심리적 특성 발달을 돕는 WISE–FIVE 코칭 모델–도구의 개발과 체계화에 관한 연구(1). **부모교육연구**, **19**(3), 5–31.
이소희, 원종순(2021). GOD 4N 모델을 활용한 크리스천 유아교사의 리더십코칭 프로그램 구성과 적용효과. **코칭연구**, **14**(1), 91–120.
이소희, 원종순, 박현정(2020). **리더십을 키우는 영유아인성교육**. 신정.
이소희, 유서현 외(2021). **아동 먼저! 아동권리와 아동복지**. 정민사.
이송이(2007). 에니어그램 성격유형에 기초한 유아 어머니의 양육태도 척도 개발에 관한 연구. **부모교육연구**, **4**(2), 77–82.

이순형, 민하여, 권혜진, 정윤주, 한유진, 최윤경(2012). **부모교육**. 학지사.

이원희(2023). 강점계발을 위한 창의적 유아놀토코칭프로그램 사례 연구. 숙명여자대학교 박사학위논문.

이윤옥(2020). 영유아교사의 대인관계능력이 직무만족도에 미치는 영향에서 교직열정의 매개효과. **유아교육보육복지연구, 24**(4), 373-397.

이윤정(2015). 대학생의 부모됨 동기, 부모됨 인식, 부모역할 자신감에 관한연구. **한국영유아보육학, 92**, 1-18.

이은경, 한세영(2017). 어머니의 양육행동 내적 귀인과 정서적 불안정성이 부모역할에 대한 자기평가에 미치는 영향. **아동학회지, 38**(1), 49-62.

이정윤, 장미경(2009). 어머니의 우울과 양육행동의 관계 : 자녀양육관련 비합리적 사고의 매개효과. **인지행동치료, 9**(2), 1-16.

이주현, 유계숙(2012). 청소년의 성 관련태도 및 부모됨의 동기가 청소년미혼부모지원 정책에 대한 지지도에 미치는 영향. **청소년복지연구, 14**, 63-91.

이진아(2023). 유아 CANDY 창의수학 코칭 프로그램의 구성과 적용. 숙명여자대학교 박사학위논문.

이창호 (2018). **인성 8 덕목**. 벗나래.

이희경, 오유미, 전종희(2018). **예비부모교육**. 신정.

임금옥, 강길현, 박희서(2015). 청소년의 생활 스트레스와 청소년 비행의 인과경로에 있어서 부모-자녀간 의사소통의 조절효과에 관한 연구. **한국컴퓨터정보학회 논문지, 20**(1), 247-254.

임선희, 명재신(2016). 청소년이 지각하는 부모양육태도가 자아존중감에 미치는 영향. **청소년학연구, 23**(12), 327-347.

임현정, 문정희, 김성순(2017). 부산지역 부모교육 현황과 발전방안. **연구보고서**, 2017-12, 1-223.

장용환, 송지혜(2011). 아동기의 학대경험이 청소년 자아존중감 및 자살생각에 미치는 영향. **단국대학교 정책과학연구소, 20**(2), 80-104.

장유경, 김현주(2021). 30-40대 딩크족 부부의 결혼유지 과정에 관한 근거이론연구. **가족과 가족치료, 29**(2), 253-280.

전경원(2000). **창의학**. 학문사.

전병주(2016). 아동의 장애유형에 따른 부모의 양육스트레스, 복지서비스 인식 및 삶의 질 관계. **한국콘텐츠학회, 16**(10), 492-502.

전혜성(2006). **섬기는 부모가 자녀를 큰 사람으로 키운다**. 랜덤하우스 코리아.

정선영(2013). 아버지의 흡연이 아동의 발달수준에 미치는 영향. **아동학회지**, **34**(5), 1-16.

정옥분, 임정하, 정순화, 김경은, 박연정 (2008). 대학생의 부모에 대한 애착과 부모됨의 동기 및 부모역할인식에 관한 연구. **인간발달연구**, **15**(4), 67-91.

정윤경, 김경희, 배진아, 김찬아(1997). 우리나라 성인의 결혼관 연구 : 성별, 결혼여부별, 지역별 비교 분석, **연구논총**, **32**, 49-92.

정은경(2009). 생후 36개월 미만아 자녀를 둔 부모의 부모되기 경험의 의미. **미래유아교육학**, **16**(3), 87-108.

정익중, 이소희, 도미향, 김미선, 한윤선(2020). **청소년복지론**. 학지사.

정재우(2014). 인격주의 생명윤리에서 바라본 부모됨의 의미와 보조생식술의 윤리적 의미. 서강대학교 생명문화연구소. **생명연구**, **31**, 207-240.

정정희 (2012). 저출산 시대 우리나라 부모들의 자녀 양육관에 대한 내용 분석 - 2000년~2010년 조선일보를 중심으로. **아동교육**, **21**(1), 109-124.

정정희(2020). 과학기술과 사회와의 관계. **한국유아교육학회**, 74.

정제영(2016). 지능정보사회에 대비한 학교교육 시스템 재설계 연구. **교육행정학연구**, 34(4), 49-71.

정제영(2017). 4차 산업혁명 시대의 학교제도 개선 방안: 개인별 학습 시스템 구축을 중심으로. **교육정치학연구**, **24**(3), 53-72.

정진우(2014). 다문화가정 지원정책에 관한 연구. **사회과학연구**, **25**(2), 103-116.

정희정(2008). 유아 에니어그램 성격유형 관찰척도의 개발과 타당화. 숙명여자대학교 박사학위논문.

제갈원(2015). 부모됨의 의미에 관한 존재론적 탐구 : 보살핌과 대화의 관계적 의미를 중심으로. **교육연구논총**, **36**(2), 131-158.

제경자 (2020). 에니어그램 성격유형에 기반한 부부싸움 특성 분석. 숙명여자대학교 대학원 박사학위논문.

조명환(1982). **한국아동의 언어획득연구**. 서울대학교 출판부.

조미상(2020). **자녀의 미래를 바꾸는 6가지 부모력**. 더메이커.

조민경(2016). **부모교육 추진 현황 및 향후 계획**. 육아정책연구소.

조벽 (2011). **희망특강**. 해냄출판사.

조복순, 안상근(2017). 청소년이 지각한 부모 양육태도와 스트레스 대처방식과의 관계에서 자아탄력성의 매개효과. **한국청소년연구**, **28**(4), 225-253.

조복희, 안선희, 이영환, 이진숙(1998). 한국 부모-자녀관계 속담에 대한 동의도와 가족환경 및 가족가치관과의 관계. **대한가정학회지**, **36**(8), 105-122.

조복희, 한유미(2008). 속담을 통해 본 한국인의 자녀의 가치와 양육의 어려움에 관한 인식. **가정과 삶의 질 연구**, 26(1), 85-93.

조성연(2007). 대학생의 부모됨의 동기에 대한 부모됨의 의미와 감정이입 및 자아존중감과의 관계. **아동학회지**, 26(3), 219-233.

조성연, 이미란, 최혜영, 박진재, 송혜린, 권연희, 박진아(2018). **부모교육**. 신정.

조성연, 이정희, 김온기, 제경숙, 김영심, 황혜정(2013). **보육학개론**. 학지사.

조성희(2023). 유아의 놀이몰입촉발을 위한 TREASURE Talk 교사코칭프로그램 구성과 적용 효과. 숙명여자대학교 박사학위논문.

조수연(2020). **성격대로 키우는 부모학교**. 경향BP.

조연순, 성진숙, 이혜주(2008). **창의성 교육**. 이화여자대학교출판부.

조은주, 김은영(2009). 유치원과 초등학교 교육의 차이와 연계에 대한 교사와 부모의 이해 탐색. **유아교육보육복지연구**, 13(4), 51-74.

존 맥스웰(2000). **파워 리더십**. 청우.

주영달(2020). 제4차 산업혁명시대의 교육제도 개선 과제. **교육법학연구**, 32(1), 165-190.

중앙일보(2019.11.27). [열려라 공부+] 공교육 패러다임 전환 첫걸음은 학부모의 교육 참여 활성화.

진저 래피드 보그다(2012). **캐릭터코칭**. 북허브.

천윤정(2022). **어린이를 위한 가상현실과 메타버스**. 팜파스.

최새은(2017). 제4차 산업혁명과 가족생활 : 제4차 산업혁명시대 가족에게 던지는 다섯 가지 질문. 한국가정과학교육학회 춘계학술대회, 120-133.

최성애, 조벽, 존가트맨(2020). **내 아이를 위한 감정코칭**. 해냄.

최순자(2007). 유아를 둔 한국과 일본 부모의 양육태도 비교. **한국일본교육학연구**, 12(1), 111-130.

최연주, 정덕영(2020). **아이 중심 상호 놀이**. 소울하우스.

최은정(2012). 초등학교 전이 과정에서 나타나는 만 5세 유아의 정서 연구.

최정원(2018). 청소년이 꼭 알아야 할 2030 뜨는 직업 지는 직업 -4차 산업 시대의 일자리 혁명. 동아엠앤비.

최정혜(2020.6.17). 아동학대와 부모자격증. 경남일보

최현주, 최현철(2017). 창의성요소와 인성요소의 유기적 결합을 위한 탐색. **학습자중심 교과교육연구**, 17(12), 1-25.

충청남도 신중년 이모작 센터(2022). 어린이리더십코치 양성과정 매뉴얼.

콘라트 로렌츠(2004). **야생 거위와 보낸 일 년**. 유영미 역, 한문화.

클라우스 슈밥(2016). **제4차 산업혁명**. 송명진 역. 메가스터디북스.

평택복지재단(2011).

프레드릭 르봐이예(1988). **폭력 없는 탄생**. 주정일 역, 샘터사.

하순련, 서현아(2010). 부모의 양육신념, 양육태도 및 양육행동이 유아의 다중지능에 미치는 영향. **한국보육지원학회지**, **9**(5), 131–156.

한국MBTI연구소(2020). 한국인 기질검사 Korean Temperament indicator의 개발. 한국심리유형학회.

한국교육개발원(2018). 제4차 산업혁명 시대의 교육 : 학교의 미래. 연구보고 RR 2018-01.

한국영리더십센터(2014). 창의와 인성을 겸비한 매일멋진영리더-Child First, First Child.

한국은행, 성효용(2020). 금요강좌, 저출산시대의 성장동력.

한수희(2022). 에니어그램 성격유형에 기반한 영유아기 자녀를 둔 어머니의 양육소진 척도 개발 연구. 숙명여자대학교 대학원 박사학위논문.

한수희, 김일부, 이소희(2021). 에니어그램 성격유형별 어머니의 양육소진코칭을 위한 그림척도개발과 타당화. **한국부모교육학회 부모교육연구**, **18**(2), 5–37.

한수희, 김일부, 이수희, 한국부모교육학회(2021). 에니어그램 성격유형별 어머니의 양육소진코칭을 위한 그림척도 개발과 타당화, **부모교육연구**.

한순미, 김선, 박숙희, 이경화, 성은현(2005). **사람. 환경. 전략: 창의성**. 학지사.

한유미, 조경자, 강기숙(2012). 영아 및 부모 특성과 12개월 영아의 발달적 특성 관계 연구. **어린이문학교육연구**, **13**(3), 441–457.

한홍(2015). **거인들의 발자국**. 비전과 리더십.

현온강, 조복희, 도현심, 박혜원, 박경자, 이귀옥, 이숙, 이옥, 조서연, 최보가(2000). 한국아동발달의 현황. **2001년도 한국아동학회 학술대회 자료집**, 107–136.

홍희경(2021). 메타버스의 교육적 적용을 위한 탐색적 연구. **문화와 융합**, **43**(9), 1–22.

황옥자(1988). STEP부모교육 프로그램이 어머니의 자아개념, 양육태도 및 유아행동지각에 미치는 효과. **한국아동학회 Korean Joumal of Child Seudies**, **9**(1), 93–118.

황용관(2019). 한부모가정의 초기 자립을 지원하는 조부모의 역할에 대한 문화기술적 연구. **한국가족복지학**, **66**, 39–76.

Bandura, A, Ross, D., & Ross, S. A. (1961). 공격적 모델의 모방을 통한 공격성 전달. **미정상 및 사회심리학 저널**, **63**(3), 575–582.

Covey, Stephen M. R. & Merrill, Rebecca R. (2008). **신뢰의 속도**. 김경섭, 정병창 역. 김영사.

Davis, M. H. (1983). Measuring individual differences in empathy: Evidence for a multidimensional approach. **Journal of persomality and social psycbology**, 44(1), 113.

EBS (2019.6). **자녀의 교육을 위한 학부모의 역할은 무엇일까?** 미래교육플러스.

EPJ (2019.5.9). 저출산 대책, 돈보다 양육 존중 문화가 해법.

Eugenia Berger, Riojas-Cortez (2017). **Parents as Partners in Education: Families and Schools Working Together** (9th Edition), Pearson.

Guliford. J. P. (1952). Wben not to factor analyze. **Psycbological bulletin**, 49(1), 26.

Guliford. J. P. (1983). Transformation abilities of functions. **Tbe Journal of Creative Bebavior**, 17(2), 75-83.

Katarina (2012). **아드레날인 러쉬**. Adrian Nicholas, Katarina Ollikainen.

Mom's Magaine (2016). 헬리콥터 맘 VS 빗자루 맘.

Motivation of Human and Animal Behavior: An Ethological View. With Paul Leyhausen (1973). New York: D. Van Nostrand Co.

Rose, T. (2018). **평균의 종말 - 평균이라는 허상은 어떻게 교육을 속여 왔나**. 정미나 역. 21세기북스.

Schwab, K. (2016). **제4차 산업혁명**. 송경진 역. 새로운 현재.

Skinner, B. F. (1948). 'Superstition' in the pigeon. **Journal of Experimental Psychology**, 38(2), 168-172.

Torrence, E. P. (1957). **Creativity: Just wanting to Rnow**. Benedic Books.

Vygotsky, L. S. (1987). The genesis of higher mental functions. In R. Reiber (Ed.), **The history of the development of higher mental functions**, 4, 97-120. New York: Plennum.

I N D E X

찾아보기

ㅅ

ㅇ

ㅋ

ㅌ

ㅍ

ㅎ

A-Z

기타

저자소개

이소희

숙명여자대학교 아동복지학부 명예교수
숙명여자대학교 아동복지학 박사

한국아동가족복지학회 회장
한국청소년복지학회 회장
한국부모교육학회 회장
한국코칭학회 회장

대통령 직속 유아교육개혁위원회 특별위원
국무총리산하 청소년보호위원회 위원
보건복지부 보육정책원탁회의단 위원

숙명여자대학교 아동연구소 소장
한국영리더십센터 자문교수

4차 산업혁명시대
지혜로운 부모교육

초판발행 2024년 1월 10일 **1판 1쇄 인쇄** | 2024년 1월 15일 **1판 1쇄 발행**

지은이 이소희
펴낸이 최용구 | **펴낸곳** 도서출판 **신정**
주소 (04316) 서울시 용산구 원효로 89길 19 (원효로1가)
전화 02)3211-4782, 0266(영업부), 3211-4783(편집부), 3211-4784(팩스)
이메일 sjbook2002@naver.com | **홈페이지** www.sjbook.co.kr
등록 2001년 5월 11일 제13-702호
기획마케팅 최용구 장만동 최충구 송대용 | **책임편집** 석기은 황가연

ISBN 978-89-5912-833-4 93370
정가 25,000원